学位授予质量研究
优秀成果报告集

江苏省学位与研究生教育学会 编

河海大学出版社

·南京·

图书在版编目(CIP)数据

学位授予质量研究优秀成果报告集 / 江苏省学位与研究生教育学会编. -- 南京：河海大学出版社，2022.12

ISBN 978-7-5630-7833-2

Ⅰ. ①学… Ⅱ. ①江… Ⅲ. ①学位－教育制度－研究－中国 Ⅳ. ①G643.7

中国版本图书馆CIP数据核字(2022)第235465号

书　　名	学位授予质量研究优秀成果报告集 XUEWEI SHOUYU ZHILIANG YANJIU YOUXIU CHENGGUO BAOGAO JI
书　　号	ISBN 978-7-5630-7833-2
责任编辑	曾雪梅
特约编辑	余　迪
特约校对	薄小奇
封面设计	杭永红
出版发行	河海大学出版社
地　　址	南京市西康路1号（邮编：210098）
电　　话	（025）83737852（总编室）　（025）83722833（营销部）
经　　销	江苏省新华发行集团有限公司
排　　版	南京布克文化发展有限公司
印　　刷	苏州市古得堡数码印刷有限公司
开　　本	787毫米×1092毫米　1/16
印　　张	13.5
字　　数	255千字
版　　次	2022年12月第1版
印　　次	2022年12月第1次印刷
定　　价	88.00元

前言

本书是由江苏省学位与研究生教育学会选编的一本关于学士学位、硕士学位、博士学位授予质量的专题研究成果集,汇集了本学会组织开展的学位授予质量研究的部分优秀成果。

培养质量是学位与研究生教育的生命线,提高培养质量是建设高质量学位与研究生教育体系的出发点和落脚点,而学位授予质量是研究生培养质量的核心内容与主要标志。为深入贯彻落实全国研究生教育会议精神,适应新时代中国特色社会主义建设对高层次人才培养的需求,深入加强学位授予质量的理论与实践研究,着力强化学位授予质量保障体系建设,不断提高各级各类学位授予的"含金量",全力挤压各级各类学位授予的"水分",本学会将学位授予质量研究作为重点工作,于2018年安排专项研究经费,组织专家咨询评审,确定了专项研究课题61项。2021年1月,学会组织相关专家对提交的研究成果进行了专项审核,共有53项课题通过结题,同时遴选了一批优秀课题研究成果。

学位授予质量涉及学位与研究生教育的方方面面。其中包括对各级各类学位类型划分、特征把握的认知水平与研究水平(比如对学术学位的学术创新与专业学位的实践创新要求的认知与研究水平),学位授予标准的目标指向水平与人才培养过程实践的达标契合保障水平,相关学科的建设发展水平与人才培养水平,学位申请者的指导教师的德才水平与教育指导水平,学位申请者自身的学位论文水平与全面发展水平,等等。对于这些影响因素,本研究成果集可能会从不同的角度、在不同程度上予以关注,提出问题,进行研究,或者介绍经验,提出政策建议。如果这些研究成果能够对学位与研究生教育的高质量以及学位授予的"高含金量"有帮助、有益处、有启发、有价值,那就达到了我们的预期效果。

  显然,对于学位授予质量这个大题目,本研究成果集所进行的研究及提供的成果还是很有限的,已经开始的研究还要进一步深化提高,没有开展的研究还要进一步拓宽扩展。其实,学术研究对一些在实践中已经存在,而至今尚未被人们提出的问题也是可以进行探索的。比如说,如同教授称号一样,学位属于"全国粮票"、"地方粮票"还是"学校粮票"?中国授予的学位与外国授予的学位有哪些异同点?再比如,各级各类学位是否需要设置最低"门槛"和最高"天花板"?如果需要,应该怎么设置?等等。如果能够出现更多、更广泛、更深入、更高水平、更有理论与实践价值的有关学位授予质量的研究成果和实践经验,那就实现了我们的未来期望。

  借此机会,感谢所有积极参与本学会组织的学位授予质量研究的研究人员和相关人员!感谢他们的所在单位和团队!感谢为本学会组织的学位授予质量研究付出辛劳的专家学者和管理人员!感谢积极支持本报告集出版的河海大学出版社!

江苏省学位与研究生教育学会
2021 年 11 月

目录

高校"双一流"建设背景下提高博士学位授予质量的影响因素及其对策研究 ……… 001

博士学位授予质量评价体系构建研究 …………………………………………… 015

硕士研究生德育质量调研报告
　　——以南京审计大学为例 ………………………………………………… 038

高校"双一流"建设背景下提高学士学位授予质量的研究 ……………………… 051

建立与本单位办学目标相一致的博士学位质量标准研究 ……………………… 061

硕士专业学位授予质量：特性、要旨与优化
　　——基于一流大学S高校的调查分析 …………………………………… 071

基于过程的学位授予质量管理体系研究 ………………………………………… 085

提高硕士学位授予质量的影响因素及其对策研究 ……………………………… 099

独立学院提升学士学位授予质量对策研究 ……………………………………… 116

世界一流大学博士学位授予质量提升路径研究
　　——与C9高校的对比 …………………………………………………… 127

兽医硕士专业学位研究生培养质量调查分析及发展建议 ……………………… 144

建立与人才培养目标相一致的学士学位质量标准研究
　　——以苏州科技大学为例 ………………………………………………… 163

依托"双一流"学科建设,培养高水平博士研究生 ……………………………… 178

以新工科为导向的研究生教育质量保障机制 …………………………………… 190

行业特色型高校提升硕士研究生学位授予质量的研究与实践 ………………… 202

高校"双一流"建设背景下提高博士学位授予质量的影响因素及其对策研究

课题完成单位：中国矿业大学
课题负责人：李爱彬
课题组主要成员：王帮俊　匡颖芝　梅　静　邵　楠

摘要： 在"双一流"建设背景下，高校博士学位授予质量问题引起广泛关注。一方面，高校博士学位授予质量问题突出体现为博士生的跨学科素养欠缺。剖析研究生跨学科培养的现实困境，重构研究生跨学科培养模式，基于一流学科群实施博士生跨学科课程以提升博士生知识结构的合理性，探索研究生跨学科培养的实现路径，是对提升博士学位授予质量的重要回应。另一方面，博士学位授予质量的理论性和实践性集中体现在博士质量评估理念及评价指标体系设计上。树立科学合理的研究生培养质量评估理念，综合运用多种方法，构建出符合多元主体利益诉求的博士生培养质量评价指标体系，对检验并提升博士学位授予质量具有重要意义。

关键词： "双一流"；博士生；一流学科群；跨学科培养；质量评价

一、研究思路与研究过程

本课题的基本研究思路大致分为三步。首先，基于"双一流"建设背景，从高校博士学位授予质量的现实基础和问题出发，研究梳理国内外高校博士学位授予质量提升的实践经验，构建出博士学位授予质量的评价标准；对照世界一流学术标准，分析博士生培养成长的内在规律，厘清"双一流"建设对高校博士学位授予质量的目标要求；分析影响博士学位质量的主要因素。其次，综合运用文献分析、问卷调查等方法，对文献资料或者访谈资料进行初步分析，掌握当前博士学位授予过程中存在的突出问题，探寻更精准的研究主题。最后，围绕研究主题进行深入分析，根据研究结果有针对性地提出提升博士学位授予质量的建议与对策。

根据这一基本思路,本课题的研究过程也可以划分为三个阶段。

第一阶段,在项目主持人安排下,研究团队主要围绕"双一流"建设、博士生培养质量、博士生教育、博士学位授予、博士生质量保障等主题展开文献研读,并定期召开研讨会,通过这一时期的积累,为后期开展深入研究奠定理论基础。研究团队为深入了解高等教育管理实践尤其是学位授予的相关过程,安排研究团队成员前往所在学校研究生学位管理办公室向专业老师请教,同时对学校两个"双一流"学科群在读博士研究生进行访谈。通过为期5个月的文献阅读和原始资料积累,团队对研究课题有了较为深入的认识。

第二阶段,团队探讨了博士学位授予质量的内涵及影响因素。从过程管理角度来看,博士学位授予贯穿博士生培养全过程,其影响因素十分繁杂。研究成员在初步厘清博士培养过程的相关要素后,结合对所在学校博士生开展的访谈和初步问卷调查结果,发现在"双一流"建设下博士生跨学科研究能力在当前培养过程中饱受博士生群体诟病。为避免研究流于泛泛,本研究团队将研究重心落在博士生跨学科培养方面,以"博士生跨学科课程"和"一流学科群研究生跨学科培养"为突破口,试图从跨学科人才培养角度建立博士学位授予质量提升的有效路径。同时,为进一步提升课题研究的全面性和系统性,课题组对高校"双一流"建设中研究生培养质量评估展开了理论性研究,根据其研究结果设计了产业转型背景下工科博士生培养质量评价指标体系,实现理论研究与实证研究相结合。

第三阶段,在明确了研究主题之后,基于已有研究基础,项目负责人带领研究团队针对博士生跨学科课程设置和跨学科培养两个方面开展深入调查,撰写相关研究论文。同时组织研究团队成员参加相关领域的学术会议,包括上海"大学之道"学术论坛、第五届全国教育实证研究论坛、江苏高等教育学会学术年会等学术会议,并召开同行专家研讨会,积累最新相关研究成果和学习研究方法。

二、主要研究成果及特色创新之处

经过上述三个阶段的研究和总结,课题组形成了以下四项主要研究成果。

(一) 成果一:博士生跨学科课程实施的内在逻辑、现实困境与突破路径

在研究博士学位授予质量这一课题过程中,博士生的创新能力是最受学者关注的重要内容之一,尤其是学术研究成果方面的创新性不足,已成为博士学位授予质量的

短板，造成这一现象的一个重要原因就是博士生自身知识体系单一、基础薄弱、结构失衡。在国家大力实施创新驱动发展战略和知识生产模式转型背景下，博士生跨学科的科研能力、创新能力和学术水平是研究生培养质量评价的重要内容。因此，着力对博士研究生跨学科培养方面的关键问题进行研究具有重要的理论与实践意义。

课程学习作为博士生教育制度的重要特征，能够满足博士生建构科学合理的知识结构的需要。由于当前博士生教育的人才培养理念以高度专业化为主，因此课程体系由学位基础课、学位专业课、研究方法课以及部分公共课构成，依然以学科或专业知识为主，跨学科、跨专业课程较少。实施博士生跨学科课程成为高校提升博士生培养质量的突破点。然而，课程实施是执行一项或多项课程变革计划的过程，是涉及教育行政管理体制的变化、课程知识的更新、教学过程的改变、教师角色的更新、学生角色的变化以及社会文化环境变化的复杂工程。因此，对博士生跨学科课程建设进行深入分析，厘清其内涵、逻辑，认清其现实困境并提出突破路径，对于"双一流"建设背景下高校推进博士生课程改革、提升博士生学位授予质量具有重要理论与实践价值。

在深入分析我国博士生课程实施的实际和国内外高校在开设跨学科课程的特色实践基础之上，从博士生跨学科课程的内涵及组织形式出发，本研究归纳出在实施博士生跨学科课程中需要遵循的三对逻辑关系：知识体系中"博大"与"精深"的平衡、教学过程中"个体"与"团体"的互动、教学内容中"教学"与"科研"的协同。受传统博士生教育的路径依赖影响和基于博士生跨学科课程的内在逻辑衍生出的现实需要分析，本研究总结出高校实施博士生跨学科课程面临的几大困境：首先，博士生跨学科课程实施的顶层设计不足，主要表现在课程目标、课程结构、课程内容、课程实施以及课堂评价等方面；其次，跨学科课程设计不足易造成博士生知识碎片化、知识结构松散；再次，由于受到学习者的"惰性"、课堂组织形式、教材内容以及课程考核评价等因素影响，博士生跨学科课程教学主体间知识共享比较困难；最后，由于学术交流的频次较低，交流的主题限于某学科，博士生跨学科课程补充性交流活动缺失。

因此，本研究从成立跨学科组织、以实践为导向开展教学、改进课程评价机制、完善学术交流平台等几个方面提出了我国高校博士生跨学科课程实施的突破路径。其中，成立跨学科组织旨在整合教学资源，进行跨学科课程开发，为博士生跨学科课程实施提供组织基础和制度保障。采取实践导向的教学理念，是为了发挥博士生的主动性、积极性和创新精神，使博士生在真实的情境中去探索问题和分析问题；使不同学科背景的博士生基于实际问题展开探讨，分别贡献各自学科的研究方法和成果，澄清对其他学科知识产生的疑惑和问题，从而了解和掌握跨学科知识和跨学科研究范式，并创造性地应用于自己的科研实践之中，提高课程与科研的协同性。改进课程评价机制旨在以科学合理的考核方式提高教师和学生参与跨学科知识共享的积极性。完善学术交流平台主要是指建设多种形式的跨学科学术交流活动，通过各种正式的或非正式的学术交流活动，形成开放、包容、批判的跨学科学术交流氛围，使博士生有机会更深入了解不同学科的研究问题、研究方法，获得新观点，拓宽知识结构。

本研究的创新性和特色：针对当前传统博士生教育的人才培养理念以高度专业化为主，课程体系中依然以学科或专业知识为主，跨学科、跨专业课程较少的困境，通过分析知识生产模式转型要求提升博士生的跨学科研究能力与传统博士生高度专业化的培养目标之间的冲突，提出以博士生跨学科课程为突破点，厘清其内涵，归纳博士生跨学科课程实施过程中的三对逻辑关系，认清现实困境，并提出针对性的突破路径与国内外高校实践案例，为实施博士生跨学科课程、培养博士生跨学科研究素养以及优化知识结构提供了理论指导和经验借鉴。研究成果发表在《研究生教育研究》，根据中国知网查询，截至本文写作时，该研究成果已被下载 416 次。

（二）成果二：一流学科群研究生跨学科培养制约因素与实现路径

我国"双一流"建设方案中明确提出了以一级学科引领学科群的建设思路，而依托学科群对博士研究生进行跨学科培养是提升博士生培养质量的另一重要举措。学科群交叉融合是当前科学技术发展的重大特征，是新学科产生的重要源泉。基于学科群跨学科培养高层次人才，切实提高研究生培养质量是落实习近平总书记对新时代研究生教育发展重要指示精神的有效途径。因此，基于一流学科群研究视域，深入剖析研究生跨学科培养所面临的现实困境，重构研究生跨学科培养模式，探索研究生跨学科培养的实现路径，既适应了大学内部知识生产转型下的学科调整这一变化，又赋予了一流学科群下交叉学科自主发展的空间，对提高新时代研究生培养质量和创新能力具有重要的实践意义。本文通过对一流学科群研究生跨学科培养的深入分析，总结出以下四个方面的认识。

1. 分析一流学科群研究生跨学科培养的价值意蕴。一流学科群作为若干相同级次的一流学科点的集合，是进行人才培养、科学研究和技术开发的多学科有机综合体。以一流学科群为重点培育载体，打破传统学科之间的壁垒，进行学科融合，进而推动大学内部学科间的合作与整合，构建可持续发展的学科体系，在一流学科群下进行多学科交叉融合的研究生人才培养，更有利于催生创新，孕育复合创新型拔尖人才。

2. 梳理一流学科群研究生跨学科培养的制约因素。选取典型行业高校为调查样本，对一流学科群建设中跨学科研究生培养的各环节参与人员进行了访谈与问卷调查，重点梳理了中国矿业大学的矿业工程、安全科学与工程两个一流学科群研究生培养现状，分析出跨学科研究生培养的特点以及高水平行业特色高校一流学科群研究生跨学科培养面临的现实困境及未来的建设方向。研究结果表明，当前我国高校一流学科群研究生跨学科培养主要存在培养目标定位不明确、过程要素支撑不完善、以单一学科为基础设置院系、跨学科培养所需的资源支持环境缺失、人才评价机制不健全等问题。这些构成了一流学科群研究生跨学科培养的重要制约因素。

3. 构建一流学科群研究生跨学科培养模式。本研究基于一流学科群研究生跨学科培养的现实困境，立足一流学科群建设目标，遵循行业特色高校一流学科群特征和研究生自身发展的规律，根据研究生培养过程要素，构建出符合一流学科群建设特点的研究生跨学科培养模式（如图 1 所示）。该模式涵盖了培养目标、跨学科组织结构、培养过程、资源配置、管理体制机制和反馈机制等关键要素，每一要素都对一流学科群研究生跨学科培养质量具有深远影响。

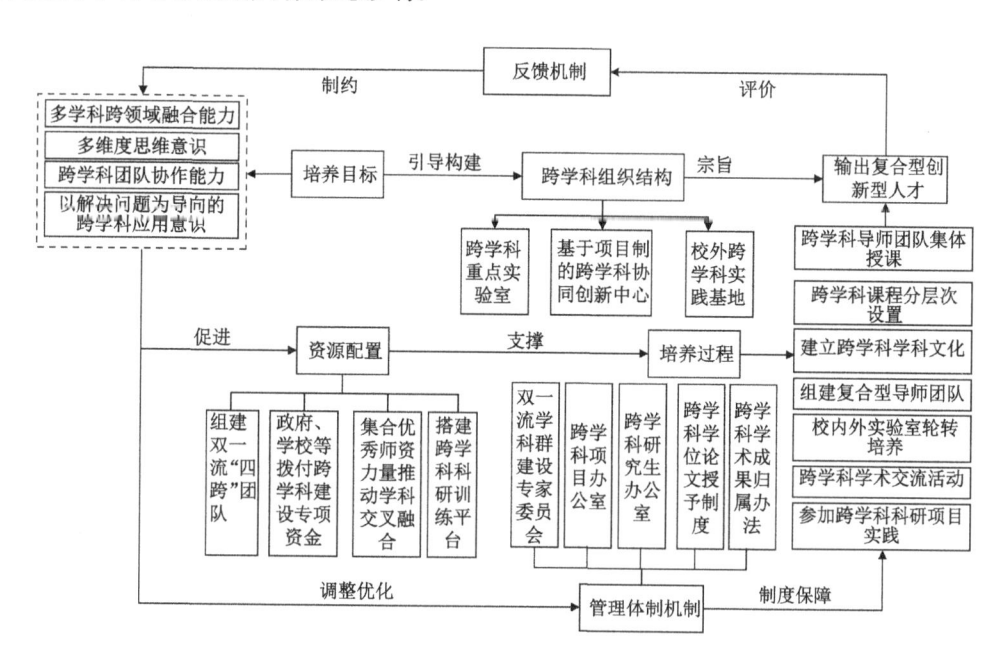

图 1　一流学科群跨学科研究生培养模式

4. 一流学科群研究生跨学科培养的实现路径。当前一流学科群跨学科培养在跨学科的研究生培养体系建设、跨学科组织结构、资源配置以及培养管理体制等方面与其人才培养目标的要求仍存在较大差距，学科交叉融合程度需要进一步深化，复合型人才培养导向性也有待加强。针对制约研究生跨学科培养的因素，本研究基于整体化思维视角，提出了重构研究生跨学科培养目标、着力设置专门跨学科组织结构、优化资源配置、力求打造跨学科知识共享培养过程、优化跨学科培养管理体制、持续改善提升培养能力反馈机制的实现路径。

本研究成果的创新性与特色：以"依托一流学科群进行跨学科研究生培养"为切入点，基于对一流学科群研究生跨学科培养实践的深入分析，总结归纳出当前跨学科研究生培养的制约因素，整合一流学科群建设和研究生培养两个维度目标，遵循高校一流学科群特征和研究生自身发展规律，构建包括培养目标、跨学科组织结构、培养过程、资源配置、管理体制机制和反馈机制等关键要素的培养模式，丰富了一流学科群研究生跨学科培养的理论内涵。同时提出了一流学科群研究生跨学科培养的实现路径，为一流学科群建设跨学科研究生创新人才培养提供理论上的支持和政策保障措施。该成果已被采纳应用于中国矿业大学矿业工程、安全科学与工程两个一流学科群跨学科研究生培养实践。

（三）成果三：高校"双一流"建设中研究生培养质量评估与提升研究

博士学位授予质量是对博士研究生教育从培养到授予学位的综合性质量评价。在"双一流"建设背景下以及高校培养拔尖创新人才的需求下，研究生教育迫切需要进行综合改革，提升研究生创新能力，实现高质量人才培育输出，而提升人才培养质量必须充分发挥教育评价的指挥棒作用。

当前我国研究生教育评估呈现考试分类化、评估综合化、录取多元化、监管严格化等特点，使研究生招考制度得到了长足发展，推动了研究生培育体系、质保监督制度的建立健全。目前，我国已建立三级研究生教育质保体系，从国家层面到基层学位授予单位逐级确保了研究生教育教学质量，在基层单位保证人才培育质量的基础上，相关行政部门引导高校、行业与社会组织共同参与，内施控制，外施监督，打造完备的高校研究生教育质量监控体系，培养大批扎根国家和地方的从事经济生产、科学研究、文化传承活动的优异人才。尽管如此，现行体系下输出的人才尚不能完全满足新时期国家战略需求，尤其是在创新能力和社会适应性等方面仍有欠缺。

本成果在综合整理中外学者有关研究生教育质量评估与提升等领域的相关研究后，对目前高校"双一流"建设中的研究生培养质量评估现状与不足进行了分析。当前国内的研究生教育质量评估体系的主要问题在于没有考虑包括社会与用人单位、导师、研究生个体在内的利益相关主体在教育质量领域的诉求，以人为本的理念缺失，使现有评价体系往往存在片面性与不合理性。从评估实践来看，现行的高校研究生教育评估指标体

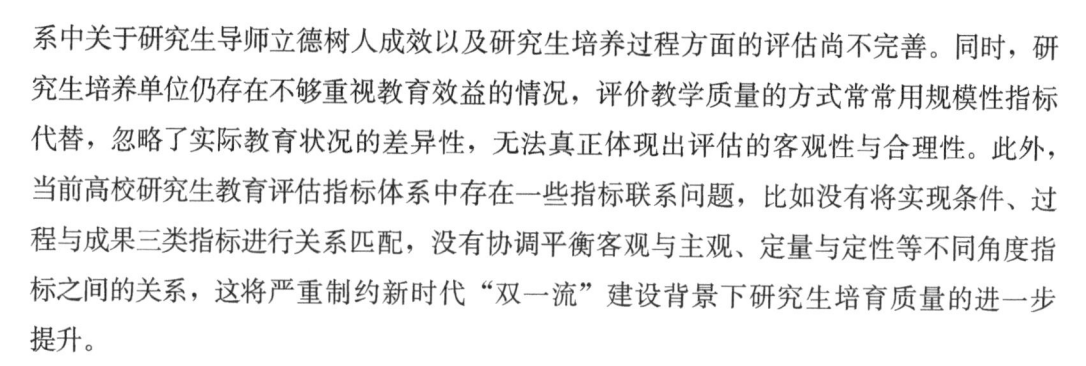

系中关于研究生导师立德树人成效以及研究生培养过程方面的评估尚不完善。同时，研究生培养单位仍存在不够重视教育效益的情况，评价教学质量的方式常常用规模性指标代替，忽略了实际教育状况的差异性，无法真正体现出评估的客观性与合理性。此外，当前高校研究生教育评估指标体系中存在一些指标联系问题，比如没有将实现条件、过程与成果三类指标进行关系匹配，没有协调平衡客观与主观、定量与定性等不同角度指标之间的关系，这将严重制约新时代"双一流"建设背景下研究生培育质量的进一步提升。

本研究的创新性与特色：基于上述问题分析，本研究提出应全面把握立德树人的基本原则，明确目标导向，坚持分类评估，关注相关利益主体诉求，注重研究生的全面发展，科学设计评估指标体系，实现融合交叉并行，创新跨学科人才培养模式，为高校进行博士生培养质量评估提供理论指导。

（四）成果四：产业转型背景下工科博士生培养质量评价指标体系构建与应用研究

工科是关系到经济发展的重要学科，工科博士（工学博士和工程博士的统称）研究生教育在国家创新体系中占据核心地位，面对新一轮产业革命和技术变革，对工科博士生培养质量的重视是高等教育回应社会经济发展的重要体现。在产业面临转型发展时期，构建合理的工科博士生培养质量评价指标体系，能够为高校工科博士生培养提供明确的人才素质框架和质量提升策略，对产业发展、学科发展和博士生群体发展都具有重要意义。本研究遵循"以服务行业为导向、坚持分类评估、关注相关利益主体诉求、注重学生的全面发展、科学设计评估指标体系"等评估理念，在产业转型背景下对工科博士生培养质量评价进行了深入系统的研究，并形成以下结论。

1. 明确工科博士生培养质量的内涵和价值取向。通过综合分析已有研究基础和评价理念，本研究将工科博士生培养质量的内涵确定为：为实现博士生教育的功能、满足多元利益主体需要，在博士生系统性教育中工科博士生所应具备的各项能力素质和品质特征。同时，结合博士生教育传统的价值取向和现实情况，在构建工科博士生培养质量指标体系时，确立了学术与职业相结合的价值取向。

2. 厘清产业转型背景下工科博士生培养质量的构成要素。为进一步确定产业转型对工科博士生的能力素质要求，本研究综合运用文本分析和扎根理论，分析了产业转型背景下工科博士生培养质量的构成要素，主要包含思想道德水平、知识体系、学术能力、工程能力和可迁移能力等5个维度。产业转型背景下工科博士生培养质量结构模型如图2所示。

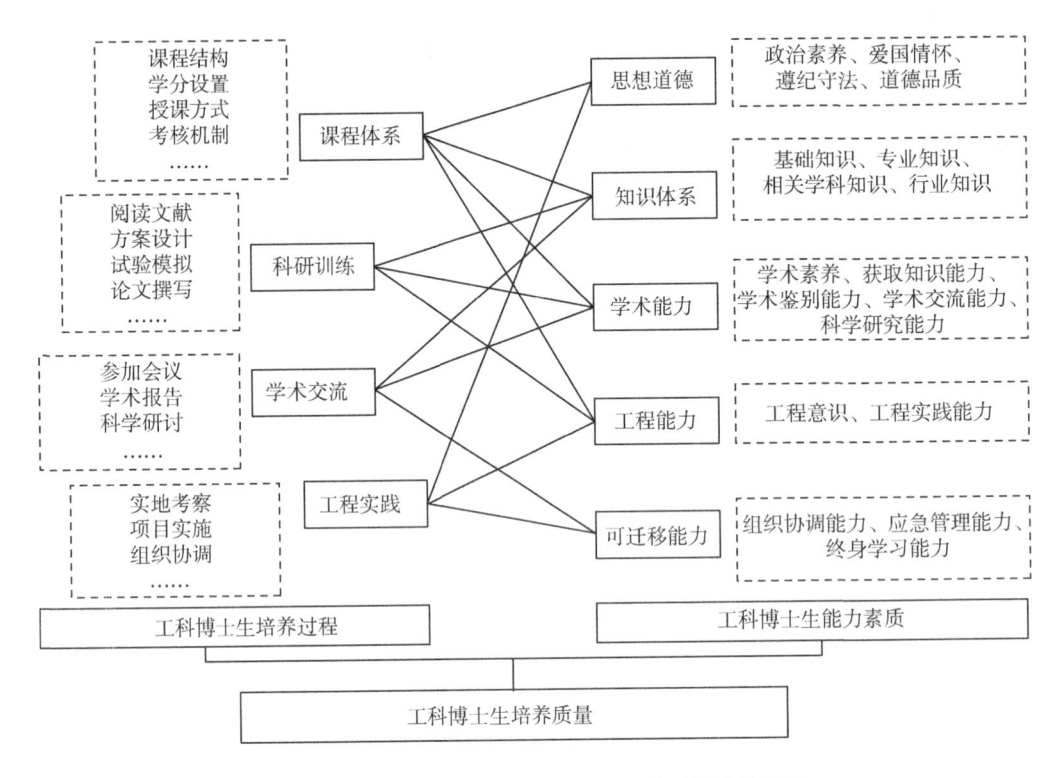

图 2　产业转型背景下工科博士生培养质量结构模型

3. 构建产业转型背景下工科博士生培养质量评价指标体系。本研究根据工科博士生培养质量构成要素，构建出包含思想道德水平、知识体系、学术能力、工程能力和可迁移能力等 5 个一级指标和 18 个二级指标的评价指标体系，运用层次分析法（AHP）确定了不同构成要素的权重（如表 1 所示）；并以中国矿业大学的工科博士生培养质量为评价对象，运用模糊综合评价法对该指标体系进行了应用检验，评价结果也获得了专家的认同，证明了该指标体系的合理性。

表 1　产业转型背景下工科博士生培养质量评价指标权重组合表

目标层	准则层	权重	指标层	权重
工科博士生培养质量 A	思想道德水平 B1	0.350	政治素养 C1	0.041
			爱国情怀 C2	0.165
			遵纪守法 C3	0.086
			道德品质 C4	0.058
	知识体系 B2	0.175	基础知识 C5	0.029
			专业知识 C6	0.089
			相关学科知识 C7	0.021
			行业知识 C8	0.036

续表

目标层	准则层	权重	指标层	权重
工科博士生培养质量 A	学术能力 B3	0.181	学术素养 C9	0.052
			获取知识能力 C10	0.045
			学术鉴别能力 C11	0.018
			国际学术交流能力 C12	0.010
			科学研究能力 C13	0.056
	工程能力 B4	0.092	工程意识 C14	0.028
			工程实践能力 C15	0.064
	可迁移能力 B5	0.202	组织协调能力 C16	0.122
			应急管理能力 C17	0.031
			终身学习能力 C18	0.049

4. 提出产业转型背景下提升工科博士生培养质量的策略。在新形势下，促进博士研究生教育发展，以满足高质量发展和产业转型的需要，可以从调整工科博士生教育结构、优化工科博士生培养过程、加强质量保障以及转变工科博士生培养质量评价理念等四个方面着手，具体体现为：调整教育结构，提升研究生教育与产业契合度；优化培养过程，促进工科博士生全面发展；加强质量保障，实现培养全过程监控；转变评价导向，以学生为中心进行多元评价。

本研究的创新性与特色之处主要体现在两个方面。首先是研究方法上的创新。综合运用文献分析法、层次分析法及模糊综合评价法等研究方法，实现定性和定量相结合，构建出产业转型背景下以工科博士生能力素质为表征的培养质量评价指标体系并进行了检验。其次是研究内容上的创新。通过梳理已有研究基础，界定出工科博士生培养质量内涵。在此基础上，通过扎根理论构建出以核心培养过程与相应的能力素质为特征的工科博士生培养质量具体内涵，突出工科特点并厘清产业转型背景下对工科博士的能力素质要求。在此基础上运用层次分析法形成具体的评价指标体系。研究逻辑较为严谨，并且对新时代背景下工科博士生培养质量评价具有参考价值。

三、政策建议

随着知识生产模式转型的不断深入发展，在"双一流"建设过程中，提升博士学位授予质量意味着必须培养出具有创新能力的高层次复合型人才。为保障人才培养的科学性和实效性，本研究从教育结构调整、一流学科群建设、质量保障机制、人才培养质量评估等方面提出了具体的政策建议。

(一) 调整博士研究生教育结构，提升研究生教育与产业契合度

作为博士研究生教育的重要组成部分，我国工程博士研究生培养肇始于2012年。当前社会对博士学位授予质量诟病的一个原因就是博士对市场需求的适应性较差、创新能力不强。按照学科门类和学位类别划分，工学博士和工程博士人才都与产业发展紧密相关，尤其工程博士专业学位研究生教育的培养目标主要是满足企业（市场）需要。从宏观上来说，为应对我国当前博士研究生专业学位教育整体上类别不多、布点较少、规模不大的现状，以及培养环节缺乏针对性、评价标准不健全、质量管理不严格等问题，国家必须扩大专业学位博士研究生规模，同时进一步提高专业学位博士生教育质量。

要提升工科博士研究生教育的外部适切性，根据产业需求优化学科布局是十分必要的。学科布局、人才链、创新链是高校学科建设与产业对接的主要环节。可通过学科布局实现教育对产业发展的支撑作用和产业对教育的反哺。从理论上来说，学科布局和产业转型发展的关系存在内外两条逻辑线：学科布局引领产业转型发展主要通过创新攻关和成果转化得以实现，产业反哺学科布局主要通过资源投入和协同科研的方式实现。而人才则是衔接整个系统的关键一环，其能实现创新要素、物质资源、人才队伍在整个系统内部持续地流动，激发整个系统的活力。学科布局与产业转型发展关系如图3所示。

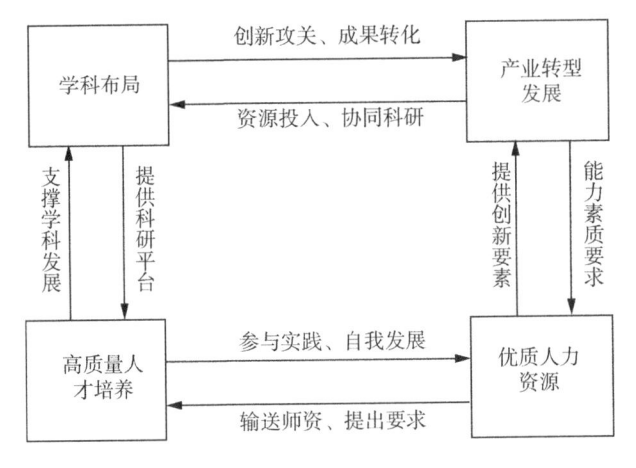

图3 学科布局与产业转型发展关系图

当前产业转型发展迅速，而研究生教育系统还存在较为明显的封闭性，这导致研究生教育与社会经济发展的协同度仍然不够，科教融合、产教融合程度与构建"双循环"新发展格局要求还有很大差距。这需要对当前高校学科布局进行优化以满足产业发展需求，从某种程度上来说，这也是学科自身发展的需要。以江苏省研究生教育为例，江苏省研究生教育为满足省内制造业转型发展的需要，优先布局与新材料、新能源、智能制造等战略性新兴产业密切相关的学位授权点，通过财政持续支持大力实施优势学科建设工程，尤其是与新兴产业相关的学科建设，为推动产业转型升级提供人才智力支撑。

（二）发挥一流学科群引领作用，重构博士生培养目标

学科群建设冲破了单一学科在成果创新、人才培养、成果推广应用等诸多方面的束缚和局限，遵循了大学学科簇状、交融、群落发展演进的自然规律，迎合了新业态、新产业、新经济跨界融合的新趋势，对于更好地发挥学科建设服务国家重大战略和地方经济社会发展的支撑引领作用，具有重大意义。在高校"双一流"建设背景下，通过一流学科群建设重构研究生培养目标，为提升博士生培养质量指明了方向。一流学科群建设的方向是形成虚实结合的学科组织，以此实现其人才培养、科研创新、服务社会等多重功能。根据知识生产方式，可将研究生跨学科培养的组织机构划分为基于一流学科群的虚体组织结构和以培养研究生跨学科应用能力为主的实体组织结构。

在一流学科群视角下，博士研究生教育旨在培养具有高水平的跨学科研究能力的人才，这就要求在研究生教育中实现跨学科培养。首先，要树立鲜明的个性化培养理念，围绕行业重大需求以及经济社会发展新要求，紧密结合国际科研前沿和国家重大科研专项计划，突出"面向科学技术前沿"的学术价值取向和坚持"解决复杂社会问题"的社会价值取向，以跨学科能力为根基，结合各领域跨学科研究的特点和研究生跨学科培养的特点，制定出精细化、差异化的人才培养目标。其次，对学科群内的研究生践行跨学科培养，规范跨学科研究生培养制度，完善跨学科研究生培养过程。以博士生跨学科课程建设为例，高校可以基于若干个一流学科组成优势学科群，以复合导师团队为主导，以创新能力培养为核心，以"交叉学科""产教融合""国际交流"为抓手，在跨学科组织的统一调度下，充分利用本校优势学科基础，建设综合性、问题导向、学科交叉的新型课程群，以此优化博士生课程体系，促进博士生知识结构横向拓展。

(三) 加强质量保障机制，实现培养过程动态监测

质量保障在管理学中主要是指在质量体系内实施并按需要进行的有策划的系统的活动。作为博士研究生教育质量的重要保障，质量保障机制主要通过对生源、课程、科研实践和学位论文等关键环节的测评来确保教育效果。

近年来，随着经济社会发展对博士生的需求扩大，博士生招生规模呈扩大趋势，在博士生招生过程中也存在一些问题。例如，工科博士生选拔侧重于对学生解决科学问题能力及技术应用能力的考核，而工科院校的博士生导师也会基于自身承担的横向课题任务存在选择偏好，从而影响招生过程和结果。解决这个问题可以借鉴美国的博士研究生招生制度：赋予高校在博士招生方面的自主权、引入市场竞争机制以及宽进严出的配套淘汰机制，从而保障招生过程合理、公平和高效。鉴于此，我国博士生招生工作应该采取更灵活、多样、有效的方法进行，具体而言有以下措施：改革招生行政管理模式，合理分权；优化招生流程，赋予学院和教授更多的录取话语权；邀请第三方机构对招生流程进行合规检查。

明确关键环节的考核标准和实行分流淘汰为保障博士生培养过程质量提供了基础和依据。就关键环节的考核标准来说，主要存在考核标准过于宽松、评价不够全面等问题。例如，我国高校博士生的课程考核通常是以考试或者提交结课作业的方式进行，考核方式相对比较宽松，对提升博士生培养质量无法起到应有的促进作用。同样地，对博士生科研能力的评价也只是以科研成果为依据，缺少对工程实践能力的考核。在分流淘汰措施施行方面，美国高校博士研究生的淘汰率比较高，通常在20%以上。淘汰主要有两种方式：一是在博士研究生资格考试后被淘汰，二是在科研过程中被淘汰。而在我国当前的博士生培养过程中，对博士生的"清退"主要是由于超出培养期限，而鲜少是依据过程考核结果淘汰不适合未来研究工作的博士生。由此可以看出，加强博士生培养质量过程考核不仅要明确关键环节的考核标准，更要注重对考核结果的应用，开展动态监测，注重实践能力考察，优胜劣汰，以此有效保障工科博士生培养质量。

(四) 健全人才培养评价机制，以多元评价促进博士生培养质量提升

教育评价是教育发展方向的指挥棒，决定了办学导向。"双一流"建设背景下研究生培养质量评估应全面把握立德树人的基本原则，明确目标导向，坚持分类评估，关注相关利益主体诉求，注重学生的全面发展，科学设计评估指标体系，实现融合

交叉并行，创新跨学科人才培养模式。就具体实践而言，要转变评价导向，以学生为中心进行多元评价。以学生为中心体现在两个方面：一是博士研究生培养目标应满足经济社会发展对人才培养质量的要求；二是博士生培养方案满足学生个性化发展的需要。并且从多主体、多维度、多形式的角度出发，构建多元化的博士生培养质量评价体系。

从评价维度来看，对博士生培养质量评价至少包含以下维度：学位论文、课程学习、成果产出、就业质量等。这些维度都一定程度上与博士生培养环节相关，但博士生的能力素质作为更基础更核心的培养成效指标，更不容忽视。高校在对博士生培养质量进行评价时应当重点考量博士生的创新能力维度。

从评价主体来看，博士生教育的多元利益主体都应当是培养质量评价主体，至少包含博士生群体、导师、高校、行业以及第三方评价组织。从博士生群体角度来说，评价至少包含两个方面的目标：其一，对高校当前的博士生教育工作提供反馈；其二，通过评价表达个性化的需求。对博士生导师而言，作为博士生培养的重要责任主体，参与博士生培养质量评价，既是对学生的激励，也是为学校提供质量反馈意见的过程。高校层面对博士生培养质量的评价主要围绕人才培养成效展开，以此衡量高校在人才培养、科学研究和社会服务等职能方面的达成度。博士生群体评价、导师评价和高校层面的评价已经较为成熟，但是行业评价和第三方评价仍有待进一步完善。从评价形式上，应实行自我评价和第三方评价相结合的方式。高校除自我评价之外，还应逐步建立培养质量社会评价机制，通过建立毕业生跟踪反馈机制调查博士生就业质量并定期发布报告。鼓励行业发布高校对行业产业发展贡献度报告。从评价方法上来看，应通过全方面收集信息、多角度研究论证，通过定性与定量相结合，由多主体进行价值判断，由此构建多元化的博士生培养质量评价体系。

参考文献

[1] 肖凤翔,董显辉,付卫东,等.工程博士专业学位研究生培养现状及应注意的问题[J].学位与研究生教育,2014(3):43-47.

[2] 李雪辉,罗英姿.博士研究生教育供给侧改革：目标强化与方向转轨[J].教育发展研究,2018,38(9):28-34.

[3] 马永红,德吉夫.产教融合促进高校学科建设路径研究[J].北京航空航天大学学报(社会科学版),2020,33(1):146-151.

[4] 汪旭晖,李晶.一流学科群引领的产教深度融合机制与路径研究[J].江苏高教,2020(7):62-70.

[5] 郭欣,刘元芳.基于制度视角的我国博士研究生教育质量保障机制研究[J].学位与研究生教育,2011(9):1-5.

[6] 郭秋梅,刘子建.美国研究型大学理工科博士研究生的培养特点及质量保障[J].学位与研究生教育,2013(11):74-77.

[7]《中国制造2025》与工程技术人才培养研究课题组.《中国制造2025》与工程技术人才培养[J].高等工程教育研究,2015(06):6-10+82.

博士学位授予质量评价体系构建研究

课题完成单位：南京信息工程大学
课题负责人：陈敏东　李长波
课题组主要成员：刘天宇　张新厂　陆　勇

摘要：博士学位授予质量既代表博士研究生教育的结果水平，也表征博士研究生培养的过程情况。本研究以博士学位授予工作为主线，确立了包括个体质量、机构质量、论文质量和发展质量四个组成部分的博士学位授予质量评价指标体系，采用层次分析法和聚类分析法确定了指标体系的权重，构建了博士学位授予质量评价模型。基于该模型，面向全国所有博士学位授权点进行了随机抽样调查，应用 SmartPLS 2.0 分别对测量模型和结构模型进行了验证，对中介效应进行了检验。在对调查结果综合分析基础上，提出应从周密组织评价工作、多元主体参与评价、创新思路优选方法、精准使用评价结果等方面着手，做好博士学位授予质量评价工作。

关键词：博士；学位授予质量；评价体系

一、基本思路

本课题基于我国提高博士研究生培养质量的迫切要求，全面、深刻把握我国博士学位授予的历史经验、现状特征和未来需求，梳理归纳国外博士学位授予经验，深入剖析政府、社会和高校在博士学位授予质量评价中的角色定位及其作用，从博士学位授予质量评价体系建设所涉及的建设思路、评价目标、评价内容、评价主体、评价方式及评估结果反馈等方面，科学构建我国博士学位授予质量评价体系建设的理论分析框架、实践应对方法，基于我国国情和博士研究生教育基础，科学设计一系列相应的制度安排和技术方案，构建博士学位授予质量评价体系，增强我国博士研究生教育的适应性和灵活性，提高博士研究生教育质量。

二、研究过程

本课题按照申请书的主要研究内容，采取统分结合，子课题间并行推进、适当交叉的方式进行研究。

第一阶段，研究准备与文献梳理阶段。主要是组织开题会议，听取专家建议，明确研究范围与子课题研究边界；完善总体方案与子课题研究方案；集中培训，统一研究规范；定期（按季度）召开推进会；完成文献整理、理论与方法的准备。

第二阶段，田野调查与深入研究阶段（与第一阶段有一定的时间交叉）。每个子课题安排专人设计调研方案与调查问卷，在此基础上开展深入的梳理与研究。

第三阶段，形成成果与成果发布阶段（与第二阶段有一定的时间交叉）。推进理论框架构建，撰写学术论文；总结调查报告，形成决策咨询；形成研究总报告。召开项目咨询研讨会；申请项目结题。

三、调查工作的基本情况

为进一步了解我国博士学位授予质量现状，掌握博士研究生教育一手数据，分析博士研究生教育资源和投入转化效益，研究当前博士研究生教育过程和方式方法的优势与不足，跟踪博士生培养模式改革进展，为科学和有针对性地制定改革决策提供持续数据支撑，本课题组从 2019 年 8 月开始组织、开展博士学位授予质量调查工作，基本情况如下。

此次调查面向全国博士学位授予单位，采用基于互联网的调查问卷普查方式，该问卷可以通过电脑和手机等多种终端进行填写，共回收有效问卷 1 977 份。

调查问卷设定了必须回答项，保证了问卷完成率。调查主要面向博士生、已毕业博士、博士生导师和研究生教育负责人四类人群，调查内容包括博士生个体质量、博士学位授予单位的机构质量、学位论文质量和学位授予后发展质量等。

（一）研究框架

学位授予质量既表征学位申请人的能力素质水平，又反映学位授予单位人才培养的质量。因此，博士学位授予质量应包括对获得博士学位者"含金量"和博士学位授予过程质量的测量两方面内容，即应从"产品"和"过程"视角来进行全面测度。在考察博士学位申请人质量时，应该包括培养质量和发展质量两个方面，本文研究的侧重点在于培养质量，发展质量用以辅助验证。

在文献回顾和探索性访谈基础上，我们建立了博士学位授予质量结构模型（如图1所示）。博士学位授予质量可以由博士生个体质量、机构质量、学位论文质量和学位授予后发展质量四个部分组成。其中，假设博士生个体质量和机构质量影响学位论文质量，博士生个体质量、机构质量和学位论文质量影响学位授予后发展质量，学位论文质量为中介变量。

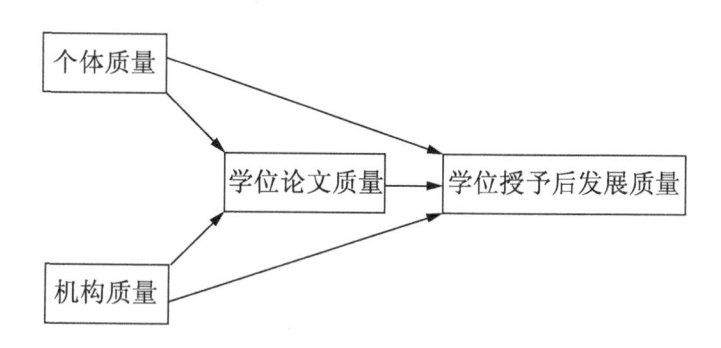

图1 博士学位授予质量评估结构模型图

本文基于以上结构模型构建了博士学位授予质量评估指标体系，详见表1。

表1 博士学位授予质量评估指标体系

维度	观察点
个体质量	对博士生群体质量的满意度
	基础知识
	科研能力
	创新能力
	学习能力
	学术实践能力
机构质量	对博士生导师群体的满意度
	对研究生管理人员的满意度
	对博士学位授予工作完成质量的满意度
	对博士培养方案的满意度

续表

维度	观察点
机构质量	博士学位授予标准的符合度
	博士学位授予过程的合理性
	对博士培养条件（图书资料、实验设备等）的满意度
学位论文质量	对博士学位论文质量的满意度
	博士学位论文的选题价值
	博士学位论文的创新性
	博士学位论文的知识结构
	博士学位论文的学术伦理
	博士学位论文的写作水平（概念清晰、层次分明、文笔流畅）
	博士学位论文的学术规范性
学位后发展质量	对博士学位授予质量的总体满意度
	对博士就业质量的满意度
	对博士发展质量的满意度
	满足职业发展需要状况
	与科技前沿联结的紧密程度
	与国家和社会发展需要的贴合程度

（二）研究工具

本研究首先使用 SPSS 软件对问卷进行探索性因子分析（EFA），接着使用 SmartPLS 2.0 软件对问卷进行验证性因子分析（CFA），分别对测量模型和结构模型进行检验，最后使用 SPSS PROCESS 对中介效应进行检验。

（三）数据与自变量

为了探索这些主观评价潜在的数据结构，我们使用 SPSS 软件对选取数据进行因子分析。对 26 个题项进行探索性因子分析，统计结果表明，KMO 检验的 MSA 值为 0.958（>0.7），Bartlett 球形检验卡方值为 16 491.777（$p=0.000<0.01$），说明非常适合做因子提取。采用主成分分析法进行因子分析，按特征值大于 1，最大方差法旋转，得出 5 个因子，累计解释方差为 66.047%。

结合陡坡图（图 2）和原评估模型，取因子载荷系数大于 0.4，抽取了 4 个因子 20 道题，其中个体质量（a）6 道题、学位授予机构质量（b）5 道题，学位论文质量（c）

6道题、学位授予后发展质量（d）3道题（详见表2）。按特征值大于1，最大方差法旋转，得到KMO检验的MSA值为0.946（＞0.7），Bartlett球形检验卡方值为12 171.483（$p=0.000<0.01$），累计解释方差为66.974％。

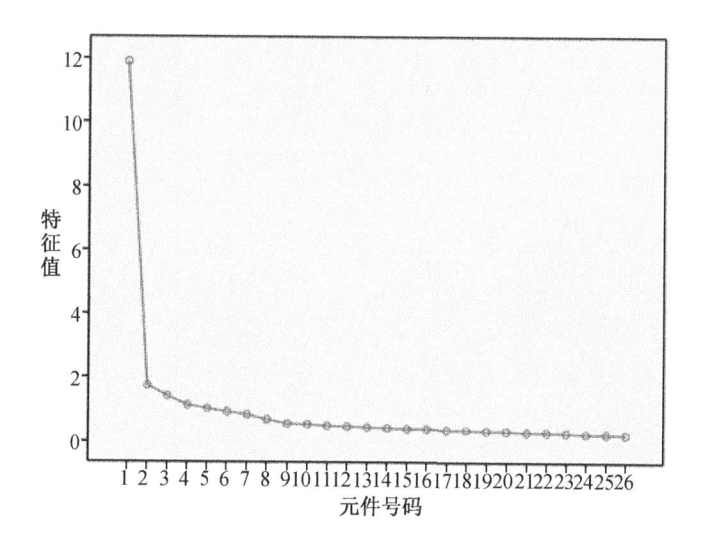

图2　陡坡图

表2　博士学位授予质量评价的因子分析结果

对博士学位授予质量的评价	个体因子（a）	学位授予单位因子（b）	学位论文因子（c）	学位授予后发展因子（d）
博士生的群体质量	0.486 6	0.612 7	0.188 6	0.206 5
博士生的基础知识	0.667 8	0.257 2	0.172 5	0.111 9
博士生的科研能力	0.783 7	0.245 5	0.222 5	0.091 2
博士生的创新能力	0.705 7	0.269 9	0.224 2	0.139 2
博士生的学习能力	0.749 1	0.147 0	0.249 6	0.088 2
博士生的学术实践能力	0.720 9	0.137 8	0.282 7	0.141 5
博士生导师群体的质量	0.296 2	0.519 9	0.291 9	0.182 1
研究生管理人员的质量	0.105 8	0.468 9	0.202 0	0.034 4
博士学位授予工作的完成质量	0.335 0	0.595 0	0.305 0	0.287 2

续表

对博士学位授予质量的评价	个体因子（a）	学位授予单位因子（b）	学位论文因子（c）	学位后发展因子（d）
博士学位授予标准的符合度	0.138 5	0.522 0	0.513 4	0.004 1
博士学位授予过程的合理性	0.098 8	0.497 7	0.556 5	0.035 5
博士学位论文的选题价值	0.184 3	0.133 5	0.719 5	0.219 6
博士学位论文的创新性	0.234 2	0.136 2	0.754 3	0.200 8
博士学位论文的知识结构	0.271 7	0.119 4	0.764 4	0.137 7
博士学位论文的学术伦理	0.147 0	0.201 6	0.747 4	0.016 2
博士学位论的写作水平	0.390 6	0.176 1	0.642 5	0.171 5
博士学位论文的学术规范性	0.190 3	0.189 2	0.719 9	0.107 8
对博士就业质量的满意度	0.055 4	0.090 4	0.133 3	0.846 7
对博士发展质量的满意度	0.289 2	0.373 3	0.151 9	0.642 7
满足职业发展需要状况	0.168 1	0.104 2	0.179 2	0.737 8
因子贡献（%）	0.467 5	0.082 7	0.068 5	0.051 0

注：因子分析的有效样本量为1 977。

此次研究主要对如下要素进行测量：背景因素主要选取了性别、年龄、年级、双一流高校或学科等变量。在满意度方面通过自评、互评方式对导师队伍、培养方案、培养条件等方面进行测度；在达成度方面，对基础知识、科研能力、创新能力、学习能力、实践能力、学位论文进行了测度；对贡献度的评价则通过与科技前沿的结合情况和满足国家发展需要的能力来测度。上述变量的分布情况详见表3。

表3 人口学等变量统计分布情况

变量	类别	百分比	变量	类别	百分比
人员类型	博士生（受教者）	46.23%	年龄段	18～25岁	7.49%
	已毕业博士（受教者）	20.89%		26～30岁	41.78%
	博士生导师（施教者）	27.36%		31～40岁	20.99%
	研究生教育负责人（施教者）	5.51%		41～50岁	12.70%
高校类型	一流大学建设高校	79.82%		51～60岁	14.47%
	其他高校	20.18%		60岁以上	2.58%

续表

变量	类别	百分比	变量	类别	百分比
学科类型	一流学科建设高校	50.63%	学科分类	哲学	3.03%
	其他学科	49.37%		经济学	2.48%
目前所在位置	国外	17.96%		法学	8.55%
	国内	82.04%		教育学	7.13%
博士生培养类型	学术型	96.38%		文学	6.93%
	专业学位	3.62%		历史学	1.26%
博士生所在年级	一年级	14.54%		理学	21.40%
	二年级	15.45%		工学	35.76%
	三年级	23.66%		农学	2.38%
	四年级及以上	46.35%		医学	6.12%
性别	男	61.15%		管理学	4.15%
	女	38.85%		艺术学	0.81%

注：表中数据四舍五入，取约数。

（四）模型验证

使用 SmartPLS 2.0 进行数据分析，先用 PLS Algorithm 来检验测量模型的效度和信度，然后用 bootstrapping 的方法进行假设检验。所有数据使用 SmartPLS 2.0 来检验影响因素和学位授予质量的关系，用 bootstrapping 方法进行假设检验。

1. 测量模型

表 4 显示，所有指标的 Outer Loading 值在 0.69~0.88 之间，指标信度良好。四个维度的 Cronbach's Alpha 和 Composite Reliability 都大于 0.7，符合标准，说明问卷的内部一致性信度良好。此外，四个维度的 AVE 值在 0.61~0.69 之间，都大于 0.5，符合标准。表 4 显示 AVE 的平方根大于变量相关系数，说明问卷的效度在可接受范围内。

表 4　各变量指标值

因子	变量	Outer Loading	Cronbach's Alpha	Composite Reliability	AVE
个体	a1	0.751 0	0.896 0	0.920 5	0.659 3
	a2	0.780 1			
	a3	0.873 7			
	a4	0.844 2			
	a5	0.804 3			
	a6	0.812 6			
机构	b1	0.802 9	0.839 9	0.886 4	0.610 3
	b2	0.690 6			
	b3	0.823 8			
	b5	0.781 8			
	b6	0.799 9			
学位论文	c1	0.803 9	0.900 6	0.923 6	0.668 6
	c2	0.846 3			
	c3	0.856 3			
	c4	0.779 9			
	c5	0.825 3			
	c6	0.791 4			
职业发展	d1	0.782 7	0.772 0	0.864 8	0.681 2
	d2	0.874 8			
	d3	0.816 0			

2. 结构模型

进行了 5 000 次重复抽样后，我们得到变量直接的检验结果。表 5 结果显示，个体质量正向影响职业发展质量（Original Sample＝0.253 4），机构质量正向影响职业发展质量（Original Sample＝0.299 3），学位论文质量正向影响职业发展质量（Original Sample＝0.099 7），个体质量正向影响学位论文质量（Original Sample＝0.269 7，$p<0.05$），机构质量正向影响学位论文质量（Original Sample＝0.511 3，$p<0.01$），所以，个体质量、机构质量是学位论文质量的影响因素。

表 5 路径系数（Mean, STDEV, T-Values）

	Original Sample (O)	Sample Mean (M)	Standard Deviation (STDEV)	Standard Error (STERR)	T Statistics (|O/STERR|)
个体质量→学位论文	0.269 7	0.274 2	0.118 8	0.118 8	2.270 3
个体质量→职业发展	0.253 4	0.233 1	0.140 9	0.140 9	1.798 4
学位论文→职业发展	0.099 7	0.091 3	0.119 3	0.119 3	0.836 1
机构质量→学位论文	0.511 3	0.512 7	0.114 1	0.114 1	4.481 0
机构质量→职业发展	0.299 3	0.328 0	0.154 7	0.154 7	1.934 8

R^2 和 Q^2 被用来判断结构模型的效应值。本次研究中，学位论文质量的 R^2 为 0.525 765，职业发展质量的 R^2 为 0.342 481，都大于 0.25。学位论文质量的 Q^2 为 0.684 936，职业发展质量的 Q^2 为 0.676 817，都大于 0.35。所以模型具有良好的效应值。

3. 中介检验

我们使用 SPSS PROCESS 对中介效应进行检验。A 通过 C 到 D 的间接影响效应值为 0.146 9，95% 置信区间为 [0.100 3, 0.196 8]，区间不包含 0。而且，Sobel 检验显示，Z 值为 6.611 1，p 值等于 0.000，因此 C 在 A 到 D 的路径上的中介作用成立。B 通过 C 到 D 的间接影响效应值为 0.129 3，95% 置信区间为 [0.074 8, 0.184 1]，区间不包含 0。而且，Sobel 检验显示，Z 值为 4.836 6，p 值等于 0.000，因此 C 在 B 到 D 的路径上的中介作用成立。

表 6 中介检验

路径	Sobel 检验	Bootstrapping β	区间（95%） Lower	区间（95%） Upper	中介作用
A→C→D	0.146 9 (0.000)	0.146 9	0.100 3	0.196 8	存在
B→C→D	0.129 3 (0.000)	0.129 3	0.074 8	0.184 1	存在

注："（）"内数字是 p 值。

四、调查结果分析

（一）关于我国博士学位授予质量的总体满意度

从对问题"总体来看，我国博士学位授予质量很好"的调查结果来看，只有54.1%的被调查者对我国博士学位授予质量表示满意，15.4%的被调查者明确表示不满意。具有出国留学经历的人员中，52.1%的人员表示满意，17.8%的人员表示不满意。博士生、博士生导师、研究生管理人员和已毕业博士的满意度分别为53.70%、50.30%、60.50%、58.40%。管理人员的满意度最高，博士生导师的满意度最低。可见，调查者对我国博士学位授予质量的总体满意度不是很高，博士研究生教育的整体质量有待提高。

（二）关于我国博士学位申请人质量的满意度

从对问题"我国博士学位申请人的质量很好"的调查结果来看，46.9%的被调查者对我国博士学位申请人的质量表示满意，19.1%的人表示不满意。具有出国留学经历的人员中，41.6%的人表示满意，23.0%的人表示不满意。博士生、博士生导师、管理人员和已毕业博士的满意度依次为49.20%、38.10%、54.20%、51.30%。管理人员的满意度最高，博士生导师的满意度最低。对博士学位申请的质量满意度低于总体满意度。

（三）对博士生导师队伍的满意度

从对问题"我国博士生导师队伍建设质量很好"的调查结果来看，47.9%的被调查者对我国博士生导师队伍的质量表示满意，21.1%的人表示不满意。具有出国留学经历的人员中，43.1%的人表示满意，24.7%的人表示不满意。博士生、博士生导师、管理人员和已毕业博士的满意度依次为48.00%、41.40%、59.70%、53.30%。管理人员的满意度最高，博士生导师的满意度最低。

（四）对研究生教育管理人员的满意度

从对问题"我对研究生管理工作人员很满意"的调查结果来看，55.7%的被调查者对我国研究生教育管理人员的质量表示满意，18.1%的人表示不满意。具有出国留学经历的人员中，50.4%的人表示满意，22.7%的人表示不满意。博士生、博士生导师、管理人员和已毕业博士的满意度依次为53.90%、47.30%、85.40%、63.00%。管理人员的满意度最高，博士生导师的满意度最低。

（五）关于我国博士生的基础知识

从对问题"我国博士生的基础知识很好"的调查结果来看，44.4%的被调查者对我国博士生的基础知识表示满意，21.9%的人表示不满意。具有出国留学经历的人员中，41.5%的人表示满意，24.95%的人表示不满意。博士生、博士生导师、管理人员和已毕业博士的满意度依次为47.90%、34.70%、54.20%、46.70%。管理人员的满意度最高，博士生导师的满意度最低。

（六）关于我国博士生的科研能力

从对问题"我国博士生的科研能力很强"的调查结果来看，47.3%的被调查者对我国博士生的科研能力表示满意，17.2%的人表示不满意。具有出国留学经历的人员中，44.3%的人表示满意，19.78%的人表示不满意。博士生、博士生导师、管理人员和已毕业博士的满意度依次为51.30%、35.70%、58.80%、50.40%。管理人员的满意度最高，博士生导师的满意度最低。

（七）关于我国博士生的创新能力

从对问题"我国博士生的创新能力很强"的调查结果来看，32.3%的被调查者对我国博士生的创新能力表示满意，24.4%的人表示不满意。具有出国留学经历的人员中，27.5%的人表示满意，29.1%的人表示不满意。博士生、博士生导师、管理人员和已毕业博士的满意度依次为35.50%、22.10%、43.20%、35.40%。管理人员的满意度最高，博士生导师的满意度最低。在关于博士生个体质量的调查要素中，创新能力的满意度最低。

（八）关于我国博士生的学习能力

从对问题"我国博士生的学习能力很强"的调查结果看，63.5%的被调查者对我国博士生的学习能力表示满意，10.0%的人表示不满意。具有出国留学经历的人员中，61.4%的人表示满意，11.7%的人表示不满意。博士生、博士生导师、管理人员和已毕业博士的满意度依次为68.60%、49.90%、64.20%、69.70%。已毕业博士的满意度最高，博士生导师的满意度最低。在关于博士生个体质量的调查要素中，学习能力的满意度最高。

（九）关于我国博士生的学术实践能力

从对问题"我国博士生的学术实践能力很强"的调查结果来看，46.5%的被调查者对我国博士生的学术实践能力表示满意，15.4%的人表示不满意。具有出国留学经历的人员中，43%的人表示满意，17%的人表示不满意。博士生、博士生导师、管理人员和已毕业博士的满意度依次为50.80%、34.20%、54.20%、51.10%。管理人员的满意度最高，博士生导师的满意度最低。

（十）关于我国博士学位授予工作的完成质量

从对问题"我国博士学位授予工作的完成质量很好"的调查结果来看，58.5%的被调查者对我国博士学位授予工作的完成质量表示满意，12.4%的人表示不满意。具有出国留学经历的人员中，55.3%的人表示满意，13.8%的人表示不满意。博士生、博士生导师、管理人员和已毕业博士的满意度依次为59.00%、52.20%、77.10%、60.70%。管理人员的满意度最高，博士生导师的满意度最低。

（十一）关于我国博士生培养方案

从对问题"我国博士生培养方案科学合理"的调查结果来看，43.8%的被调查者对我国博士生培养方案表示满意，23.5%的人表示不满意。具有出国留学经历的人员中，40.2%的人表示满意，23.5%的人表示不满意。博士生、博士生导师、管理人员和已毕业博士的满意度依次为41.70%、42.90%、56.80%、46.30%。管理人员的满意度最高，博士生的满意度最低。

（十二）关于我国博士学位授予标准

从对问题"我了解到的博士学位授予标准都符合国家规定"的调查结果来看，75.9%的被调查者对我国博士学位授予标准表示满意，6.9%的人表示不满意。具有出国留学经历的人员中，74.0%的人表示满意，7.7%的人表示不满意。博士生、博士生导师、管理人员和已毕业博士的满意度依次为78.70%、66.30%、87.20%、78.90%。管理人员的满意度最高，博士生导师的满意度最低。

（十三）关于我国博士学位授予过程

从对问题"我参加或了解到的博士学位授予工作的授予过程都比较合理"的调查结果来看，76.7%的被调查者对我国博士学位授予过程表示满意，5.6%的人表示不满意。具有出国留学经历的人员中，75.7%的人表示满意，6.3%的人表示不满意。博士生、博士生导师、管理人员和已毕业博士的满意度依次为77.00%、72.40%、89.00%、78.50%。管理人员的满意度最高，博士生导师的满意度最低。

（十四）关于我国博士生培养条件

从对问题"我国博士生培养条件很好（图书资料、实验设备等）"的调查结果来看，55.5%的被调查者对我国博士生培养条件表示满意，19.9%的人表示不满意。具有出国留学经历的人员中，54.3%的人表示满意，21.5%的人表示不满意。博士生、博士生导师、管理人员和已毕业博士对该问题的满意度依次为53.50%、56.90%、66.00%、55.70%。管理人员的满意度最高，博士生的满意度最低。

（十五）关于我国博士学位论文质量

从对问题"我国博士学位论文水平比较高"的调查结果来看，46.5%的被调查者对我国博士学位论文质量表示满意，18.3%的人表示不满意。具有出国留学经历的人员中，41.8%的人表示满意，21.9%的人表示不满意。博士生、博士生导师、管理人员和已毕业博士对该问题的满意度依次为46.60%、39.40%、60.60%、51.80%。管理人员的满意度最高，博士生导师的满意度最低。我国博士学位论文质量的满意度低于总体满意度。

（十六）关于我国博士学位论文的选题价值

从对问题"我所接触到的博士学位论文选题都有一定研究价值"的调查结果来看，72.1%的被调查者对我国博士学位论文的选题价值表示满意，7.1%的人表示不满意。具有出国留学经历的人员中，71.9%的人表示满意，8.2%的人表示不满意。博士生、博士生导师、管理人员和已毕业博士的满意度依次为68.40%、79.80%、67.90%、71.20%。博士生导师的满意度最高，博士生和管理人员的满意度比较低。

(十七)关于我国博士学位论文的创新性

从对问题"我所接触到的博士学位论文具有一定的创新性"的调查结果来看，71.7%的被调查者对我国博士学位论文的创新性表示满意，5.9%的人表示不满意。具有出国留学经历的人员中，69.9%的人表示满意，6.8%的人表示不满意。博士生、博士生导师、管理人员和已毕业博士对该问题的满意度依次为69.50%、75.60%、72.50%、70.90%。博士生导师的满意度最高，博士生的满意度最低。

(十八)关于我国博士学位论文的知识结构

从对问题"我所接触到的博士学位论文知识结构比较合理"的调查结果来看，70.3%的被调查者对我国博士学位论文的知识结构表示满意，5.9%的人表示不满意。具有出国留学经历的人员中，68.8%的人表示满意，6.4%的人表示不满意。博士生、博士生导师、管理人员和已毕业博士的满意度依次为70.50%、68.40%、72.50%、71.70%。管理人员的满意度最高，博士生导师的满意度最低。

(十九)关于我国博士学位论文的学术伦理情况

从对问题"我所接触到的博士学位论文都符合学术伦理要求"的调查结果来看，79.4%的被调查者对我国博士学位论文的学术伦理情况表示满意，3.7%的人表示不满意。具有出国留学经历的人员中，78.1%的人表示满意，4.8%的人表示不满意。博士生、博士生导师、管理人员和已毕业博士的满意度依次为77.70%、81.50%、78.00%、80.60%。博士生导师的满意度最高，博士生的满意度最低。

(二十)关于我国博士学位论文的写作水平

从对问题"我所接触到的博士学位论文写作水平比较高"的调查结果来看，60.8%的被调查者对我国博士学位论文的写作水平表示满意，10.0%的人表示不满意。具有出国留学经历的人员中，57.1%的人表示满意，12.1%的人表示不满意。博士生、博士生导师、管理人员和已毕业博士的满意度依次为61.00%、57.20%、62.40%、64.90%。已毕业博士的满意度最高，博士生导师的满意度最低。

(二十一)关于我国博士学位论文的规范性

从对问题"我所接触到的博士学位论文的规范性比较好"的调查结果来看，

77.7%的被调查者对我国博士学位论文的规范性表示满意,4.7%的人表示不满意。具有出国留学经历的人员中,75.4%的人表示满意,5.8%的人表示不满意。博士生、博士生导师、管理人员和已毕业博士的满意度依次为 77.10%、76.40%、78.90%、80.80%。已毕业博士的满意度最高,博士生导师的满意度最低。

(二十二)关于我国博士生的就业情况

从对问题"我所认识的博士生就业很好"的调查结果来看,60.4%的被调查者对我国博士生的就业情况表示满意,12.7%的人表示不满意。具有出国留学经历的人员中,62.3%的人表示满意,11.5%的人表示不满意。博士生、博士生导师、管理人员和已毕业博士的满意度依次为 51.50%、76.90%、77.10%、54.20%。管理人员的满意度最高,博士生的满意度最低。

(二十三)关于我国博士的发展质量

从对问题"我国博士学位获得者的发展质量很好"的调查结果来看,48.1%的被调查者对我国博士的发展质量表示满意,18.7%的人表示不满意。具有出国留学经历的人员中,46.2%的人表示满意,20.4%的人表示不满意。博士生、博士生导师、管理人员和已毕业博士的满意度依次为 45.50%、49.80%、61.50%、47.90%。管理人员的满意度最高,博士生的满意度最低。

(二十四)关于我国博士满足职业发展需要情况

从对问题"我了解到的博士学位获得者的满足职业发展需要情况都比较好"的调查结果来看,47.5%的被调查者对我国博士满足职业发展需要情况表示满意,18.4%的人表示不满意。具有出国留学经历的人员中,47.6%的人表示满意,17%的人表示不满意。博士生、博士生导师、管理人员和已毕业博士的满意度依次为 43.70%、53.80%、62.40%、43.80%。管理人员的满意度最高,博士生的满意度最低。

(二十五)关于我国博士学位授予质量与科技前沿联结的紧密程度

从对问题"我国博士生培养与产业发展、社会需求、科技前沿紧密衔接"的调查结果来看,57.1%的被调查者对我国博士学位授予质量与科技前沿联结的紧密程度表示满意,15.8%的人表示不满意。具有出国留学经历的人员中,54.5%的人表示满意,16.8%的人表示不满意。博士生、博士生导师、管理人员和已毕业博士的满意度依次为59.20%、51.20%、69.70%、56.60%。管理人员的满意度最高,博士生导师的满意度最低。

(二十六)关于我国博士生教育满足国家和社会需要程度

从对问题"我国博士学位授予质量能很好满足国家和社会需要"的调查结果来看,51.6%的被调查者对我国博士生教育满足国家和社会发展需要情况表示满意,14.2%的人表示不满意。具有出国留学经历的人员中,48.7%的人表示满意,15.7%的人表示不满意。博士生、博士生导师、管理人员和已毕业博士的满意度依次为53.70%、44.40%、59.70%、54.30%。管理人员的满意度最高,博士生导师的满意度最低。

(二十七)关于博士生毕业是否需要发表学术论文

从对问题"我认为博士生毕业必须发表一定数量和级别的学术论文"的调查结果来看,65.8%的被调查者同意博士生毕业需要发表学术论文,17.1%的人表示不同意。具有出国留学经历的人员中,68%的人表示同意,15.7%的人表示不同意。博士生、博士生导师、管理人员和已毕业博士对该问题的支持度依次为62.70%、76.40%、70.70%、57.80%。博士生导师的支持度最高,已毕业博士的支持度最低。

(二十八)关于博士生毕业是否需要申请或参加科研项目

从对问题"我认为博士生必须申请或参加到科研项目工作中"的调查结果来看,77.9%的被调查者同意博士生需要申请或参加科研项目,22.1%的人表示不同意。具有出国留学经历的人员中,80.9%的人表示同意,19.1%的人表示不同意。博士生、博士生导师、管理人员和已毕业博士对该问题的支持度依次为73.90%、86.50%、83.40%、73.80%。博士生导师的支持度最高,已毕业博士的支持度最低。

(二十九)关于博士生是否需要经常参加学术会议

从对问题"我认为博士生必须经常参加学术会议"的调查结果来看,82.9%的被调查者同意博士生应该经常参加学术会议,4.7%的人表示不同意。具有出国留学经历的人员中,86.2%的人表示同意,2.9%的人表示不同意。博士生、博士生导师、管理人员和已毕业博士对该问题的支持度依次为82.60%、86.00%、87.10%、78.70%。管理人员的支持度最高,已毕业博士的支持度最低。

（三十）关于博士生出国留学的必要性

从对问题"我认为博士学位申请人到国外留学一段时间很有必要"的调查结果来看，73.5%的被调查者认为博士生应该出国留学一段时间，6.8%的人表示不同意。具有出国留学经历的人员中，77.6%的人表示同意，3.6%的人表示不同意。博士生导师、管理人员对该问题的支持度依次为73.40%、74.30%。

五、主要研究结论及重要观点

（一）我国博士学位授予整体质量一般

总体来看，在所有调查对象中，对我国博士学位授予质量表示满意的仅占54.1%，15.4%的被调查者明确表示不满意。大部分指标中，管理人员的满意度最高，博士生导师的满意度最低。自1999年以来，我国博士生招生数量显著增加，博士学位授予质量越来越受到社会的广泛关注。在博士生教育质量从专注学术取向到关注多元发展、从聚焦在学质量到追求发展质量、从强调显性成果到倡导综合能力的发展趋势过程中，原有的博士生教育模式不再适应变化的多元主体需求，各方满意度的下降并不突兀。针对这一问题，从教育主管部门到各博士生培养单位，相关各方都已着手进行博士研究生培养模式改革并取得了一定成效。

（二）我国博士学位申请人的学习能力很强，创新能力偏弱

在关于博士学位申请人质量的满意度调查中，创新能力的满意度最低，仅为32.3%，具有出国留学经历的人员对该项的满意度仅为27.5%；学习能力的满意度最高，为63.5%。这再一次验证了我国学生的学习能力比较强，而创新能力比较弱的观点，也再一次提醒，我国博士生的创新能力亟须提升。当前，创新能力更多体现为可迁移能力（transferrable skills），或者称之为通用能力。面对就业多元化的趋势，原有的专门学术人才培养模式已显露弊端，如何从培养单位和博士生自身角度进行有针对性的消解将是未来的工作重点。

（三）我国博士学位授予单位质量总体较好

此次关于博士学位授予单位质量的调查，主要包括博士学位授予标准、授予过程、

培养条件和授予工作完成质量等方面，从调查结果来看，培养方案的满意度最高，为75.9%；对管理人员的满意度最低，为43.8%。我们在文献研究和访谈中发现，部分单位的教育管理人员存在着聘用"人才夫人"的情况，管理人员的能力素质相对不足，不能胜任高层次人才培养工作，为此，各研究生培养单位应该着力打造高素质的研究生教育管理队伍，专业的教育管理人员才有可能有效推进研究生教育培养模式改革。

（四）我国博士学位论文质量整体较高，但对于博士学位论文的价值认识偏低

在关于博士学位论文质量的各相关要素调查中，对于博士学位论文的创新性，博士生导师的满意度最高，为75.60%；博士生的满意度最低，为69.50%。学术伦理的满意度最高，达到了79.4%；写作水平的满意度最低，但也达到了60.8%。但对于问题"我国博士学位论文质量比较高"的调查，总体满意度仅为46.5%。两组数据看似矛盾，我们认为，这一方面说明对于博士学位论文价值的主观认可度并不高，另一方面说明，博士研究生教育经过多年发展，在博士学位论文的写作技巧操作层面，已经达到了较高水平。

（五）我国博士生学位授予后发展质量较好

从对博士研究生学位后发展质量的调查结果来看，博士生就业情况的满意度最高，为60.4%；满足职业发展需要的满意度最低，为47.5%。博士研究生教育是我国国民教育体系的最高层次，博士学位获得者在就业市场一直备受青睐。总体来看，各方的满意度都比较高，但博士学位获得者的发展潜力还需进一步提高。

（六）具有出国留学经历人员的满意度低于总体满意度

此次调查发现了一个较为突出的现象，在大部分指标项中，具有出国留学经历人员的满意度普遍低于总体满意度，这从一个侧面说明了，我国博士学位授予质量与国际水平还存在一定差距。

六、创新与特色

第一，就目前掌握的资料来看，本课题的博士学位授予质量评价体系构建属于开

创性工作。

第二，本课题采用系统论研究成果，以系统论相关原理审视我国博士学位授予质量评价工作，以战略思维思考博士学位授予质量评价体系构建的相关问题并提出相应对策。

第三，本课题深刻把握国情，借鉴国际经验，综合运用教育学、统计学、管理科学、信息技术等多学科理论与方法，为博士学位授予质量评价体系构建提供系统性方案和改革建议。

七、学术价值和应用价值

学术价值：以博士学位授予质量为研究对象，构建博士学位授予质量评价体系，一方面可以丰富与发展博士学位授予质量的理论研究，另一方面也能对博士研究生教育评价做进一步理论探讨。

应用价值：一方面，可以引起各界对博士研究生教育的关注，推动国家及地方教育主管部门对博士学位授予质量加强重视和监管；另一方面，从高校角度，可加深对博士学位授予质量的认识，唤醒质量意识，促进博士研究生教育的健康发展。

八、基于研究成果的政策建议

博士学位授予质量评价体系，是利益相关者依据一定标准对博士学位授予质量及其有关影响因素进行评价，从而对博士学位授予质量进行监控和反馈调节，以改进决策、保证博士学位授予质量的组织、行为和决策系统。根据上述概念，博士学位授予质量评价体系应由评价主体、评价内容、评价方法、评价结果使用等关键要素组成。

高校博士学位授予质量评价可以分为两类：一类是学校层面的博士学位授予质量评价；另一类是学位点层面的博士学位授予质量评价。二者主要在范围层面有所区别，学校层面的评价涵盖一个或多个学位点的评价，发现的问题具有普遍性和一般性；而学位点层面的评价特指对某一学位点的评价，具有更强的针对性和指向性。从评价体系构建的角度来看，二者并无本质区别，构建流程和注意事项等方面大部分可以通用。

（一）周密组织评价工作

博士学位授予质量评价是一项专业性很强的工作，需要成立专门机构、抽调专业人员、设计周密方案来完成。高校可以成立博士学位授予质量评价工作小组，工作人员应该具备以下条件之一：实际从事博士研究生教育管理或学位授予工作的人员；具有深厚高等教育理论研究基础的人员；曾完整指导过一届博士生的博士生导师。博士学位授予质量的评价方案应主要包括"为什么评？评什么？谁来评？怎么评？评价结果怎么使用？"等五个方面的内容。"为什么评？"即要秉持正确的评价理念，博士学位授予质量评价的主要目的是引导和促进博士研究生教育发展，提高创新型、高素质人才培养效益。"评什么？"指评价内容，其核心是博士学位授予质量评价指标体系的构建，需要明确博士学位授予质量的要素构成。"谁来评？"指评价主体，即需要由哪些人员参与博士学位授予质量评价，选择此类人员的标准和要求是什么。"怎么评？"即评价方法，包括采用哪些方法进行调查、数据收集及数据处理分析等。"评价结果怎么使用？"即什么时机采用什么方式将评价结果反馈给博士学位授予质量评价的利益相关者。

（二）多元主体参与评价

评价主体类似于体育比赛中的"裁判员"，决定着博士学位授予质量的"比赛成绩"。以往，在我国大部分教育评价活动中，"裁判员"的角色往往与"运动员"重叠，评价结果因此经常受到质疑。现在，"多元主体"概念正在评价领域广泛流行，邀请尽可能多的利益相关者作为评价主体正成为一大趋势，博士学位授予质量因其涉及主体的广泛性，同样需要更多的利益相关者作为评价主体。

高校博士学位授予质量评价的评价主体可以分为外部主体和内部主体两部分，外部主体包括政府教育管理部门、用人单位、家长、第三方评估机构等，内部主体包括博士生导师、博士生、研究生教育管理人员。

外部主体并不直接参与博士研究生教育和博士学位授予工作，但提供了很重要的资源供给，也在很大程度上决定着博士研究生教育的发展方向。在我国，博士学位授权单位和授权学科、专业点都由政府审批，政府的管理效能影响着博士学位授予质量，同时也需要及时准确的评价结果来辅助决策。由其特殊地位和性质所决定，政府可以从更加宏观的视角评价高校博士学位授予质量，相对其他主体而言，客观性更强。用人单位主要从本单位实际工作需要出发来判定博士学位获得者的能力素质。随着博士毕业生不再拘泥于以往单一的学术部门，就业单位越来越多样化，用人单位评价的实用性和世俗性倾向正不断增加。家长是除政府以外的博士研究生教育的主要投资者，更加关注投资和收益之间的关系，更加倾向以就业单位的性质、工资收入和福利待遇

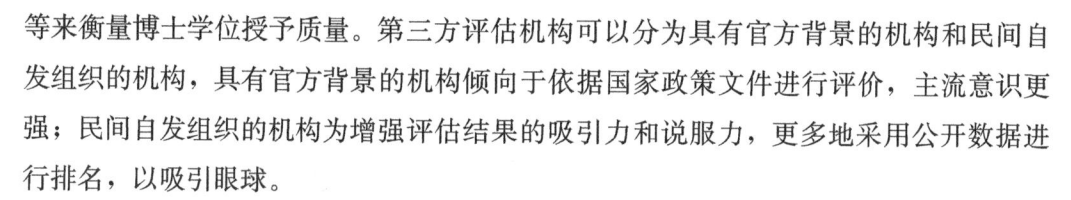

等来衡量博士学位授予质量。第三方评估机构可以分为具有官方背景的机构和民间自发组织的机构，具有官方背景的机构倾向于依据国家政策文件进行评价，主流意识更强；民间自发组织的机构为增强评估结果的吸引力和说服力，更多地采用公开数据进行排名，以吸引眼球。

内部主体是博士研究生教育和博士学位授予工作的主要参与者。博士研究生是博士学位授予质量评价中最主要的"运动员"，其客观表现和主观满意度是衡量博士学位授予质量的重要指标。博士生导师是博士生培养的关键，是博士研究生教育工作的直接参与者，是博士学位授予质量的第一责任人，将该群体与博士生的评价结果进行比较分析具有重要价值意义。研究生教育负责人是博士学位授予工作的具体执行者，也是以往研究中常常被忽视的一个群体，其来自实践一线的经验判断是评价博士学位授予质量的重要依据。

（三）更新思路优选方法

评价方法选取决定着获取数据的全面性、科学性和准确性，影响着评价结果的有效性。传统教育评价倾向于采用终结性评价，直接对教育结果进行判定，如学期或学年末的考试或各类升学考试等，这种评价方式的优点是操作简便易行，缺点是评价要素单一。针对传统评价的不足，综合素质评价或监测评价正在教育领域推广实施。博士学位授予质量评价是一项复杂的综合性工作，单纯评价其"结果"虽可以得出优劣等次，但无法发现培养过程中存在的问题，为此需要全面考察"过程"、"结果"和"发展"，将过程性评价、终结性评价和发展性评价有机统一。

第一，更新思维模式，演绎与归纳结合，因果与相关并重。大数据时代需要大数据思维，大数据不仅是一种技术工具，更是一种思维方式，正引发各行业思想观念的巨大转变，也引起了教育领域的广泛关注。传统评估主观性较强，重结果轻过程，主要遵循归纳至演绎的思维模式，往往先明确结论假设，然后通过研究来验证因果关系。而大数据体量庞大、价值显著等特征，使教育评估获得"更多"的数据、处理"更复杂"的数据和提供"更及时"的数据成为可能，相对于验证因果关系更加重视事物之间的相关性，从而改变了原有思维模式，可以保证演绎至归纳的客观性。博士学位授予质量评价应更新原有思维模式，以大数据理念解构博士学位授予工作，将博士学位授予过程数字化、数据化和变量化，使相关要素结构化、逻辑化和抽象化，充分发挥传统评价的主观特性与现代评价的客观优势，使演绎与归纳有机结合，综合考虑因果关系与相关关系。

第二，优化评价过程，质量与数量相结合，定量与定性相对照。数据收集和分析是评价过程中的两个重要环节。数据收集环节既要注意所采集数据的数量，更要重视所采集数据的质量。数量方面，高校博士学位授予质量评价主要面向博士生、博士生导师、研究生教育负责人和用人单位，每个群体都需要足够的数据才能充分表达其意见，才能保证其可信度；质量方面，为保证收集数据的有效性，需要设计逻辑严密表述清楚的调查问卷，需要综合考虑调查对象的单位类别、身份、性别、年龄、学科专业等人口学因素并以此预估发放和回收问卷的数量。

质量是对事物优劣程度的测量，优劣程度可以通过定性或定量方式来进行判定。因此，博士学位授予质量评价的数据分析过程中，一方面，需要采用科学的数理统计方法分析定量数据，做好数据的描述性统计分析（频数分析、比率分析、均值比较等）和相关分析、回归分析等；另一方面，相对于定量评价关注"量"并倾向于进行抽象的量化分析，定性评价更关注"质"并倾向于进行具体的质性描述，对于博士学位授予质量评价中难以量化的问题可以采用定性研究方法，如对博士学位获得者的创新能力进行评价可以采用访谈法。定性与定量评价各有利弊，但可以取长补短相互印证，以增强研究结果的说服力。

（四）精准使用评价结果

评价结果可以分为层次性排序结果和常态性监测结果两种类型。层次性排序结果是把评价对象按照评价标准进行层次上的间隔，以区分出高低上下，如高校内部的博士学位授予质量评价，可以分学科得出博士学位授予质量综合评价排名和博士学位论文质量排名、博士学位获得者发展质量排名等。常态性监测结果是对博士学位授予工作进程中特定监测点的定期评价，其目的不是区分优良中差，而是及时发现和反馈问题以消弭评价的滞后性，同时通过日积月累的数据收集为综合评价做准备，如高校博士学位授予质量评价中博士生的中期考核成绩、开题情况、科研论文发表数量等。博士学位授予质量评价应实现常态化，实现常态性监测结果第一时间反馈、层次性排序结果定期反馈。博士学位授予质量的评价结果应实现精准反馈，把最相关的信息反馈给最需要的人，真正发挥评价的"以评促建、以评促管、以评促教、以评促学"作用。

参考文献

[1] 王战军.学位与研究生教育评价理论与方法[M].北京：高等教育出版社，2012：88.

[2] [澳]大卫·鲍德,艾莉森·李. 博士生教育的变迁[M]. 蔺亚琼,黄敏,译. 北京:北京理工大学出版社,2019:2.

[3] 高娜,高全胜,张雷生. 提升博士学位授予质量的路径探索研究[J]. 黑龙江高教研究,2017(7):102-104.

[4] 张炜. 博士生教育共同治理的发展趋势——《学者养成:重思21世纪博士生教育》的启示[J]. 学位与研究生教育,2020(12):72-77.

[5] 习近平在庆祝中国共产党成立95周年大会上的讲话[EB/OL]. (2016-07-01)[2018-05-14]. http://cpc.people.com.cn/n1/2016.07.02/c64093—28517655.html.

[6] 王战军,刘静. 构建中国特色评价体系 推进世界一流大学建设[J]. 清华大学教育研究,2018,39(6):58-65.

[7] 韦明伺. 学位与研究生教育质量保障研究[D]. 桂林:广西师范大学,2005.

[8] 周光礼,等. 中国博士质量调查:基于U/H大学的案例分析[M]. 北京:社会科学文献出版社,2010:59.

[9]《普通逻辑》编写组. 普通逻辑[M]. 上海:上海人民出版社,1982:37.

[10] Scriven M. An introduction to Meta-Evaluation[J]. Educational Product Report,1969(2):36-38.

硕士研究生德育质量调研报告
——以南京审计大学为例

课题完成单位：南京审计大学
课题负责人：徐翠华
课题组成员：陈广乔　翟　国

摘要： 本研究通过对南京审计大学及周边高校硕士研究生日常行为规范和学术道德现状的调查分析，毕业研究生跟踪调查及用人单位满意度问卷调查的分析，以及对导师、任课教师、研究生的座谈访谈，发现硕士研究生德育教育还存在对其内涵认识不清晰、导师重研究轻德育、研究生德育内容重理论轻实践、研究生课程思政有效路径探索不够、德育手段单一等问题，提出应该多举措、全过程强化研究生德育教育，加强全员育人队伍建设，建立全方位育人机制，丰富研究生德育教育手段，发挥校园文化的育人功能，同时，建立"学校—毕业研究生—用人单位"三方德育评价反馈机制，不断提高硕士研究生德育教育质量。

关键词： 硕士研究生；德育教育；质量

以习近平新时代中国特色社会主义思想为指导，坚持"以人为本""立德树人"的教育理念，树立"大德育"教育观，理论联系实际，在系统学习理论知识、收集整理大量数据的基础上，紧扣"习近平新时代中国特色社会主义思想"的精神实质和丰富内容，通过座谈和调研，总结目前硕士研究生德育教育存在的问题，并提出新时代提高硕士研究生德育教育质量的有关措施。

新时代开启中国特色高等教育的新征程，必须贯彻党的教育方针，坚持马克思主义指导地位，贯彻习近平新时代中国特色社会主义思想，坚持社会主义办学方向，落实立德树人的根本任务，从而加快推进教育现代化，建设教育强国，办好人民满意的教育。德育教育是研究生教育工作的重要内容，如何高效开展德育教育，提高德育教育质量，是每个研究生教育工作者需要思考的问题。

一、调研背景及目标

习近平总书记在 2018 年 9 月召开的全国教育大会讲话中以"国之大计、党之大计"来定位教育,"立德树人"是我国高等教育工作的总方向和根本使命,也是党和国家对人才培养的总要求。2019 年 3 月 18 日习近平总书记在学校思想政治理论课教师座谈会上发表重要讲话,从党和国家事业长远发展的战略高度,深刻阐明学校思想政治课程的重要意义,坚持把"立德树人"作为根本任务,要挖掘其他课程和教学方式中蕴含的思想政治教育资源,实现全员全程全方位育人。总书记的系列讲话为做好新时代学校德育教育提供了重要遵循。

随着研究生招生规模的不断扩大,研究生德育工作面临着新的问题和挑战。为了真实、全面地了解研究生德育教育的现状,贯彻落实全国高校思想政治工作会议精神,围绕"立德树人"根本任务,着眼于当前高校研究生德育工作实效弱化的现实困境,课题组通过召开师生座谈会、个别访谈、问卷调查、调研走访等多种方式进行了调研,开展了两项专题问卷调查:一是关于研究生日常行为规范和学术道德现状的调查,二是毕业研究生跟踪调查及用人单位满意度调查。

二、调研情况与分析

(一)研究生日常行为规范和学术道德现状的调研分析

为了全面了解研究生思想状况以及研究生德育教育工作开展情况,课题组采取了以座谈和问卷调查为主的方式,分别与南京审计大学教师代表、研究生代表召开座谈会,并向南京审计大学和南京工业大学、南京信息工程大学等周边高校部分研究生发放了问卷。问卷调查共有两份,采用不记名方式在线填写。关于研究生日常行为的调查回收有效问卷 247 份,关于硕士研究生学术道德现状的调查回收有效问卷 337 份。

1. 召开专题座谈会

(1)研究生座谈会

研究生座谈会主要围绕对学校德育教育的看法、对课程思政的理解以及开展课程思政教育的有效形式等主题展开。

研究生对学校德育工作总体情况表示满意，认为学校德育工作对其主流价值观认同有很大影响。在开展德育教育的形式方面，研究生认为可通过参加更多形式的活动接受德育教育。对于思政课程，绝大部分学生认为学校思政课的任课教师整体素质高，教学认真，同时建议任课教师结合时事热点和典型生动的案例，提高学生的参与度和兴趣。对于课程思政教育，研究生普遍认为在专业课程的教学中有必要加入思政元素，但也要根据课程特点，不可一刀切。

（2）教师座谈会

教师座谈会由南京审计大学研究生院领导主持，参会人员有研究生导师、任课教师、研究生代表，座谈会围绕推动研究生"课程思政"建设、发挥课程思政的育人作用等主题展开讨论。教师普遍认为，研究生虽然已经成年，但其思想并未完全成熟，有必要加强正面引导教育。在研究生教学和指导过程中应该结合思想政治教育，传递正确的价值观，进行正面的德育引导。座谈中也发现，少数教师对高校"课程思政"教育教学改革并不是特别了解，对课程中促进专业教育与思想政治教育有机结合有畏难情绪，他们认为如何使学生乐于接受并达到德育教育的效果需要进行专题研讨。

2. 问卷调查分析

（1）研究生思想道德及诚信度自我评价方面。在思想道德方面，有89.88%的调查者选择"好"，有8.5%的调查者选择"一般"；在诚信程度方面，有65.18%的调查者选择"非常好"，有34.41%的调查者选择"比较好"。调查结果说明研究生对自己的道德水平和诚信度的评价整体比较高，这一点与外界社会对于研究生的道德评价相符合。

（2）关于诚信是否会影响未来工作方面，有80.97%的调查者选择"一定会"，有15.79%的调查者选择"可能会"。调查结果说明研究生对于诚信的社会评价认可度较高。

（3）对《关于加强学术道德建设的若干意见》的了解程度方面，有70.03%的调查者选择"了解"，有23.74%的调查者选择"没听说过"，另有6.23%的调查者选择"不关心此事"。调查结果说明学校对于研究生学术道德的教育还没有做到全覆盖，推进工作有待提高。

（4）关于剽窃是否涉及道德的看法方面，有97.03%的调查者选择"涉及"，只有2.97%的调查者选择"不涉及"。调查结果说明研究生对于论文剽窃普遍有着正确判断，绝大多数研究生有正确的价值观。

（5）关于学校进行学术道德专门教育的必要性方面，有81.31%的调查者选择"必要",有 18.69%的调查者选择"没必要"。调查结果说明大部分研究生认识到了学术道德教育的重要性,但要做到学术道德教育的全覆盖,还有很多工作要做。

(6) 在对选修学校开设的学术道德教育的课程方面,有 62.61%的调查者选择"没事就去听听",有 29.97%的调查者选择"很愿意选修",有 7.42%的调查者选择了"肯定不去"。调查结果说明研究生对学术道德教育的课程热情度不高,这也从另一方面反映出学生对德育教育的新形式、新方法的期待。

(7) 关于了解学术道德规范的途径方面,有 55.19%的调查者选择"通过学校的课程、讲座了解",有 27%的调查者选择"通过网上相关报道了解"或"自己查看论文和文件了解",有 16.91%的调查者选择"通过导师和师兄师姐了解",另有 0.89%的调查者选择"不需要了解"。调查结果说明研究生学术道德学习以集中学习和网络自学为主,同学互相学习为辅。

(8) 在对考试作弊行为的看法方面,有 89.07%的调查者选择"从来不作弊",有 10.12%的调查者选择"可以理解""比补考好",还有 0.81%的调查者选择"自己也干过"。调查结果说明研究生对于考试诚信的整体认可度尚可,但有待进一步提高。

(9) 在网上聊天文明用语方面,有 85.02%的调查者选择"非常注意",有 14.98%的调查者选择"不注意"或"不太注意"。调查结果说明研究生对于网络文明用语总体比较自律,但有待进一步提高。

本次师生座谈和问卷调查结果显示,在研究生德育教育过程中,日常行为规范和学术道德规范教育还存在一定的缺失。学术道德规范教育关系着德育教育的质量甚至是研究生教育的质量,而研究生教育的质量又关系着国家人才培养的整体水平和学术研究的传承与发展;因此,我们必须认真反思研究生德育教育存在的问题,不断加强研究生德育教育。

(二) 毕业研究生跟踪调查及用人单位满意度调研分析

《关于加强学位与研究生教育质量保证和监督体系建设的意见》(学位〔2014〕3号)中《学位授予单位研究生教育质量保证体系建设基本规范》明确要求,要"建立质量跟踪和反馈制度。建立毕业生发展质量跟踪调查和反馈制度,定期听取用人单位意见,开展人才培养质量和发展质量分析,及时调整人才培养结构"。课题组认为,研究生德育工作的质量到底如何,毕业研究生和用人单位的意见应占较大权重。因此,我们选定了南京审计大学 2016、2017 届毕业硕士研究生代表(101 人)和 56 家用人单位作为调研对象,通过网络问卷的形式开展调研工作,获取硕士研究生德育教育质量成效及反馈，深层次探究我们应如何有的放矢地强化在校硕士研究生的德育教育。

1. 毕业研究生问卷调查综述

毕业研究生问卷调查是希望能全面了解他们的工作现状并收集他们对母校的反馈，因此问卷设计了7个就业反馈问题，10个母校反馈问题，包括单选、多选和填空等形式。调查共回收有效匿名问卷101份，现对问卷结果分析如下。

（1）就业反馈部分

① 单位性质及工作收入：毕业研究生就职于党政机关、事业单位、国有企业、金融单位的占了绝大比例，而就职于民营企业、中外合资和外资企业的比例相对较少。101名毕业研究生目前平均月收入为10 912.08元。结果反馈，毕业研究生收入差距较大，月收入在10 000元以上的有52人。最高月收入为25 000元，而最低月收入只有4 000元。

② 专业相关程度：从所学专业和所从事工作的相关程度来看，毕业研究生所从事的工作与所学专业完全相关和比较相关的合并比例为72.27%，不太相关的为21.78%，完全不相关的为5.95%，表明南京审计大学设置的硕士专业社会认可程度很高。

③ 职场方面：首先是求职途径，招聘会和网络信息占了很大比例，而院系推荐成功的有2人，个人自荐成功的有10人。目前工作是毕业后第一份工作的比例最高，为68.32%；目前为毕业生后第二份工作的占22.77%。就业选择相关因素当中，毕业研究生最看重的是个人薪酬福利待遇；其次是专业相关程度和个人发展空间；接下来依次是单位所在地、知名度（并列）、单位发展前景、工作环境、经济效益等现实因素；家庭对个人求职影响最小。

④ 工作能力方面：有53人认为主要是靠勤奋刻苦，自己一直坚持边工作边学习；有47人认为主要是专业实践技能过硬；只有7人提出组织管理能力较强是主要因素。

（2）母校反馈部分

① 在校最大收获方面：认为专业知识和技能收获甚多的排在了第一位，其次是综合能力、思考问题的能力；而选择组织管理能力的只有4人，占比3.96%。这说明硕士研究生在校期间，未能通过教学和第二课堂来较好提高自己的组织管理能力。

② 个人能力培养方面：毕业生普遍认为母校毕业研究生在专业知识和基础理论方面最为突出，其次是学习能力，然后是团队协调能力，排在最后的是外语和计算机功底。

③ 教学反馈方面：毕业生普遍认为母校课程设置基本合理，但和社会需求存在一

定的差距，只有 7 人认为不合理，与社会脱节；认为母校实践课程安排好的有 80 人，母校教学水平总体上好的有 90 人，对导师总体满意的为 95 人。此反馈显示南京审计大学的专业教育是适应社会需要的。

④ 强化就业指导方面：毕业生们认为最急需的是搜集和整理就业信息；其次是加强宣传扩大学校的知名度，开好就业指导课，做好职业生涯规划；接下来是政策宣传；最后是个体辅导。

⑤ 德育教育反馈方面：认为母校德育教育工作开展得丰富多彩的占比 65.35%；认为简单说教、形式单一的占比 19.80%；不甚了解的占比 14.85%。认为学校德育教育对自己影响深远的占比 45.5%，有一定影响的占比 33.7%，影响很小的占比 11.9%，不清楚的占比 8.9%。说明南京审计大学研究生德育教育工作做得还有很多不尽如人意的地方，德育教育质量还有很大提升空间。

2. 用人单位反馈综述

对用人单位的调研，经过合理设计，去掉了涉及用人单位私密信息的所有选项，只留下最基本、最重要的问题，来展开问卷调查。

(1) 单位构成：问卷收集上来的单位共有 56 家，基本覆盖了我国目前的所有单位类型。其中最多的是国有企业、党政机关和事业单位。大多数用人单位为员工人数在 200 人以上的大型企业，这与南京审计大学研究生的就业方向也基本一致。

(2) 招聘录用：高度集中在社会公开招聘和校园招聘两类形式，在就业岗位方面，集中在基层管理岗和一线技术岗位，给南京审计大学毕业生中层管理岗位的用人单位只有 6 家。

(3) 毕业生素质能力：这也是本次调研的重点。从结果来看，用人单位对南京审计大学毕业研究生的综合素质、思想素质、职业道德、专业能力、动手能力、协作能力、学习能力、创新能力等方面总体评价满意，且很满意（占比 53.57%）和满意（占比 44.64%）的程度非常高，基本满意项目除协作能力有两家单位选择外，其余均为 1 家，所有项目中不满意的均为零。在需要加强的毕业生能力方面，56 家单位中有 30 家认为要全面提高综合素质，有 26 家认为要提高管理能力，有 23 家认为要培养创新能力，有 17 家认为在专业基础知识传授方面亟待加强，有 11 家认为需在灵活应变、合作与协调、职业生涯规划与设计方面提高，有 10 家指出要在实践动手能力、外语及计算机能力方面进行强化，有 9 家认为南京审计大学心理素质教育不够，还有 4 家选择了需要加强思想道德素养。

（4）对学校的评价：在人才培养总体评价方面，用人单位满足度很高，其中，很满意的占比50%，满意的占比44.46%，较满意的占比3.57%。在对南京审计大学毕业研究生道德品质总体评价上，很满意的占比为53.57%，满意的占比为41.07%，较满意的占比为3.57%，和用人单位对人才培养的总体评价非常一致。

此次发起的针对毕业研究生和用人单位的调研反馈，既是完成课题任务的需要，更是改进硕士研究生德育教育工作的需要。虽然我们的问卷调查还不够全面、深入和细致，但依然能从中发现研究生德育教育工作中存在的问题，尤其是毕业生对母校关于德育教育的反馈以及用人单位关于毕业生素质能力的反馈，都值得我们反思。

三、硕士研究生德育教育存在的主要问题

通过调查分析，本研究归纳了研究生德育教育工作开展过程中存在的主要问题，具体如下。

（一）对研究生德育教育的内涵认识不够

研究生德育教育至少应当包含思想教育、道德修养、学术规范等一系列的系统性内容，学会运用马克思主义立场观点方法观察世界、分析世界，践行风清气正的道德规范、行为准则，学术道德应该是研究生德育教育的重要内容。从座谈和问卷调查的情况看，不少老师和研究生把德育教育简单地等同于思想政治教育，忽视了道德修养、学术规范等方面的内容。

（二）对研究生德育教育的重要性认识不足

一方面，从导师角度来看，大多数导师认可研究生德育工作的重要性，但对具体的实施路径和落实方法缺乏深入研究。导师在指导过程中，存在"重研究轻德育"现象，更多注重专业知识和科研能力的学习，较少顾及研究生思想政治、品德修养的培养；部分导师甚至错误地认为，研究生德育工作主要是由思政教师和辅导员负责。在一份调查中发现，有三分之一的研究生表明导师仅偶尔关注或从未过问其思想动态并进行引导。另一方面，学校对师德师风建设的重视程度仍有待提高，虽然教育部等七部门联合印发了《关于加强和改进新时代师德师风建设的意见》（教师〔2019〕10号），但教师德育教育责任体系尚未形成，职业道德教育及上岗培训尚未实现常态化，大部分培训仅局限于业务能力，缺乏师德师风培训的长效机制。

（三）研究生德育教育内容重理论、轻实践

研究生德育教育不仅要加强对马克思主义理论的宣传，还要在实践中完成对理论知识的检验和转化。但是根据调研以及结合当前研究生德育教育现状来看，还存在着重视理论知识传授、忽视实践的问题。部分教师教学内容过于陈旧，互动少、形式单一，尚未认识到理论联系实际的重要性，导致研究生德育教育的效果不太理想。

（四）课程思政的深入推进存在困难

课程思政教育是研究生德育教育的重要内容。调查显示，制约教师开展研究生课程思政教育的因素有很多，比如：任课教师思想政治理论水平、教师挖掘课程蕴含的思想政治教育资源的能力以及不同课程之间性质不同等。研究生希望接受真正与课程融合的思政教育，但是部分教师的课程思政教育能力不足，客观上存在着一定的"供需"矛盾。

（五）研究生德育教育手段过于单一

研究生德育教育往往采用本科的教育模式，进行理论式说教。研究生已经经历了四年的本科教育，还有一部分是先工作再就读的研究生，他们的道德评判标准与本科生有很大不同。目前，研究生规模越来越大，研究生种类也越来越多，同一学院有多种类型的研究生，有学术硕士、专业硕士，有全日制硕士、非全日制硕士，有国内研究生、留学研究生，等等。甚至一个导师所带的研究生类型也是多样的，而相同手段的德育教育难以覆盖各种类型的研究生，从而影响了研究生德育教育质量。

四、提高硕士研究生德育教育质量的举措与政策建议

新时代开启中国特色高等教育的新征程，必须贯彻党的教育方针，坚持马克思主义指导地位，贯彻习近平新时代中国特色社会主义思想，坚持社会主义办学方向，落实立德树人的根本任务，从而加快推进教育现代化、建设教育强国，办好人民满意的教育。德育教育一直以来都是研究生教育工作的重要内容，高效开展德育教育，是每个教育工作者需要思考的问题。硕士研究生德育教育应以习近平新时代中国特色社会主义思想为指导，坚持"以人为本"的德育理念，树立"大德育"教育观，研究生德育教育应是研究生教育全过程的教育、全员参与的教育、全方位育人的教育。

（一）全过程强化研究生德育教育

硕士研究生德育教育应是全过程育人的教育，应该是覆盖研究生入学前、培养中、毕业季的教育。

1. 入学前，严格研究生招生程序，加强德育考核

研究生招生初试阶段，高校要与考生签订《考生诚信考试承诺书》；在研究生复试阶段，做好考生思想政治素质与道德品质考核；面试环节，加入对考生思想政治与道德品质的考察项，通过系列举措，让即将入学的考生牢固树立招生考试也是德育教育的理念。

2. 开学伊始，重视研究生新生科学道德与学风建设教育

研究生新生入学时，通过专家讲座、制度宣讲、报告会、主题班会、群体讨论、学长交流等多种形式，开展科学道德和学风建设宣讲活动，加强研究生学术道德教育，引导研究生新生树立科学道德观和价值观，杜绝学术不端，营造风清气正的育人环境和求真务实的学术氛围，培养其严谨、求实的科研精神。

3. 培养环节，狠抓研究生德育教育

（1）做好思政课程和课程思政建设

研究生培养方案明确提出培养目标的政治要求，坚持高标准设置研究生政治理论课，坚持马克思主义理论进课堂，严守课堂意识形态的安全底线。以南京审计大学为例，"中国特色社会主义理论与实践研究"课程为全体研究生的必修课，"马克思主义与社会科学方法论""自然辩证法概论"等为必选课。研究生政治理论课教师，按要求聘请有较高学术水准和丰富教学经验的教授、副教授任教。在研究生课程教学中，坚持马克思主义理论指导，定期组织教师研讨，找出合适的切入点，做好课程思政元素的融入。

（2）把握科学研究的政治方向

研究生在进行科学研究时，要坚持用社会主义核心价值观作为引领，真正将社会主义核心价值观体现在高校研究生科研创新发展之中。研究生科研要加强导师的指导作用，研究生发表论文需经导师审查后方能投稿，确保研究生科研成果的政治方向正确。

(3) 杜绝学术不端行为

研究生学术不端行为是对学术道德的践踏，严重阻碍了科学创新和学术发展。以管理类硕士专业学位研究生为例，部分专业学位研究生存在学习积极性不高、科研热情缺乏、科研能力不足的情况，他们中的极少数人甚至为了顺利毕业，出现了学术不端行为。应从建立专门人才培养模式、加强学术道德规范教育、加强科研能力培养、营造良好学术和创新氛围、建立多元化考核指标体系等方面进行学术不端行为的矫治。研究生学位论文要进行学术不端检测，不合格者不得进入送审和答辩环节。

4. 毕业季，严把学位授予德育审查关

学位评定是对研究生培养质量进行监督和检查以及整体检验的最后把关。其中德育审查要注重研究生的政治思想、道德品质、学术道德等方面。在学位授予实施细则中，明确规定必须"拥护中国共产党的领导，拥护社会主义制度，热爱祖国，遵纪守法，积极为国家建设事业服务"，对于不符合政治条件者，实行"一票否决"。

（二）加强全员育人队伍建设

硕士研究生德育教育应是全员育人的教育。研究生导师、任课教师、辅导员及相关管理人员等作为育人队伍的各个组成部分，都应参与其中。

1. 加强导师队伍建设

研究生教育实行导师负责制，导师是研究生教育的第一责任人，在承担指导研究生科研工作的同时，还要承担研究生的德育教育工作。指导老师不应该仅仅是在专业业务上给予指导，而应该通过平时的言传身教和定期的、主动的、有意识的德育教育，潜移默化地引导研究生把小我融入大时代，立志为党和人民的事业作贡献。

2. 加强教师队伍建设

研究生任课教师也是研究生德育教育的直接参与人，要构建系统的研究生任课教师培训体系，引导教师在理论研修、社会实践中形成扎实厚重的马克思主义理论根基和突出的理论教育能力；引导教师不仅做学问之师，更要做品行之师，坚持教书和育人相统一、言传和身教相统一、潜心问道和关注社会相统一、学术自由和学术规范相统一，真正承担起研究生德育教育的主导责任。

3. 加强辅导员队伍建设

研究生辅导员是研究生思想政治教育和日常工作管理的主力军,要进一步完善研究生辅导员培养培训机制,通过岗前培训、专题培训、骨干培训等多种形式夯实研究生辅导员的德育理论基础。辅导员要守好德育阵地,用研究生喜闻乐见、活泼多样的方式,利用党团支部、班集体、研究生会、研究生干部队伍等力量,以各级各类活动为载体开展研究生德育教育工作,将组织育人和实践育人结合起来,帮助研究生树立牢固的共产主义理想信念。

4. 加强党建队伍建设

思想政治教育作为研究生德育教育的重要内容之一,应该在工作中强化研究生党建工作,进一步深刻领会新时期研究生党建工作的重要性。研究生德育教育应以党建为核心,进一步优化研究生党性教育机制,完善学校、院系、支部三级管理机制,构建研究生党员自我学习与集中学习相结合、线上学习与线下学习相结合的学习机制;充分发挥研究生党支部的战斗堡垒作用和党员的先锋模范作用,落实研究生党支部书记责任清单。通过多方面的优化和创新,不断提升研究生党建工作的时效性,从而提高研究生德育教育质量。

(三) 建立全方位育人机制

硕士研究生德育教育应是全方位育人的教育,应该是覆盖研究生学习、生活、实践等方方面面的教育。第二课堂作为研究生第一课堂的有益补充,是培养研究生综合素质和能力的重要阵地,必须在研究生培养中充分发挥第二课堂德育育人作用。

全方位德育育人,就是要将德育教育渗透到研究生教育的第二课堂,覆盖到教室、图书馆、宿舍等研究生学习、生活、实践的方方面面。曾经有一种观念,认为研究生年龄普遍高于本科生,其世界观、人生观、价值观经过本科教育,已经趋于成熟,没有必要再对他们开展德育教育,只要传授好专业知识,让研究生们顺利就业就好。这种看法是片面的,年龄的增长和所谓观念的成熟并不意味着道德素质的必然提高。德育教育融入人才培养工作,应该贯穿于研究生培养的方方面面,"培养什么人、怎样培养人"是事关党和国家前途命运的重大问题,也是我国社会主义教育事业发展必须解决好的根本问题。萨帕的职业生涯发展理论告诉我们,职业选择是一个持续性的过程,正确的个人道德和良好的职业道德需要长期的培养和引导。因此,研究生德育教育必须进行全方位渗透，学校图书馆、博物馆等必须作为研究生德育教育的第二课堂，发挥其育人功能。

实习实践作为研究生培养的必修环节，也是研究生德育教育的阵地之一。实践课堂的育人作用体现在通过学以致用、知行合一的实践活动来强化研究生的道德观念，帮助其树立正确的世界观、人生观、价值观。包括在研究生"三助"岗位、专业实习实践、志愿者服务、劳动实践等实践课堂中广泛开展德育教育，不断拓宽德育工作的场所和内容，从而让研究生实现自我德育，即将学校德育教育内化为研究生的自我认识，从而外化成他们自觉、自发的行动，这也是德育教育的目标。

（四）丰富研究生德育教育手段

在我们的调研中，不少研究生的道德认知来源于网络。网络具有广泛性、便捷性和传播性等特性，网络宣传已成为德育教育的主阵地。研究生德育教育应克服形式单一、理论说教等问题，根据不同类型研究生的特点，采取不同的德育教育方式，不断丰富德育教育手段。可以利用网络传播快、资源多等特点，采取线上与线下相结合的方式开展德育教育，比如：将网络文化纳入研究生德育教育工作，合理利用网络媒体的舆论导向作用，打造研究生思想意识形态教育主窗口，选准舆论引导的切入点，加强马克思主义理论在互联网红色阵地的扩大宣传。通过网络课程、MOOC、学习强国App等线上学习平台及时学习党的方针政策，传输正确信息，让研究生具备正确而清醒的思考和判断，增强研究生自觉抵制各种不良思想的能力，从而提高研究生德育教育质量。

（五）发挥校园文化的育人功能

高校校园文化呈现开放性和多元化的特色，各种思想和声音在高校校园内传播迅速，良好的校园文化对于引导、教育研究生分析和甄别各种文化价值潮流具有重要的引领作用，更是拓展研究生学术视野、拓宽研究生学术思想、加强研究生德育教育的有效途径。

一方面，要加强中华优秀传统道德教育。中华民族优良的传统道德是我国的文化生命之魂。我们除了用爱国主义、共产主义的道德观念教育研究生，也要加强和重视中华民族的优秀传统道德教育。另一方面，要加强大学精神与大学文化的教育。校园文化具有重要的育人功能，它与当代大学精神结合起来，会发挥更大的育人功能。大学精神是学校长期办学实践中形成的共同理想信念、价值追求、群体意识和行为规范，

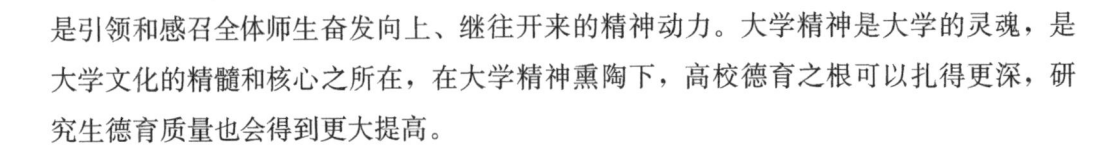

是引领和感召全体师生奋发向上、继往开来的精神动力。大学精神是大学的灵魂，是大学文化的精髓和核心之所在，在大学精神熏陶下，高校德育之根可以扎得更深，研究生德育质量也会得到更大提高。

（六）建立"学校—毕业研究生—用人单位"三方德育评价反馈机制

首先，高校研究生教育管理部门要积极和用人单位进行沟通交流。一方面，要建立健全往届毕业生的工作单位库，对毕业研究生的个人发展、单位对其的综合评价予以定期跟踪调研，并对调研结果进行综合分析；另一方面，要通过对分析结果的总结，整理出有效的德育工作思路，反馈到在校研究生德育教育的具体环节。

其次，建立由学校和用人单位联合组成类似德育工作委员会的专门机构，通过机构运作来分析和整合用人单位反馈的德育意见，注重对历届毕业研究生进行追踪调查，形成制度化、常态化的双方联动模式。

最后，要充分利用毕业研究生这个中间纽带。毕业研究生群体对母校的德育教育有着最直观的感受，他们在走上社会之后又能对母校的德育成效进行最直接的评价，从而提出自己对母校德育教育的意见和建议。因此，我们应当以毕业研究生为中转站，建立起"学校—毕业研究生—用人单位"三方共同参与的德育评价反馈机制。

总之，研究生德育教育作为研究生教育的重要组成部分，各高校要从思想上高度重视，行动上主动作为，不断强化研究生理论武装，加强研究生党建工作，积极探索德育教育模式，真正落实立德树人根本任务，全面提升研究生教育质量。

参考文献

[1] 陈广乔,翟国.管理类硕士专业学位研究生学术不端行为分析及矫治研究[J].数字化用户,2018,24(52):227-228.

[2] 习近平在全国高校思想政治工作会议上强调:把思想政治工作贯穿教育教学全过程　开创我国高等教育事业发展新局面[N].光明日报,2016-12-09(1).

[3] 陈广乔,徐翠华,翟国.研究生党建工作实效性提升研究[J].河南教育(高教),2019(3):77-79.

[4] 李琳琳.从萨帕理论反思我国高职生的职业指导[J].职业教育研究,2008(11):24-25.

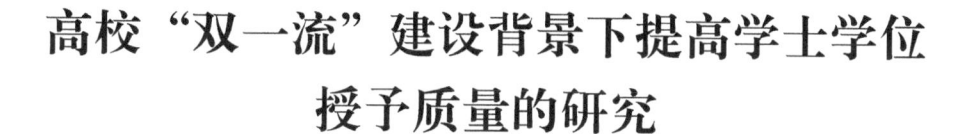

高校"双一流"建设背景下提高学士学位授予质量的研究

课题完成单位：南京邮电大学
课题负责人：刘芫健　彭国香
课题组主要成员：张玲华　尤　伟　李　兵　王光辉　陈　兴

摘要：一流大学、一流学科，需要一流的本科教育作为支撑，本科教育是高等教育的基石。在高等教育规模不断扩大、办学主体日益多元的新形势下，我们有必要对我国学士学位授予工作再次进行深入的思考，以期对保障我国学士学位授予质量有所裨益。

课题组选取南京邮电大学作为个案，在介绍高校"双一流"建设背景下的学士学位授予情况以及学士学位授予学术标准、程序标准对学士学位的影响基础上，以该校一流学科——电子信息与工程专业为例，对该专业学士学位学术标准、程序标准进行精准分析研究。参照专业认证，对学士学位学术标准（包括学士学位课程结构、课程内容、学业评价等）以及学士学位授予程序标准两个方面的内容进行详细的个案分析，提出精准的学士学位授予标准，以提高学位授予质量，构建适应时代发展、符合全面人才培养要求的学士学位质量保证体系，切实加强学士学位授予质量监管。

关键词：学位授予质量；程序标准；学术标准

一、课题研究的基本思路

本研究紧紧扣住标准（程序性、实体性）对普通高校学士学位授予质量的影响这一主线，利用文献分析与理论推导的方法，界定了研究域，寻求标准（实体性）中的核心要素与学士学位授予质量的关联度，通过问卷调查与深度访谈的方法，对他们做相关性分析和归因分析。最后运用相关理论，提出改进标准和提升授予质量的策略。

二、理论建构过程

课题组梳理了我国学士学位授予的历史，考察了发达国家学士学位授予工作及质量监管制度，同时采用问卷调查与访谈的方式，对江苏省、广东省、甘肃省、广西壮族自治区等四个省（区）1 518 名普通本科学生进行随机抽样问卷调查，调查对象为"双一流"建设高校以及部分省属高校，了解学生所在学校学士学位授予的学术性标准与程序性标准问题；同时，对 236 名专任教师进行随机抽样问卷调查，了解教师所在学校学士学位授予学术性标准、程序性标准、专业建设等情况。就专业门类来看，本次问卷调查覆盖了理工、经管、文教等专业，其中工科占了 58%，电子信息类占了 38%。在研究实践中，课题组以科学发展观为指导，确立应然性研究的目标，加强顶层设计，以规范的基准、客观的程序为重要内容，对加强学士学位授予及质量监管进行了深入分析研究。

（一）研究问题

本研究通过调查了解普通本科高校学士学位授予情况，探讨学士学位授予质量，从学生、专任教师、教学管理人员、用人单位视角，了解学生所在学校学士学位授予的核心程序与程序标准问题，并分析核心标准与程序标准对普通高校学士学位授予质量的影响。主要研究问题为：提高普通高校学士学位授予核心标准的因素有哪些？核心标准与程序标准中哪些因素对普通高校学士学位授予质量影响较大？

（二）样本基本情况

本研究采用问卷调查与访谈的方式，对江苏省、广东省、甘肃省、广西壮族自治区等四个省市（区）的 1 518 名普通本科学生进行随机抽样问卷调查，对象为双一流建设高校以及部分省属高校，了解学生所在学校学士学位授予的核心程序与程序标准问题；对 236 名专任教师进行随机抽样问卷调查，了解教师所在学校学士学位授予核心程序、专业建设情况。就专业门类来看，按照教育部《普通高等学校高等教育专业目录》专业大类，覆盖了理工、经管、文教等专业，其中工科占了 58%，电子信息类占了 38%。

（三）测量工具

本研究的量表是自制量表，分为普通高校学士学位授予质量（学生用表）、普通高校学士学位授予质量（教师用表）以及普通高校学士学位授予质量（用人单位用表），从学生、专任教师、用人单位三个不同利益相关者的视角，对普通高校学士学位授予质量进行调查。学生用表分为 16 个项目，分为程序标准（知晓授予条件、授予条件的合法性、授予过程透明）、核心标准（专业、课程、教学）、体验与感知三个维度。教师用表分为 20 个项目，分为程序标准、核心标准以及培养过程是否满足培养目标等维度。用人单位用表分为看重的能力、急需的能力及用人单位对毕业生的满意度等三个维度。

（四）分析过程

将问卷涉及的所有数据录入 SPSS 18.0 中，对数据进行分析与整理，并进行相关检验与分析。对问卷结构进行分析，检验信度效度。对问卷进行修正之后，使用修订后的变量进行均值计算与比较，分析变量之间的关系，并建立对应关系，分析不同因素对学士学位授予质量的影响。

三、实践探索过程

本研究选取南京邮电大学作为个案，在介绍高校双一流建设背景下的学士学位授予情况以及学士学位学术标准影响因素的基础上，以该校一流学科——电子信息与工程专业为例，分析该专业学士学位标准、学位授予质量，改革培养过程。参照专业认证，对学士学位学术标准的四个方面——学士学位课程结构、课程内容、学业评价和学士学位授予情况进行全面分析，并提出精准的学士学位授予能力标准，以提高学位授予质量。

（一）课程结构

课程结构按照相关教指委制定的专业规范要求、专业认证要求和行业标准、创新创业教育改革要求，整合课程结构，理顺课程关系，优化教学内容，构建体系科学、内容优选的课程结构，重视培养学生的创新精神、社会担当意识和创业责任感，促进学生全面发展。

学校按照"平台＋模块＋自主个性化学分＋信息技术融合"的思路构建各专业课程体系，建立了以"自主选择、注重实践、强化拓展"为特点的包括通识教育、专业教育、实践教育、创新拓展等类别的课程结构模块，初步构建数字化、个性化的教育体系，为学生提供多样化、个性化的课程选择，为信息特色人才培养提供有力支撑。

学校建立了信息基础课程平台，在各专业的人才培养方案中注重信息技术知识的融合，强化信息技术能力的培养，构建了体现信息特色的创新创业人才培养模式。

（二）课程内容

完善课程资源校内共享机制，统一到本科课程资源平台，促进信息技术与教育融合创新发展，实现资源共享。不断优化课程内容，创新教学内容和教学方法，增加国际知识、跨文化交流课程，引进国际最新教材及相应参考资料。

全面制（修）订课程教学大纲，进一步明确课程目标，优化教学内容，规范教学要求，保证教学质量。推进"课程思政"教育教学改革，切实落实OBE（成果导向教育）课程改革和新工科建设要求。明确课程质量标准，制定校、院（部）两级课程建设规划，启动新一轮课程建设与改革工程。健全平台课责任教授制度，选拔优秀一线教师担任课程责任教授，组建课程建设团队，加强过程与目标管理，开展课程建设检查与评优，确保课程建设落到实处。深入推进通识课程、核心课程和平台课程的教学改革与实践，因材施教，为学生全面发展和个性成长服务。

全面梳理各门课程的教学内容，完善课程教学评价，淘汰"水课"。顺应新时代一流课程建设要求，进一步转变教学思想观念，以建立课程质量标准为抓手，以打造"金课"为目的，推动课堂教学革命，合理提升高阶性、创新性和挑战度。出台《课堂教学管理办法》，逐步实施教师挂牌上岗、学生选择任课教师等措施，切实提高课堂教学质量。

以学生发展为中心，通过教学改革促进学习革命，积极推广混合式教学、翻转课堂，大力推进智慧教室建设，构建线上线下相结合的教学模式。倡导小班化、研究性教学，实施启发式、讨论式、参与式等教学方法改革，提高课程教学质量。推进信息技术与课程建设深度融合，推进在线开放课程建设。

（三）学业评价

建立严格评价等级制度，从多方面、多角度对学生进行学业评价，完善学术标准评价制度。从课堂表现、小组讨论、作业等方面对学生进行多维度的全面评价，变结果评价为过程评价。

学校进一步推进《南京邮电大学以生为本的本科教学质量保障责任框架》的落实，完善各部门、人员的质量保障责任条款，加强考核与评价。进一步完善和落实持续改进工作机制，强化改进后的跟踪与评价，将持续改进效果纳入单位和人员的考核。完善教学质量评价结果的使用，奖惩结合，促进全员参与建设追求卓越的质量文化。宣传和树立典型，促进全体教职员工将"质量是生命""追求卓越质量"作为共同的责任和价值追求。

进一步加强学校的自我评估工作，完善覆盖纵向三层（课程、专业、学校）、横向三面（教学、学习、管理）的自我评估制度。建立基于学生感知的教学质量监控与评价体系，改进基于学生感知的评价指标，全面分析基于学生感知的教学质量，发布基于学生感知的质量报告。配合教务处按照《普通高等学校本科专业类教学质量国家标准》推进专业认证与评估工作，加强专业责任教授聘期考核与评价，提升专业建设水平。加强课程评估研究，科学设计评价指标和方案，出台《南京邮电大学课程评估管理办法》，定期开展课程评估，并将课程评估结果作为"金课"遴选与课程责任教授考核的条件，促进"金课"建设，淘汰"水课"。进一步完善教师教学评价，建立多元主体（同行、学生、督导等）、全方位考核的教师教学质量综合评价体系，出台《南京邮电大学教师教学质量综合评价管理办法》，开展教师教学质量综合评价，评价结果作为教师专业技术职务评聘、岗位考核、评奖评优等的重要依据；设立教学质量奖，加大对优秀教师的奖励；同时建立教学质量"亮牌"机制，对教学效果不理想的教师，加强培训和管理，确保教学质量。加强教学质量督察监控工作，适时修订《南京邮电大学教学督察监控委员会章程》《南京邮电大学教学督导组工作规定》，进一步完善督监委和督导组的工作，健全内部教学质量保障体系。

（四）学士学位授予

学士学位质量的保证和学术水平的高标准不仅仅体现在对学生学业成绩的高要求上，更是从入学要求、培养目标、课程结构、课程内容、学业成绩评价、毕业要求等方面提出学位授予标准，提高学位授予质量。

修订《南京邮电大学学士学位授予工作细则》，统一标准（包括实体性的学术性标准和程序性标准），加强监督，建立良好的学位授予机制。坚持公正合理和统一尺度的授予标准，健全相关的管理法规和规章制度，建立合理的管理程序，使学士学位管理工作有法可依；建立学士学位管理法规的执行监督机制，加快学士学位管理工作的法治化进程；完善学士学位救济制度，在公正、合理的前提下，给那些因学习困难或可撤销性处分而拿不到学士学位的学生延迟授予学士学位的机会。

四、主要研究成果及其重要观点

以南京邮电大学"电子科学与技术"专业教学实践作为试点，不断提升课程教育教学质量，确保毕业要求的达成及培养目标的实现；根据国家社会及教育发展需要、行业产业发展及职场需要、学校定位及发展目标、学生发展和家长校友期待，以学生学习产出为导向，基于内部和外部的学生能力达成评价体系，目前已建立了覆盖教学全过程及全部教学环节的闭环持续改进机制。总结本专业教学改革成果，并逐步推广到其他专业教学。

课题组成员运用研究成果，参与制定相关规章制度和办法。相关规章制度、办法措施的出台为南京邮电大学"双一流"建设背景下提高学士学位授予质量的改革的有效运行提供了课程、教法、教师等一系列良好的制度、文化的保障，并为本成果的推广提供了适切的土壤。

五、研究结论

（一）影响普通高校学士学位授予质量的核心标准

研究结果表明，影响普通高校学士学位授予质量的核心标准是专业、课程和师资。一般认为有项目资助的专业（如品牌、特色专业等）、经过专业认证和评估的专业，专业质量较高，课程设置、师资配比都比较好，是提高人才培养质量的基础和核心。此外，学生的学习动机、培养目标设定、学风等也会影响到授予质量，但不是核心因素。在访谈中，"专业""课程""师资"等词语出现的频率远远超过其他，从另外的角度也支撑了该结论。相比之下，当学生感到课程设置不合理时，就会影响到学习课程的结果。如在访谈中，有学生指出，部分平台课开出时间太晚，不利于专业课的学习。

（二）核心标准与程序标准对普通高校学士学位授予质量的影响

学士学位授予质量，基于学术标准与道德品质标准；学士学位核心标准是专业、课程、师资。学士学位授予，有其能力要求，即掌握专门学科知识的基本理论、专门知识和基本技术，具备科学研究工作或担负专业技术工作的初步能力。核心标准与学士学位授予质量存在正相关。将核心标准作为自变量、授予质量作为因变量进行线性回归分析，模型 R^2 值为 0.174，意味着核心标准可以解释授予质量 17.4% 的变化。对模型进行 F 检验时发现模型通过 F 检验（$F=31.203$，$p<0.05$），说明核心标准一定会对授予质量产生影响，模型公式为：授予质量＝1.068 ＋ 0.309×核心标准。最终具体分析可知：核心标准的回归系数值为 0.309，p 值为 0.000，小于 0.01，意味着核心标准会对授予质量产生显著的正向影响。总结分析可知：核心标准会对授予质量产生显著的正向影响。通过专业认证等外部评估可以促进核心标准的改进。

学士学位授予本质上属于学术评价，而且是一种依法申请的行为，从程序标准的合法性来讲，如果授予学生学位的行为是"行政授权"或"行政委托"的行政行为，那么从法理上讲，该行为要依法按照法定的标准进行，这一要求事实上决定了学位必须以统一的名义颁发，而不应当以各个学校的名义颁发。实际上，同一学位不同高校授予的标准也不一样。根据《中华人民共和国学位条例》第四条，学士学位是授予优秀的本科毕业生。何为"优秀"？不同的人理解的标准也是不一样的，但是一定有个授予和不予授予的界限。这个界限的划分，对学生是一个有效的约束，可以督促学士学位授予质量的提升。程序的合理性，基于程序理性，从流程、内容、结果等几个角度，对学士学位授予程序加以限定，在程序理性中，以学生为中心，基于学生的利益诉求，更有利于提高学士学位授予的质量。程序合法性与合理性对授予质量产生正向影响。

六、成果的特色与创新

研究方法创新：通过梳理历史，比较国外做法，总结并发现问题。学士学位授予工作是学士学位授予质量监管的一个重要组成部分，没有授予就谈不上质量监管。因此，构建学士学位授予质量监管制度的基础工作之一，就是对我国学位授予工作的现状做分析。梳理我国学士学位制度的发展历程，总结我国学士学位授予工作所取得的成绩并分析其中存在的问题，能使我国今后的学士学位监管工作有的放矢、有所成效。比较了美国、英国、荷兰、法国、日本等国家保障学士学位授予质量的主要做法，如制定学士学位授予标准，通过对学校或学科进行认证或评估，敦促学校不断地改进工作，提高办学水平，保证学位授予质量。

研究视角创新：关注学士学位授予过程中程序理性对授予质量的影响。

七、基于研究成果的政策建议

（一）明确"授权"法律性质，理顺三级管理主体的权利义务关系

明确国务院学位委员会与学士学位授权单位的关系为"行政确认"，而非一般认为的"行政委托"。明确国务院学位委员会与省级学位委员会的权利义务关系为"行政委托"和"行政授权"。

在"行政确认"的权利义务关系下，学生不能以与高校的学位纠纷直接提起行政诉讼，而是需向学校上一级的省级学位委员会申请复议。复议机关则负责对照国家学位标准和程序，对高校学位授予工作进行程序审查，做出裁决。对复议不服的，才可提出诉讼。

这样，将我国学位授权审核权力结构重心下移，以强化最高监督权，加大省级统筹权，发挥高校办学自主权。

（二）改革学士学位的授予标准及表述方式，增强指导性和可操作性

学士学位授予标准应形成一个基本的框架体系，具体包含标准的主要构成与基本内涵，以及适应国家学位体制与三级管理关系的基本导向、具体要求，并明确将这些都规定于"上位法"，以为制（修）定和实施"下位法"提供基本遵循和法理来源。

明确学士学位授予标准应包含政治思想标准、学术道德标准、学业水平标准三方面的内容。其中，政治思想标准的基本内涵：一是政治要求，二是守法遵纪，三是道德要求。鉴于道德要求内涵的极大宽泛性，以及学位的学术属性，我们将学术道德从道德范畴中单独提取出来，加以规范和要求，明确其基本内涵就是严禁学位申请者在学位授予工作各环节中舞弊作伪。而学业水平标准的基本内涵应主要由学习成绩和基本能力两大部分组成。全国各地的实际情况虽有差异，但在国家学位体制下，可以采取全国一致的计算方式或方案，以体现出"国家"属性，并尽可能实现全国意义上的公平、公正。具体量化课程学习成绩"优良"要求，提供两种方案。

通过最高"上位法"对核心内涵与标准统一而明确的规定，同时辅之以授权各学位授予单位在原则、标准之内的自主权，既保证了国家学位的权威性、公平性，还适应了多样化人才培养的需要，激励了个体学习积极性、主动性，更有利于通过院校间的合理竞争，保障和促进学士学位授予质量以及高等教育整体水平不断提高。

（三）完善学士学位申请、授予程序，保证各方合法权益

明确学生申请、单位授予学士学位的完整过程应包括学生申请、院（系）审核、书面告知、授予仪式和后续救济等程序。期望通过客观的程序保证过程的公开、结果的公正。

针对非学士学位授权高校的毕业生申请学士学位的程序问题，我们提出应按照正常的完整程序，由学生所在学校内部审核后就近向本系统或本地区的同层次同类型的有相同专业的学士学位授权单位推荐。

此外，从坚持以人为本和构建终身学习体系的角度考虑，我们建议设立学士学位授予救济制度，对那些因学习困难或可撤销性处分而不能在学期间如期获得学士学位的学生，可规定允许其在学籍所属学校规定的最长学制期内，回毕业学校参加学校统一组织的考试考核，达到要求者，可以向毕业学校提出申请，经审查考核认为符合学校学士学位授予标准的，可以授予学士学位证书。

（四）保持国家学位体制，增强学士学位的"含金量"区别

基于高校的自主办学权、学位的国家性和标准的统一性，考虑到在国家学位的框架下，各授予单位颁发的学士学位本身在"含金量"上就有区别，建议不设立学校学位，而做技术性调整，如在学位证书的具体格式内容上注明学习的地点、经历等要素，也可直接明了地显示出不同学位单位授予的学士学位的区别和不同。考虑到在价值取向上坚持学位证书"择优授予"与毕业证书"合格授予"的情况下，两者不能合二为一，建议继续延续目前两证分离的关系。

（五）建立健全学位授予质量监管的基本体制和长效机制

立足于现有制度基础框架，针对我国学士学位授予工作的现状、我国行政体制的特点以及学位的本质要求，从改革三级监管体制，建立政府、高校与社会多元竞合的监管机制，细化监管内容，制定科学的评价指标体系、强化学位质量监管的措施等方面构建授予质量监管的基本体制和长效机制。

参考文献

[1] 刘朔,陆根书,姚秀颖.改革开放三十年我国学士学位授予工作的回顾与展望[J].中国高教研究，2008(5):9-12.

[2] 毕家驹.欧洲高等教育区的学位标准和质量保证准则[J].高教发展与评估,2006(5):53-56,50.

[3] The National Center for Public Policy and Higher Education. Measuring up 2008:The National Report Card on Higher Education[R]. San Jose, CA:The National Center for Public Policy and Higher Education,2008.

[4] 龚向和.高校学位授予权:本源、性质与司法审查[J].苏州大学学报(哲学社会科学版),2018,39(3):52-62+191.

[5] 林华.内部学位授予程序的法律效力[J].学位与研究生教育,2018(03):37-41.

[6] 王伟廉.提高教育质量的关键:深化人才培养模式改革[J].教育研究,2009,30(12):30-34.

[7] 范守信,杨咏.高校学士学位授予标准问题初探[J].学位与研究生教育,2009(6):51-54.

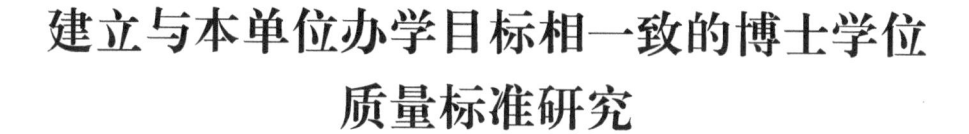

建立与本单位办学目标相一致的博士学位质量标准研究

课题完成单位：扬州大学
课题负责人：孙　伟
课题组主要成员：李玉军　汪小会　陈　婷　邹　蓉　王　悦　葛　玲

摘要：博士学位作为全世界学位授予中的最高层次，对于提高一个国家的教育质量、促进教育国际化、增强国家核心竞争力具有重大意义。本研究通过系统研究国外博士学位质量标准和博士培养路径，结合当前我国博士学位质量监督机制存在的问题，以扬州大学畜牧学科为例，探讨了建立与办学目标相一致的博士学位授予质量标准的必要性及其实现路径，旨在为提高我国博士研究生培养质量、完善其保障与监督管理体系及培养高层次人才提供借鉴。

关键词：办学目标；博士学位；质量标准；管理机制；培养路径

一、国外博士学位质量标准和培养路径研究

博士研究生学位授予质量是定义一个国家最高水平教育的重要评价标志，是衡量一个高校是否具备培育高层次创新人才的主渠道。如何保障博士学位授予的质量，培养出具有过硬的专业能力和创新能力的高素质学术型人才，自20世纪80年代中期以来，一直受到全世界各国的广泛关注。

（一）美国博士学位质量标准和培养路径

在美国，博士学位授予质量标准主要由联邦教育部（DE）和高等教育认证委员会（CHEA）一起制定和执行。CHEA的学位质量认证标准主要基于以下六个方面：第

一，博士学位授予的高校应制定能够满足学生学习要求的博士学位授予质量标准；第二，实施问责反馈机制，被评估的院校需提供学生成绩优良率以及学术成果产出的可靠性信息；第三，被认证机构要能够发现自身存在的问题，不断提高自身学术水平；第四，要建立一套公正、公开、合理的组织政策和实施办法；第五，在评价、总结的过程中不断反思、改善认证水平；第六，自身拥有一定维持自身运营的资源，避免受到官方的约束。

随着美国博士教育目的的日益多元化，实用理性的价值观成为主导思想。以美国率先设置教育博士学位为例，作为一种专业学位，美国教育博士的兴起和发展很大程度上依赖于19世纪美国经济社会的快速发展。为了增强大学社会服务功能、积极响应社会发展对人才的需求以及体现自身办学水平和博士培养的专业特色，美国教育博士教育迅猛发展，在国际教育博士培养中遥遥领先。究其不断改革进步的培养路径，作以下几点总结：第一，综合型的培养目标，美国教育博士项目侧重于教育领域的专业理论和实践能力并驾齐驱，同时理论有效应用于实践；第二，高要求的生源质量，考虑到博士培养目标，美国教育博士招生对象的个人素养、学历、科研水平甚至工作经验都会纳入考量标准；第三，层次分明的课程设置，为了体现学位的教育领导核心，课程设置有专注实践能力提升的"博士研讨会"、职业生涯中期课程等；第四，多学科背景的导师团队支撑，充分体现教育博士的多元化培养目标。

（二）英国博士学位质量标准和培养路径

英国高等教育质量保障系统设立了枢密院、高等教育质量保障署（QAA）与学位授予权顾问委员会（ACDAP）这三个部门，拥有独立的专门职能。枢密院对申请机构的博士学位授予权进行审批；QAA制定博士学位授予权授予质量标准，全国高校必须参照执行，QAA还监察ACDAP提交的评价报告，将监察结果最终反馈给枢密院；ACDAP则按照既定的博士学位授予质量标准，全面评估申请组织提供的佐证材料，将审查结果上报QAA。

在近年的新知识生产模式的不断改革推动下，作为英国科研创新局（UKRI）的成员之一，英国经济与社会研究理事会（ESRC）在2010年成立了博士生培养中心项目（DTC），以社会科学博士生培养为核心搭建了适应知识经济时代发展洪流的多个项目培养网络。为了保障博士生培养兼具跨学科背景、顺应就业市场以及面向社会需求的培养目标，ESRC实施的博士培养项目具备了以下特征：第一，可持续职业发展，关注社会科学博士生的可迁移能力，即在职业定位中应当具备的领导力、知识成果转化能力以及社会合作实践能力；第二，跨机构合作培养，鼓励构建多学科交流平台以促进学科交叉交融，旨在为培养卓越人才提供丰富的学术支持和沟通渠道，博士培养中心项目很大程度上体现了英国博士生培养的办学目标。

（三）日本博士学位质量标准和培养路径

日本博士学位授予质量标准主要由文部省主持制定，首先由中央教育审议委员会提交议案，然后由国立教育政策研究所对其进行调研和评价。中央教育审议委员会下设立专门机构——大学评价与全国学位授予机构（NIAD-UE），负责对学位授予质量标准进行评估与认证。此外，针对未被大学录取的学生，NIAD-UE 会根据这些学生在相关的教育机构达到的能力水平，进而对他们的学习成绩进行评价，根据其学术成就颁发学位。

20 世纪 90 年代以来，日本国家层面的课程博士培养环境发生了巨变，从大学院布局化到博士生教育战略化，再到博士生培养重点化，日本的博士教育改革趋势是要提高大学院的教育质量，包括通过第三方评估的实施、教师能力的提高、研究指导体制的完善、产业界合作的推进等，充分展现了日本对实现博士教育培养目标所作的努力。

二、我国博士学位质量监督机制存在的问题

（一）创新性不高

在实际学习过程中，博士研究生对本专业相应的基础理论知识掌握程度较低，不够了解自身研究方向的国际学术前沿动态，很少提出新见解和创新性学术思想。缺乏哲学思维，不擅于用辩证的、发展的观点来分析和解决问题，缺少独立思考的能力和探索知识的激情。

（二）缺乏学术道德意识

学术道德是指从事研究活动的主体在进行学术研究活动的整个过程及结果中，处理个人与他人、个人与社会、个人与自然关系时所遵循的行为准则和规范的总和。它是保证学术活动正常进行、学术事业健康发展的必要条件。在实际科研探究过程中，国内更重视博士研究生科学研究的学术成果，对于实事求是、科学严谨的治学氛围体系的建设不够完善，偶尔会出现过分追求科技水平和科研能力，但轻视学术道德的现象。

(三) 博士研究生导师队伍素质参差不齐

随着博士研究生招生规模的扩张，国内高校对研究生导师需求量增大，博士研究生导师的准入门槛相对放宽，同时，博士研究生导师遴选制度、考核制度以及激励制度尚不健全，逐渐形成博士研究生导师队伍素质参差不齐的现象。此外，对博士研究生导师的考核以及激励机制，主要体现在科研成果方面，这往往导致广大博士研究生导师将大部分精力用在申报课题和科研结题上，而忽视自身知识及时的更新拓展和对博士研究生的关心与指导。

(四) 缺少专门监督博士学位授予质量的认证机构

目前，国内对博士研究生的评估集中体现在结果评估上，主要以学习成绩、论文发表和毕业论文作为评估博士研究生的标准，尚缺乏经过严格资质认证的机构对高校进行认证，尤其缺乏由第三方认证机构制定的高质量、高标准的博士学位授予质量标准以及认证评估指标体系。

三、以扬州大学畜牧学科为例，探究建立与本单位办学目标相一致的博士学位质量标准的实现路径

(一) 扬州大学畜牧学科办学目标及博士学位授予标准

扬州大学办学历史悠久，学校深厚的历史积淀与现代创新理念交相辉映，具有文科底蕴深厚、农科优势突出、科学人文交融、分类协调发展的办学特色。学校以"坚苦自立"为校训，一方面告诫学生非"坚苦"无以"自立"，另一方面，希望培养学生坚毅刻苦的意志品格以及自我担当的意识和社会责任感；致力于营造"求是、求实、求新、求精"的校风；遵循"育人为本、德育为先"的理念。畜牧专业对于博士学位授予有严格的标准，包括基本知识的掌握、基本素质和学生能力的要求、学位论文的撰写三个方面。

1. 获取本学科博士学位应掌握的理论知识

要求掌握畜牧学基础理论知识、生物学基础知识等，能够熟练运用英语，与国内外同仁熟练地进行学术交流，具有较好的口头表达能力和文字表达能力。在课程设置

上，不仅致力于培养学生的科研能力、学术水平，还注重树立学生正确的思想观念。课程包括公共基础类、学科基础类和专业基础类三种类别，采用学分制，共需修满14个学分。动物遗传育种与繁殖专业的学生要求能够运用遗传标记技术分析畜禽遗传多样性，并探寻遗传标记在动物育种中的应用；了解家畜遗传资源的起源与演变、分布等；懂得胚胎移植、胚胎冷冻、胚胎克隆等技术。动物营养与饲料科学专业要求了解反刍动物营养代谢及调控技术，胃肠道微生态营养物质的代谢利用，家禽的营养需要及营养物质的消化吸收、代谢与营养分配调控等。特种经济动物饲养专业要求了解特种经济动物种质特性、驯化放养、种群进化特征及珍稀遗传资源特有性状的遗传规律等；掌握干细胞分离培养技术、传代方法和生物反应器关键技术等。通过课程考核，成绩合格者，并取得培养方案所规定的学分，方可申请博士学位论文答辩。

2. 获得本学科博士学位应具备的基本素质和学术能力

要求系统掌握畜牧学科研究相关的基本实验室操作技能，具有较好的逻辑思维和演绎归纳能力，了解畜牧学科的发展前沿。崇尚科学精神，恪守学术道德规范，尊重知识产权，杜绝一切学术不端的行为。熟练掌握畜牧学科前沿研究动态，具有从各种文献资料获取学科相关研究前沿动态的能力，具备全面和系统分析所得资料的能力。掌握并利用现代社会的网络系统，从规范路径和程序获取相关信息。还要求了解本专业的发展趋势、结构体系和研究方向，熟悉本学科相关研究问题的国内外研究进展，了解选题的理论意义及应用价值和前景，熟悉掌握本学科相关研究方向先进的研究手段。对已有论文等成果的学术价值、应用价值、写作规范、逻辑结构等有准确的判断能力。在了解本学科相关研究方向、国内外研究进展的基础上，回应国民经济和社会发展的重大需求，具备独立设计有理论意义或应用价值的研究课题的能力。

3. 学位论文的基本要求

学术学位博士研究生要求撰写一篇不少于5万字的学位论文，学位论文选题要求是学科前沿领域或对我国科技进步、经济社会发展有重要意义的课题，应体现创新性、科学性和学术性，能展现博士研究生独立从事科研工作的能力，并做出创造性的成果。学院鼓励、支持和推动跨学科、跨专业的联合培养方式，以利于进一步提高博士研究生综合思考能力、科学研究创新能力；鼓励与国内外同行学者或学术科研单位联合培养博士研究生。另外还要求博士研究生在读期间需取得一定的科研成果，要求毕业答辩之前发表一定水平的学术论文、撰写发明专利等。

(二) 建立与办学目标相一致的博士学位标准的意义

21世纪以来，随着全球化背景下经济社会结构的迅速变化，世界各国都开始全面重新审视博士教育，博士教育面临重塑标准、重构培养过程以适应新型社会发展的多重机遇和挑战。解决博士研究生培养质量问题的关键在于明确博士研究生学位授予标准，建立健全完善的监督机制，建立符合高校办学目标、培养适应国家和社会需要的人才的博士学位授予质量标准，对提高博士研究生的基本素质和专业水平具有重要意义。扬州大学以全面提高博士研究生培养质量为核心，以面向博士生全过程的质量管理为主线，建立和完善博士生择优选拔、特色培养、分流管理、分层激励机制，以培育能够掌握本专业学科宽广的基础理论知识和深入的专业知识、具有独立从事科学研究工作的能力以及能在专业学科上做出创造性成果的高级专门人才为目标。办学目标是学校根据不同专业要求、办学理念等制定的切实可行、将来能够达到的教师、学生、学校发展的目标。办学目标与人才培养质量高度关联，梳理办学目标与人才培养质量标准的适切性，建立与本单位办学目标相一致的博士学位质量标准，对于博士学位授予单位培养校本特色人才，提高人才培养质量具有极为重要的意义。

(三) 建立与办学目标相一致的博士学位质量标准的实现路径

1. 具有明确的培养目标、具体的素质要求，树立优良学风

扬州大学畜牧学科以坚持德、智、体全面发展为方针，以培养具有良好的学术道德和科研作风，具合作创新精神，适应国家畜牧业经济发展和科技进步，能够独立从事畜牧学及相关学科创新性、创造性科学研究以及教学和管理等工作的高层次专门人才为目标。要达到这些能力要求，意味着学生需要熟悉国内外畜牧业发展和研究进展，系统掌握畜牧学研究相关的基本实验室操作技能，具有较强的逻辑思维方式。良好的学风有利于培养出具有科研精神、诚信正直、恪守学术道德规范、懂得保护自己和他人的知识产权，不会有抄袭、弄虚作假等学术不端行为的博士研究生。学院将学风教育贯穿于博士研究生整个培养环节，营造了良好的学术氛围。

2. 规范选拔招生制度，择优录取

扬州大学畜牧学科博士研究生的选拔有三种方式：普通考试招生、硕博连读和申请考核。普通考试招生面向所有符合报考条件的人，分为两个部分：笔试和面试，根

据综合成绩择优录取。硕博连读指招生单位从本单位已完成规定课程学习且成绩优秀以及具有较强创新精神和科研能力的在学硕士生中择优遴选博士生的招生方式。申请考核指以考生提供的申请材料为主要审核依据，通过综合考核来选拔博士生的招生方式，注重考查申请者的专业知识、培养潜质与创新能力。

3. 注重博士研究生培养过程，开设丰富新颖的专业课程

扬州大学畜牧学科课程设置分为公共基础课程、学科基础课程、专业基础课程、选修课程、必修环节和补修课程。公共基础课有中国马克思主义与当代、英语等，主要提高博士研究生的思想政治水平及英语能力；学科基础课程（现代分子生物学）和专业基础课程（畜牧科学研究进展）则是为了让学生积累本专业基础知识；选修课程是根据不同研究方向所开设的，包括畜牧科学研究进展、动物育种专题、动物营养学研究专题、动物微生态营养学、动物营养试验技术、发育生物学等；必修环节是学术研讨与学术报告，注重培养学生的口头表达能力，同时还提供了与来自不同国家不同地区学者交流学习的机会；补修课程是考虑到跨专业考生专业知识薄弱的情况而设置的，有畜牧学通论、现代动物育种学、动物繁殖新技术等。

全日制博士研究生学习一般为4年，课程设置安排在第一学年，考核方式以考查为主；学院有明确的博士论文开题要求，除导师对论文选题及试验的指导，还需通过其他5个专家的点评和认可才能正式确定课题；实施博士研究生在读期间的中期考查制度，可对学位论文的质量起保证作用；通过"双盲"评审且委托第三方送审的方式加强对申请博士学位论文的评审力度，保证了博士学位论文评审的客观性和公正性，同时在实践中不断加强对学位授予过程的管理和监督。

4. 提高导师队伍水平和辅导能力

《学位与研究生教育发展"十三五"规划》明确提出"博士生导师是博士生培养质量的第一责任人"。博士研究生导师除需具备一定的科研能力，能够指导学生论文选题，解答学生实验过程中遇到的问题，给出建设性意见；还需具备较强的责任心，能够时刻履行导师职责，潜心于教学和科研，认真教书育人。学院大力招募外聘教授，吸纳引进博士后人才，为学院注入新鲜血液。对教师、导师采用工作量考核制度。采取集体培养与导师负责相结合的指导方式，导师负责指导制定个人培养计划、明确选修课程、确定研究方向和论文选题、组织学术活动、完成学位论文等工作。

5. 丰富课余生活，培养全能人才

为培养全能型人才，学院重视博士研究生培养的各个环节，包括课程学习、科学研究、学术交流、社会实践等，学院着重培养博士生的学术规范、优良学风、探索精神和创新能力。提倡和鼓励学科交叉；加强与国内外高等院校、科研单位的学术联系与交流，开拓学术视野，活跃学术思想。鼓励博士生积极参加社会实践，特别是结合专业特长参加校、院组织的科技文化服务活动。包括定期举办博雅大讲堂、研本"1+1"等活动。学院还不断更新完善奖学金评定制度，根据奖学金评定细则，从科研工作、课程学习以及其他表现来鼓励学生全面发展，培养学生各方面的能力。

四、研究结论

博士学位作为全世界学位授予中的最高层次，对于提高一个国家的教育质量，促进教育国际化，增强国家核心竞争力具有重大意义。本研究首先通过研究国外博士学位授予发达国家质量保障机制的建立、完善史，结合我国目前博士研究生培养存在的问题，探讨适合我国国情且切实有效的博士学位授予质量保障机制，为培养出具有过硬的专业能力和创新能力的高素质学术型人才提供理论借鉴。接着，以扬州大学畜牧学科为例，从扬州大学畜牧学科办学目标及博士学位授予标准、建立与办学目标相一致的博士学位标准的意义和扬州大学畜牧专业建立与办学目标相一致的博士学位质量标准的实现路径三个方面做出阐述，为进一步提升博士学位授予质量提供了新思路。

五、研究建议

（一）健全和完善学分制，确保博士培养模式的灵活性和弹性化

第一，制订富有弹性的培养计划。博士研究生可以根据自己的研究方向所需要的理论知识和科学技术选择相应的必修课和选修课，不同研究方向和不同专业实行的学分制可容许学科间有差异，同时必须制定学科内完备的学分制度以保证每一位研究生的全面发展。第二，利用和改进成绩考核制，实行课程的免修免听制。以获得学分的方法对成绩考核制加以改进，即在开学之初，可设置几门申请免修免听的课程考试，研究生达到规定的成绩就可获得学分并允许免修免听。以英语课程为例，研究生通过

全国大学英语六级考试或雅思、托福考试,并达到相应成绩要求,即可免修免听学科内的英语课程。通过这种方法,不仅可以节省研究生学业时间,而且可有效减轻其他学业课程的学习压力。

(二) 导师负责与集体培养相结合形成有效的内部评价、管理机制

借鉴国外博士研究生培养的成功经验,充分发挥导师团队的作用,采取导师负责和集体培养相结合的指导方法,较好地克服导师个人负责制的不足和缺陷。设立专业内部评价机制,专业内部评价是一种持续进行的以提出反馈意见并促进专业发展为目的的评估方式,是美国提高博士专业质量的主要手段,也是发挥评估改进功能的最佳手段。因此,我国博士点在今后的发展中,应该积极调动专业内部的核心要素,让教师、学生、管理人员参与评估,将评估标准渗透到日常管理中,以促进组织变革为目标,开展持续的内部评价,并充分利用评估反馈,促进专业质量的持续提升。

(三) 严格学位论文的过程管理,把好学位论文质量关

加强论文写作过程管理。在内容上,注意研究内容和研究成果的前沿性、创新性、实践性。这是由博士生教育的本质决定的,也是与《中华人民共和国学位条例》的要求相一致的。在论文写作中,博士生需要查阅大量的文献资料,了解和跟踪最新的学术动态,确保研究内容的创新性。同时也要注重研究训练或社会实践的作用,实践出真知是检验真理的唯一标准,只有在实践中得出结论并经过实践检验,研究成果才能更具科学性和说服力。在操守上,要加强学术规范的建设。在方法上,博士生还要不断提高自己的逻辑思维能力和学位论文写作能力,确保论文逻辑的严密性、结构的合理性、思路和语言的通畅性,并注意论文格式的相应规范,使论文真正体现博士生的要求和水平。

完善论文答辩制度。一要完善论文的预答辩制度。预答辩是通过校内专家集体会诊的方式,对博士学位论文的内容、形式等进行全方位的审核,发现问题查找漏洞,提出一套整改意见,并决定该论文是稍作修改即可送审,还是暂缓送审以作进一步修改。二要完善论文的评审制度。对博士学位论文进行匿名评审的方法,来源于享有盛誉的美国学术论文匿名审稿制,对确保博士学位论文的质量、排除非学术因素对论文评审公正性的干扰是必要且有效的。三要不断完善正式答辩制度,主要是建立统一答辩制度及完善论文淘汰制度。所谓统一答辩就是指由学位管理部门牵头,按二级学科统一组织博士学位论文答辩委员会,统一时间公开进行答辩。答辩时要求博士生导师

回避，答辩委员会事先不和博士生接触，从而避免了打感情分。答辩完毕后，学科学位委员会将对所有博士学位论文的答辩结果评分进行排序，按通过、修改后通过、重大修改和不予通过四个等级处理，杜绝零淘汰现象。

参考文献

[1] 孙伟,金澄艳.与办学目标相一致的博士学位授予质量标准的研究及其实现路径[J].高教学刊，2018(21)：24-26.

[2] 孙伟.世界一流大学博士学位质量标准和监督管理机制研究[J].高教学刊,2018(23):11-13.

[3] Additional Information About the CHEA Recognition Standards and a List of CHEA Accreditors [EB/OL]. (2010-10-20)[2022-09-25]. http://www.chea.org.

[4] 吕淑珍.关于学术道德建设的反思与重构[J].现代情报，2007,27(1)：213-215.

[5] 钟周,蔡磊.世界一流大学博士教育和创新人才战略比较研究[J].复旦教育论坛，2015,13(5)：99-105.

[6] 张艳萍.研究生学位论文质量保障和自我监督体系建设探索[J].哈尔滨师范大学社会科学学报，2016(2)：174-176.

[7] 李云鹏,于珈懿.美国博士教育的转型及其启示[J].黑龙江高教研究,2017(12):56-59.

[8] 唐磊岩.美国教育博士培养路径研究[D].哈尔滨:黑龙江大学,2016.

[9] 马星,冯磊.社会科学博士教育的英国变革——以ESRC博士生培养项目为例[J].研究生教育研究,2021(06):90-97.

[10] 李珊.日本博士生培养改革现状与发展趋势[D].大连:大连理工大学,2017.

硕士专业学位授予质量：特性、要旨与优化
——基于一流大学 S 高校的调查分析

课题完成单位：东南大学
课 题 负 责 人：耿有权
课题组主要成员：奚社新　王星星

摘要：受专业学位研究生教育内外部关系规律制约，硕士专业学位授予质量富有实践创新性、专业标准性和人才素质高专新特性，其要旨在于达到"五个一"，即一个真正有实践创新意义的论文选题，一种来自专业实践基地的专业性支持，一种指向创新成果的双导师集成指导，一种能促进学位质量的考核评价机制，一本能体现实践创新内涵的学位论文。对一流大学 S 高校硕士专业学位授予质量进行的相关调查发现，以上相关要素及其关系远没有达到理想的境界和水平，需要继续完善。面向未来，一流大学要完善硕士专业学位授予质量，必须树立硕士专业学位研究生思想政治教育整体观，把"质量第一"作为学位教育的核心理念，加快建设高质量高水平硕士专业学位教育模式，要抓住学位授予的关键环节推进质量内涵建设，使其符合硕士专业学位教育和人才培养的本质要求。

关键词：硕士专业学位授予质量；一流大学；质量优化；调查研究

硕士专业学位研究生教育，是我国研究生教育的重要组成部分。硕士专业学位研究生教育中，专业学位授予是一项重要的工作、过程和活动。硕士专业学位授予质量，是学位授权单位学位点质量建设的重要内容，直接影响我国硕士专业学位研究生教育质量。在全国硕士专业学位授权点不断增多、硕士专业学位研究生教育规模不断扩大的形势下，如何把好硕士专业学位授予"质量关"，成为一项重要课题。相比学术型硕士学位授予质量，硕士专业学位授予质量的把关要注意其质量建设的独特性、质量要旨和关键质量环节的优化。这是持续保障硕士专业学位授予质量的重要条件。

一、硕士专业学位授予质量的特性

（一）"实践创新性"是硕士专业学位授予质量的核心意义

硕士专业学位研究生教育，是适应经济社会发展需要而出现的新型研究生教育类型，在我国，它与学术型硕士学位研究生教育处于同等地位，两者共同构成硕士学位研究生教育的整体。而硕士专业学位质量有一定的特殊性，这种特殊性来源于社会发展对研究生教育的特殊要求，即社会发展需要具有实践创新能力的高素质专业性人才。由此产生硕士专业学位的一个质量特性，就是"实践创新性"。这可以从两个层面或视角来认识和把握。一是相对于本科学士学位教育，硕士专业学位教育更强调专业性，而且在实践性上嵌入了一定的创新性。例如，国家对本科毕业生获得学士学位的规定是：较好地掌握本学科的基础理论、专门知识和基本技能；具有从事科学研究工作或担负专门技术工作的初步能力。可以看到，硕士专业学位研究生比本科生在实践创新能力方面上了一个台阶。二是相对于学术型硕士学位教育强调一定的理论创新性，硕士专业学位侧重于实践创新性，同时也注重培养研究生具有基本的学术能力。这就形成了硕士专业学位质量的一个重要特性，即"实践创新性"。

（二）"专业标准性"是硕士专业学位授予质量的价值尺度

当我们强调硕士专业学位授予质量注重"实践创新性"特征的时候，切莫忘记这种硕士专业学位教育也存在一定的专业学术性要求，准确地说，专业型硕士学位教育并不是只强调"实践创新性"这一个特性，而是既突出强调"实践创新性"，也强调专业学术性要求。如果硕士专业学位教育不包含专业学术性要求，那么硕士专业学位授予质量就会降低到本科学士学位的实践层次。"实践创新性"和"理论创新性"虽然都有"创新性"，但又是有区别的。对于硕士专业学位教育而言，这个"实践创新性"是有学术底线要求的，也就是有专业学术基础要求的。进一步说，如果没有本门学科坚实的基础理论和系统的专门知识的要求，那么硕士专业学位的这个"创新性"就是无源之水、无本之木。重要的是，培养单位要恰当地把握好学生掌握本门学科基础理论的高度和系统性的深度的"度"。我们称之为"专业标准性"，意思是硕士专业学位教育，既要高于本科学士学位教育的学术内涵水平，又不能与学术型硕士学位的学术内涵水平完全等同起来。如果与学术型硕士学位的学术内涵完全等同起来，那么硕士专业学位就失去了它自身应有的特殊性；而如果对硕士专业学位的专业学术内涵不做要求，那么硕士专业学位就会掉到本科学士学位层次，所以硕士专业学位教育要把握好这个特性，让硕士专业学位名副其实、货真价实，这也是硕士专业学位质量目标的真义所在。

（三）"高层次、应用型"是硕士专业学位授予质量的显著特征

在硕士专业学位研究生教育中，我们应当看到硕士专业学位授予质量包含的人才培养要义，即硕士专业学位授予质量的高低，要体现在硕士专业学位研究生的素质上。也就是说，硕士专业学位授予质量，除了要包含上述"实践创新性"和"专业标准性"，更要强调硕士专业学位人才素质培养的高质量和高标准。概括来说，它反映在人才培养素质教育上，就是"高素质""应用型"。这是相对于本科学士学位授予质量而言的。所谓"高素质"，是指硕士专业学位授予质量充分体现了高于和优于本科学士学位授予要求的素质内涵。这是对硕士专业学位获得者的整体性素质要求，具体表现在人才的品德修养、专业理论知识、实践应用能力等方面的水平是否达到了学位授予质量要求。所谓"应用型"，意指硕士专业学位要适应经济社会发展特别是社会行业产业的需求，要立足于职业导向或较强应用性的领域，注重产教融合，针对社会特定职业领域的需要，培养具有较强专业能力和职业素养，能够创造性地从事实际工作的应用型专门人才。"应用型"是硕士专业学位教育区别于学术硕士学位教育的重要特征。

二、硕士专业学位授予质量的要旨

（一）一个真正有实践创新意义的论文选题

硕士专业学位授予质量的焦点问题，是硕士专业学位授予的对等物——学位论文的研究选题及其研究价值。硕士专业学位研究生，无论是课程学习还是专业实践，其聚焦的主题是要找到一个既能锻炼和提升其专业实践创新能力又符合其个人兴趣和学术专长的研究选题，之后，围绕这个选题进行专业性研究，并运用从专业领域学习到的课程知识，表现出个人解决专业领域问题的天赋和才能，特别是后天经过研究生阶段的刻苦学习培养起来的高深能力。这就要求培养单位不能把硕士专业学位研究生封闭在校园内，而应当把他们放到经济社会发展的大环境中去，放到社会实践基地或其

他有利于寻找到有实践创新意义的问题和课题的地方。在此过程中，校内外导师均给予重要指导，校外实践基地导师在某种意义上更为关键，因为实践中需要解决什么问题以及哪些问题具有研究价值，是实践基地导师最为敏感并能够给予学生具体指导的方面。当然，这个过程是多方面集成考量的结果。一个有实践创新意义的选题，既是校内外导师协同商量的指导性结果，又是硕士专业学位研究生到实践基地感受到和体验来的研究成果。这几个方面的影响都是不可缺少的重要因素。

（二）一种来自专业实践基地的专业性支持

硕士专业学位授予质量的高低，与硕士专业学位研究生在实践基地或实践环节上的锻炼和体验密不可分。硕士专业学位研究生在实践一线一旦找到了有价值的研究选题，下一步就是在实践基地导师的指导和支持下开展研究工作。这种研究工作，不仅涉及在实践基地进行的专业调查研究，包括数据采集、案例研究、实验研究等，也涉及对理论的思考、文献的研究。如果说，学生在校园研究方面不存在多少困难是因为有校园内导师的熟练指导作为基本保障；那么在校园外的实践研究，则需要实践基地及其人力资源的强有力支持，包括实践基地的导师指导、环境条件、投入保障等支持。相比校园内的学理研究，校园外的实践研究才是硕士专业学位研究生教育需要加强的环节和内容，而且这个环节和内容是决定硕士专业学位授予质量的关键部分。比如，实践基地有没有条件开设足够的对硕士专业学位研究生有重要价值的高水平实践性课程？实践基地有没有能够胜任硕士专业学位研究生培养的合格导师？实践基地导师是否有充足的时间来指导研究生，是否有学术能力把握好硕士专业学位研究生的论文选题？校外导师与校内导师的合作能力如何？两者合作对研究生培养的实质性影响究竟如何？这些因素都是硕士专业学位研究生培养需要考虑的专业性问题，也是硕士专业学位授予质量的影响因素，并直指专业学位授予质量的核心价值。

（三）一种指向创新成果的双导师集成指导

硕士专业学位研究生培养和硕士专业学位授予质量的共同保障机制是"双导师制"，即：一个校内导师，主要负责研究生的理论指导和方向指导，是研究生培养的主导师；一个校外导师，主要来自校外实践基地，专门负责帮助和引导研究生在实践基地完成研究任务，包括开设实践课程、帮助学生实习实践和寻找合适的论文选题。实际上，在硕士专业学位研究生培养过程中，影响硕士专业学位授予质量的关键人物有三个，即校内导师、校外导师和硕士专业学位研究生，他们之间是相互理解、相互支持、相互协作的关系。通常，硕士专业学位研究生入学后，第一年是完成校内课程和校外课程的学习任务，第二年前期，需要在实践基地找到合适的可做学位论文的研究选题，在通过中期考核之后，在两位导师的指导和配合下完成硕士专业学位论文或完成具有实践创新性价值的科研成果，包括研究报告、实验报告、竞赛成果、发明专利等。在此过程中，两位导师必须保持密切沟通，随时为研究生提供有关学术或实践的支持。为了达到这个培养目标，师生之间需保持日常沟通，服务硕士专业学位研究生培养的系列规章制度和保障措施也应该得到有效落实。

（四）一种能促进学位质量的考核评价机制

硕士专业学位研究生，从入学教育到参与课程学习，到实践基地寻找合适的论文选题，再到毕业论文的撰写，整个过程都应该有科学合理的考核评价导向和相应的标准体系。这个考核评价是分学科分专业类别的，并适合考核评价相应专业学位的"实践创新性"和"专业标准性"的质量。在这个方面，培养单位应当注意不能拿学术型硕士学位的考核评价标准来代替硕士专业学位标准，而是要建立和采用适于硕士专业学位授予质量的考核标准，否则将产生极大的消极影响。具体来说，首先硕士专业学位研究生攻读者的入学考核标准是否与学术型硕士学位研究生的入学标准明确地区别开来？对专业学位研究生攻读者要着重考核专业基础能力特别是实践创新潜力和发展能力。其次，对硕士专业学位研究生培养的过程考核标准包括理论课程学习、实践课程学习的成绩评价是不是与学术型硕士学位研究生区别开来了？其中实践基地课程是不是实践创新导向的课程？校内导师和校外导师在对实践创新性的理解和学生指导方面是不是高度一致？科学认识和正确处理硕士专业学位研究生培养中的考评导向和考评标准问题，建立健全硕士专业学位考核评价机制，对硕士专业学位授予质量至关重要。

（五）一本能体现实践创新内涵的学位论文

硕士专业学位研究生培养的最终学术成果通常表现为一篇合格或优秀的硕士专业学位论文及其他合格或优秀成果，比如研究报告、艺术设计、案例报告、实验报告等。研究生提交优秀的硕士专业学位论文及其他学术成果，在一定意义上表明学校授予硕士专业学位的质量高，反之，即使该生在其他方面做得还不错，也不能认为其质量是高的。这意味着，硕士专业学位论文写作，是硕士专业学位研究生培养的关键环节，也是硕士专业学位授予质量考核评价的核心内容。硕士专业学位论文写作，主要是研究生独立的个体性行为，但是在写作过程中，研究生遇到研究性的问题，则需要"双导师"分工合作指导并帮助解决，比如校内导师需要帮助研究生把关硕士专业学位论文的学理部分，校外实践基地导师需要把关专业学位论文的实践创新部分（包括案例选择、案例分析、案例优化等）。为了帮助研究生顺利完成硕士专业学位论文，校内导师和校外导师均须付出一定程度的指导努力，同时为研究生提供必要的支持条件。比如，围绕论文研究的学术交流、往返学校和实践基地的交通条件及生活条件，都需要学校、行业企业和校内外导师做全面细致的考虑并给予最大的支持。

三、基于 S 大学调查的硕士专业学位授予质量研究

（一）研究设计与问卷调查

依据对南京市某一流大学硕士专业学位研究生以及相关研究生导师和教务人员的访谈调查，分析一流大学硕士专业学位授予基本情况，为提高硕士专业学位授予质量提供依据。调查目的：一是了解硕士专业学位授予实施现状；二是了解专业硕士研究生对于学位授予质量的感受；三是找出硕士专业学位授予存在的问题。问卷调查的主要内容包括五个方面：专业硕士研究生基本信息、硕士专业学位研究生课程设置、硕士专业学位研究生导师队伍、硕士专业学位研究生培养条件、硕士专业学位研究生学位论文。

本次调查采用自编问卷，在《一流大学硕士专业学位授予质量调查问卷》确定后，首先在 S 高校进行预调查并完善问卷，预调查发放问卷 70 份，回收 70 份，回收率 100%。然后利用 SPSS 21.0 统计软件对预调查数据统计分析发现，内部一致性 a 系数 >0.7，KMO 检验系数 >0.5，Bartlett 球形度检验 <0.05，问卷信效度较好。2018 年 4 月至 5 月正式调查时，课题组选定的调查对象为 S 高校研一至研三学生，为确保问卷调查能覆盖各个年龄层面学生，每个年级随机选取一个班发放纸质版问卷，使问卷更具科学性和代表性。问卷采用纸质版方式进行，共发放问卷 500 份，收回 500 份，有效问卷 490 份（见表1）。问卷回收后，利用 SPSS 21.0 统计软件对 490 份问卷进行统计分析。

表 1 问卷的发放与回收情况

单位：份

年级	发放	回收	有效	回收率	有效率
一年级	150	150	150	100%	100%

续表

年级	发放	回收	有效	回收率	有效率
二年级	200	200	196	100%	98%
三年级	150	150	144	100%	96%
合计	500	500	490	100%	98%

（二）研究分析与发现

1. 课程体系亟需优化，创新实践性能力培养需要提升

课程教学是专业学位研究生培养的重要环节，因此，应该加强对课程教学的重视。在课程教学方面，问卷设计了5个题目：课程体系的合理性、课程内容的实用性、教学方式、授课老师、课程考核（见表2）。第一，在课程结构合理性方面，认为很合理的占11.8%，认为较合理的占33.5%，认为一般的占47.3%，有7.3%的学生认为课程设置不合理。这在一定程度上反映学校的课程体系还存在不合理的地方，需要进一步完善。第二，在课程内容是否满足实用性这一方面，认为能满足的只占10.8%，选择比较满足的占34.9%，选择一般的占43.5%，选择不满足占10.8%。上述调查结果显示，应当注意理论与实践的结合，这样才能更全面地培养学生。第三，在教学方式方面，采用"一言堂"理论灌输的比例为31.2%；运用研讨教学方法的比例为25.5%。另外两种授课方法在教学中运用到的频率相对较少，灌输式的方法和小组讨论法在教学过程中出现的概率较高。教学方法选用恰当，能让学生深刻理解所学知识。第四，对授课老师是否满意方面，42.7%的学生对老师比较满意，但仍有6.3%的学生表示对授课老师不满意。第五，在课程考核是否严格这一方面，选择严格的学生占11.6%；选择比较严格的占31.6%，但是选择一般的学生占比达到40.4%，这说明大多数学生认为当前的课程考核还不够严格，学校应当加强此方面的改革。

表2 关于课程教学方面的调查数据

题目	选项	人数（人）	占比（%）
1. 课程体系结构合理性	合理	58	11.8
	比较合理	164	33.5
	一般	232	47.3
	不合理	36	7.3

续表

题目	选项	人数（人）	占比（%）
2. 课程内容的实用性	能满足	53	10.8
	比较能满足	171	34.9
	一般	213	43.5
	不能满足	53	10.8
3. 教学方式	"一言堂"理论灌输	153	31.2
	研讨教学	125	25.5
	案例教学	112	22.9
	现场教学	100	20.4
4. 授课老师	满意	57	11.6
	比较满意	209	42.7
	一般	193	39.4
	不满意	31	6.3
5. 课程考核	严格	57	11.6
	比较严格	155	31.6
	一般	198	40.4
	不严格	80	16.3

注：表中数据四舍五入，取约数。

2. 导师育人职责有待加强，双导师机制需要全面落实

教师队伍在专业硕士培养中起重要作用，同时也将在一定程度上影响学位授予质量。在导师队伍方面，本次问卷设计有7个题目，分别是：教师的职称、指导频率、指导方式、对待学硕和专硕的学生有无差别、教师指导过程中存在的最大问题、对指导教师的满意度以及是否有校外导师（见表3）。第一，关于导师职称，教授和副教授占比达到96.9%，其他职称只占3.1%。第二，关于导师的指导频率，22.7%的学生选择了1周1次，23.7%的学生选择2周1次，24.5%的学生选择1月左右1次，29.2%的学生选择不固定随机。第三，关于导师的指导方式，19.6%的学生选择个别指导方式，23.9%的学生选择组会讨论，32.7%的学生选择课堂教学，23.9%的学生选择科研协助。第四，在导师指导学硕和专硕有无差别方面，13.1%的学生选择有差别，会分开指导；72.4%的学生选择无差别对待；14.5%的学生选择不清楚。第五，关于教师指导过程中存在的最大问题，调查结果显示，教师带的学生过多以及行政事务繁忙而顾不上学生这两个选项的选择比例分别达到52.0%和32.0%;有8.0%的人选择导师不清楚该如何对学生进行指导。第六,关于导师的满意度方面,选择一般的学生最多,这一比例占到52.4%;其次是较满意,占34.7%。值得一提的是,还有2.9%的学生选择不满意。第七,关于是否有校外导师,66.9%的学生选择有校外导师,33.1%的学生选择没有校外导师。调查显示,硕士专业学位研究生培养以"双导师"为主,表明学校在双导师制的实施方面已获得部分成功,但仍有待加强。

表3 关于导师队伍的调查数据

题目	选项	人数(人)	占比(%)
1. 校内指导老师职称	教授(研究员)	392	80.0
	副教授	83	16.9
	其他	15	3.1
2. 指导频率	每周一次	111	22.7
	每两周一次	116	23.7
	每月一次	120	24.5
	不固定,随机	143	29.2
3. 指导方式	单独面谈	96	19.6
	组会讨论	117	23.9
	课堂教学	160	32.7
	协助科研	117	23.9
4. 与学硕有无差别对待	有差别,会分开指导	64	13.1
	无差别,同等对待	355	72.4
	不太清楚	71	14.5
5. 指导过程中存在的问题	带的研究生过多,无暇顾及	157	32.0
	不熟悉实践操作	10	2.0
	教学科研压力大	16	3.3
	有点盲目,不清楚如何指导	39	8.0
	行政事务繁多	255	52.0
	其他	13	2.7

续表

题目	选项	人数（人）	占比（%）
6. 对指导老师的满意度	满意	49	10.0
	较满意	170	34.7
	一般	257	52.4
	不满意	14	2.9
7. 是否有校外导师	没有	162	33.1
	有	328	66.9

注：表中数据四舍五入，取约数。

3. 论文评价机制需要完善，导师指导有待加强

专业学位研究生的培养主要分为三个阶段：课程阶段、实践阶段以及论文阶段。论文阶段主要包括选题、开题、中期筛选以及最终论文答辩。在论文方面，本次问卷设计有5个题目，分别涉及论文要求严格与否、论文选题来源、导师对于学位论文的指导作用、对学位评定的了解以及小论文发表数量要求（见表4）。第一，关于学位论文要求严格与否的问题，68.4%的学生选择一般，选择严格的学生较少，说明现阶段大家认为学校对于学位论文的相关要求还不够严格。第二，关于论文选题来源，学生选择导师推荐或协商的占43.9%，自己决定的占34.1%，导师决定的占11.2%，表明在学生论文选题方面，导师给予学生充足的选择空间，这在一定程度上提高了学生论文写作的积极性。第三，在导师对学位论文的指导作用方面，高达50.8%的学生选择指导老师的作用一般，可见，导师指导作用还需要进一步加强。第四，关于对学位评定的了解，选择比较了解和一般的学生分别占38.0%和39.6%，选择了解和不了解的学生分别占17.1%和5.3%，这说明学校需进一步加强学位评定知识宣传工作。第

表4 关于学位论文的调查数据

题目	选项	人数（人）	占比（%）
1. 学位论文的相关要求（开题、中期、答辩）是否严格	严格	20	4.1
	比较严格	67	13.7
	一般	335	68.4
	不严格	68	13.9

续表

题目	选项	人数（人）	占比（%）
2. 毕业论文的选题来源	自己决定	167	34.1
	导师推荐或协商	215	43.9
	导师决定	55	11.2
	其他	53	10.8
3. 导师对于学位论文的指导作用	有作用	83	16.9
	比较有作用	144	29.4
	一般	249	50.8
	没有作用	14	2.9
4. 对学位授予要求是否了解	了解	84	17.1
	比较了解	186	38.0
	一般	194	39.6
	不了解	26	5.3
5. 小论文发表的数量要求	没有要求	321	65.5
	有要求，至少1篇	169	34.5

注：表中数据四舍五入，取约数。

五，关于发表小论文的数量要求，65.5%的学生选择没有要求，34.5%的学生选择有要求，这说明，培养单位已不再普遍要求硕士专业学位研究生发表小论文，不过在其他方面仍然需要强调和落实硕士专业学位授予标准及其质量要求。

4. 专业实践能力培养需要提升

专业实践能力培养是专业硕士研究生教育的核心任务。关于专业实践的研究，问卷设计了5个问题，分别涉及实习时限、教师指导、通过实习想获得哪方面的提高以及实践学习计划和总结报告（见表5）。第一，关于实习时限，选择一学期的学生占32.7%，选择两个学期的学生占33.1%，高达20.2%的学生选择没有要求，14.1%的学生选择其他。第二，关于在实习过程中教师的指导，39.0%的学生选择一般，32.0%的学生选择较好指导，选择基本无指导的高达15.5%。从以上数据可以了解到教师对学生的指导次数较少，不利于学生及时解决问题。第三，关于学生通过实习想获得哪方面的提高，39.2%的学生选择了将所学知识运用于实践，占比最高，其次是锻炼自己的能力，占30.0%，有20.2%的学生表示想获得工作机会。第四，关于是否需要提交学习计划和总结报告方面的研究，选择需要的学生高达71%，有17.3%的学生选择根据导师要求，选择不需要的学生占11.6%。总结报告是对自己学习和工作的总结，撰写总结报告可以记录自己的经验，同时也可以查漏补缺，及时纠正问题。

表5 关于专业实践的调查数据

题目	选项	人数（人）	占比（%）
1. 对实践环节的时限要求	没有要求	99	20.2
	有要求，1个学期左右	160	32.7
	有要求，2个学期左右	162	33.1
	其他	69	14.1
2. 在实践环节中导师对你的指导	充分指导	66	13.5
	较好指导	157	32.0
	一般	191	39.0
	基本无指导	76	15.5
3. 通过实践希望获得哪些方面的提高	获得毕业工作机会	99	20.2
	锻炼自己的能力	147	30.0
	将所学知识运用于实践	192	39.2
	其他	52	10.6
4. 是否需要提交相应的学习计划和总结报告	需要，并且要求严格	169	34.5
	需要，但流于形式	179	36.5
	根据老师的要求	85	17.3
	不需要	57	11.6

注：表中数据四舍五入，取约数。

四、一流大学硕士专业学位授予质量的优化

（一）树立硕士专业学位研究生思想政治教育整体观

"育人为本，德育为先"。培养适应新时代发展的高层次应用型专门人才，必须加强对研究生的思想政治教育，培养德智体美劳全面发展的社会主义事业的建设者和接班人。为党育人、为国育才是硕士专业学位研究生教育的宗旨。专业学位研究生的思想政治教育应体现整体性、系统化的观念。要以习近平新时代中国特色社会主义思想为指导，不断加强马克思主义中国化最新成果教育，引导学生形成正确的世界观、人

生观和价值观；要把思想政治教育渗透于教育教学各个环节，贯穿于课堂教学和实践教学各个方面。要构建研究生与本科生有效衔接的思想政治教育体系，创新思想政治教育形式，丰富思想政治教育内容，不断提高思想政治工作的吸引力和感染力，增强思想政治工作的针对性和实效性，既要体现思想政治教育课程的整体性，加强学生的思想政治教育、心理健康教育，又要体现思想政治教育理论与实践的统一，坚持文化知识学习和思想品德修养的统一、理论学习与社会实践的统一、全面发展与个性发展的统一。

（二）坚持把"质量第一"作为硕士专业学位教育的核心理念

质量是高等教育学位授予与研究生教育的"生命线"，理所当然是专业学位研究生教育的生命线。对于专业学位研究生教育而言，其根本目标，是培养掌握某一专业领域坚实的基础理论和宽广的专业知识，具有较强的解决实际问题的能力，具有良好的职业素养的高层次应用型专门人才。专业学位授予质量的关键词是"质量第一"，即培养单位在授予研究生学位这个重大问题上要坚持"质量第一"的原则，并且要把这个原则贯彻落实在研究生培养各个环节上、每个细节安排上。研究生每个培养环节均包含很多细节，或者说，很多细节连接在一起构成了培养的环节内涵。各个培养单位或导师不要等到专业学位授予的最后一个环节才来重视质量，那是无法达到质量建设目标的。培养单位要从招生培养的第一个环节开始就把每个细节都思考清楚并做完善的论证设计，使研究生培养自始至终真正体现"质量第一"的原则。比如，研究生入学环节就有很多质量细节，包括现场报名、材料审核、证书查验、入学教育、导师见面、班级编配、宿舍安排等，这些细节看起来很细小，但都会像涓涓细流注入学生的心间。学校完全可以利用这种入学机会，把学生对学校的好感意识和学校严格审核的原则要求及时转化为学生在学期间追求高质量发展的意识。

（三）要构建高质量高水平硕士专业学位教育模式

专业学位授予质量，依靠硕士专业学位教育模式和相应的培养机制发挥作用。对于研究生培养单位而言，要使硕士专业学位授予质量有切实的保障，就必须从构建完善的高质量高水平硕士专业学位教育模式开始塑造。基本内容包括：专业学位授予的质量理念、质量目标、质量内涵、质量标准、质量指导、质量考核和质量验收等。质量理念是专业学位授予质量的精神灵魂，质量目标是专业学位授予质量的核心指向，质量内涵是专业学位授予质量的建设内容，质量标准是专业学位授予质量的衡量尺度，质量指导、质量考核和质量验收是保障硕士专业学位研究生培养质量的具体途径。这些质量建设要素，随着研究生培养各个阶段的到来而逐步显现，是一个培养环节接着一个培养环节逐步落实的。譬如专业学位研究生的论文成果提交到学校或学院，学校或学院可以采用"双向盲审"的方法审核学生的学术成果，这就是对学位授予质量的审核把关。事实上，培养单位只有构建好硕士专业学位教育模式和相应的培养机制，硕士专业学位授予质量才有可靠的保障。

（四）要抓住学位授予的关键环节推进质量内涵建设

硕士专业学位研究生教育的质量建设是一项系统性工程。这意味着保障硕士专业学位授予质量的要素、内涵和环节其实有很多，学位授予单位有很多工作可以做。但显而易见，真正对学位授予质量有重大而直接影响的环节是可以把握的。概括来说，主要是论文选题质量、论文研究质量和论文写作质量。硕士专业学位论文选题质量的高低，取决于论文选题是否紧密结合社会行业实践，是否富有创新性；在论文研究质量方面，需要发挥校内外导师协同指导作用，需要研究思路清晰、研究方法得当、研究内容合适、论文材料充实、研究工作量饱满；在论文写作质量方面，需要最后形成的论文达到专业学位授予质量的规范化要求，符合硕士专业学位授予质量的学术标准。合格的学位论文是学生知识与能力的统一，反映学生运用理论知识解决实际问题的能力，论文成果具有一定的应用价值、经济效益和社会效益。以下关键环节可以坚持问题导向进行严格的质量检查，譬如，论题是不是从实践基地中找到的？这个选题是否有实践创新性意义？校内外导师在这个选题上是否发挥了重要指导作用？论文研究质量能否得到有效保障？论文的研究思路是否清晰？采用的研究方法是否得当？论文内容选择是否合适？论文材料和工作量是否充实饱满？论文是否符合硕士专业学位授予质量的学术标准？这些关键质量环节，是确保专业学位授予质量的重中之重，培养单位必须严格要求、审慎把关。

参考文献

[1] 秦惠民.学位与研究生教育大辞典[M].北京：北京理工大学出版社，1994：26-27.
[2] 中华人民共和国学位条例[G]//中国教育年鉴(1949—1981).北京：中国大百科全书出版社，1984：920-921.

基于过程的学位授予质量管理体系研究

课题完成单位：南京工业大学
课题负责人：张广明　张　华
课题组主要成员：张天龙　钱存华

摘要：构建完善的研究生学位授予质量管理体系对于提高研究生教育质量、支撑经济社会高质量发展具有重要意义。本研究在对学位授予质量概念进行界定的基础上，运用工程学方法分析了学位授予质量的形成过程及子过程的分类，提出了基于过程的研究生学位授予质量管理方法，即利用 PDCA 循环对过程的输入、活动、输出进行学位授予质量策划、质量控制和质量改进的方法。最后提出了基于过程观念及 ISO9000 系列标准构建研究生学位授予质量管理体系的相关建议。

关键词：学位授予质量；过程管理；ISO9000 系列标准；学位授予质量管理体系

一、引言

党的十八届三中全会以来，我国加强党对教育工作的全面领导，部署推进教育领域综合改革，中国特色社会主义教育制度体系的主体框架基本确立，长期制约教育事业发展的体制机制障碍得到破解，教育面貌正在发生格局性变化。"十四五"时期，要面对新的发展格局继续深化教育领域综合改革，全面贯彻党的教育方针，紧扣落实立德树人根本任务深化教育改革，努力构建德智体美劳全面培养的教育体系。

教育部发布的《2019 年全国教育事业发展统计公报》显示，我国高等教育毛入学率达到 51.6%，教育普及化程度全面提高，教育发展水平已跨入世界中上行列。自 1998 年我国提出高等教育大众化的目标以来，仅用 20 年时间，高等教育毛入学率相继达到 15% 和 50%，进入高等教育大众化和普及化阶段。中等收入国家的高等教育规模扩张通常是一个相对平稳的上升过程，因此其质量也是一个逐步稳定的过程。而我国高等教育规模则保持了快速增长，高于中等收入国家的平均增速，高于世界平均增长速度，实现了规模上的跨越式发展，亟待思考高等教育的高质量发展问题。"十三五"期间我国经济社会发展成就为教育的优先发展提供了充分保障，高等教育为经济社会发展提供了有力支撑。我国发展环境面临深刻复杂变化，"十四五"和今后一个时期，我国发展仍然处于重要战略机遇期，党的十九届五中全会提出到 2035 年基本实现社会主义现代化的远景目标，以及包括民生福祉达到新水平、全民受教育程度不断提升等"十四五"时期经济社会发展的主要目标。但我国目前发展不平衡、不充分的问题仍然比较突出，创新能力尚不适应经济社会高质量发展的要求。这对我国深化高等教育，特别是研究生教育改革，加强创新型人才培养、提高高校科研创新能力、提升研究生教育质量提出了迫切的要求。加强学位授予质量管理体系建设，进一步明确质量管理工作过程中的基本规律、设计过程控制机制，并通过制度建设加以保证，不仅可以保障学位授予质量、实施对研究生教育活动的有效管理、提高对新时代中国特色社会主义建设需求的适应程度，而且通过适当的反馈，对学位授予质量标准的研究与制定，对学位授予质量保证体系、监管体系、评价体系的建设也有一定的指导与实践价值。

二、基于过程的学位授予质量管理

（一）学位授予质量

"质量"概念的内涵十分丰富，并经历了一个曲折的变迁过程。随着社会的进步、经济的发展，人类对质量概念的理解也在不断进化。"质量"的本意与"数量"相对应，分别指对象在其内涵与外延上的度量。有时也引申用"质量"同时表示这两者或特指其数量。如物理学中质量指物体所含物质的量，亦即物体惯性的大小（mass），被译为"质量"后在物理学中固化。管理学中质量指产品或工作的优劣程度（quality），使用了其原本含义，在社会生活中被广泛使用。随着社会经济和科学技术的发展，质量的含义也在不断充实、完善和深化，经历了由"符合性"到"适应性"的变化过程。早期质量以"符合"现行标准的程度作为衡量依据。"符合标准"就是合格的产品质量，"符合"的程度反映了产品质量的一致性；美国质量管理专家朱兰站在用户的角度认为质量就是适用性（Fitness for use），以消费者的满足程度作为衡量依据。国际标准化组织总结质量的不同概念并加以归纳提炼，逐渐形成人们公认的名词术语，即质量是一组固有特性满足要求的程度。这一定义的含义十分广泛，其载体既可以是有形的产品，也可以是无形的服务；既可以是物理的对象，也可以是抽象的概念、体系。这一概念从用户的实际要求出发，以用户为中心，既反映了要符合标准的要求，也反映了要满足用户的需要。

《教育大辞典》认为"教育质量水平高低和效果优劣的程度，最终体现在培养对象的质量上"，即教育质量是教育过程质量与学位授予质量的统一体；《中国学位与研究生教育发展战略报告》指出，"研究生教育质量是指研究生教育系统所提供的服务满足社会需要的程度"，将教育质量归为服务质量。区别于一般产品的质量，教育质量有其特殊性。一般而言，产品的质量与产品提供过程的质量是一致的，关注过程质量是为了保障产品的最终质量。而教育质量虽然形成于教育过程，但既需要关注最终培养对象的质量，也要关注教育的过程质量与工作质量。因为教育过程可能给学生带来不同的体验、顿悟，有的可能让学生受益终生。教育质量有产品质量与服务质量的双重属性；学生既是培养对象又是利益相关方，因此，教育除了需要关注家长、社会的需求，还要关注学生的体验与感受及其需要的满足程度。研究生教育质量的特殊性还体现在需要满足的要求的多样性与动态性上。在高等教育大众化和普及化阶段，社会对本科生阶段及其之前的教育的期望已经基本成型，而研究生是社会创新的生力军，在不同区域、不同时期，社会对创新型人才培养、高校科研创新能力可能有不同的层次与结构的要求。因此研究生教育既应该关注培养单位的微观质量信息，也应该关注区域宏观教育质量信息。

基于上述对"质量"、"教育质量"和"研究生教育质量"的界定和教育过程的特点，本研究认为研究生教育质量与学位授予质量是同义语，指研究生教育系统提供的服务与过程的一组固有特性，表明其满足个人和社会等利益相关方显性的和隐含的需要的能力。

（二）学位授予质量的形成过程

该过程为一组将输入转化为输出的相互关联或相互作用的活动。教育质量的形成同样经历一个过程（如图1所示），教育在不同时间段，应完成不同的工作任务，但整体上是将需求、资源、入校学生经过教育教学形成毕业成果及需求的满足的过程。学位授予质量贯穿于研究生培养的全过程，从利益相关方需求调查开始，经历教育目标、方针与理念的确立，培养方案、培养标准、课程体系的建立，学生入校，教学仪器（场所）的配置，课堂教学，实践教学，考试与考核，科学研究训练，毕业设计（论文）到职场的再学习能力的塑造的全过程都与研究生教育质量息息相关。这是一个循环往复的过程，研究生教育质量在这些循环过程中形成并得以持续改进。研究生教育过程可以分解成若干个子过程，子过程自身及其成果作为活动的输出。子过程间的相互影响错综复杂，构成一个过程网络。研究生教育活动整体的输出是经由众多彼此相连的过程而实现的，一些活动的实施往往需要前过程及其输出作为前提，具有连锁性。如课堂教学可以进一步分解，具有一定的展开性。同时研究生教育子过程也有多重性的特征，即多数子过程担负着两个或两个以上的职能或作用，某个子过程可能会有多个输入或输出。

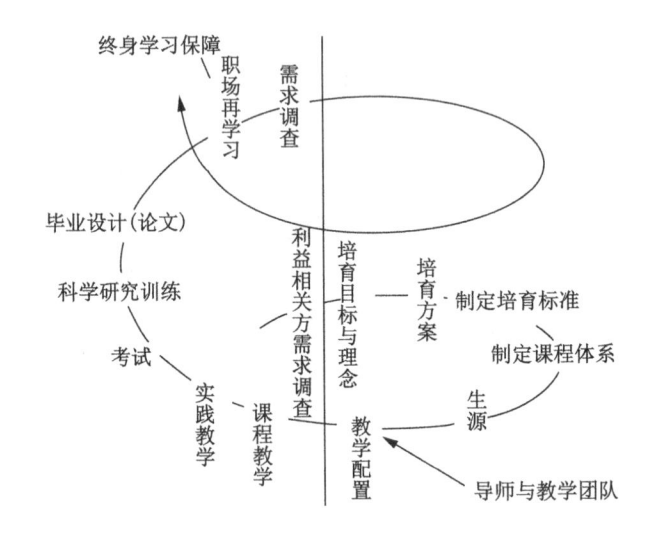

图 1　研究生教育质量形成过程

过程网络包含了不同类别的子过程，其管理方法、策略、重要程度都不尽相同，需要区别对待才能做到有的放矢，提高管理的效率。研究生教育过程中存在一定的特殊子过程，即过程的成功与否不能仅仅依据其结果进行检验，我们既要关注其结果，也要关注过程本身。课堂教学的质量一般可以根据考试结果考查学生掌握的程度，属于非特殊过程。而科研训练过程则属于特殊过程，学生重视参加指导老师科研项目过程中发现问题、解决问题的体验与顿悟，有些经验难以用语言描述，需要感同身受、耳濡目染才能慢慢接受和体会，而这种过程体验与收益很难仅仅用最后发表的科研论文来衡量。对于特殊过程的管理需要一些特殊的手段，如规定具有一定资格的教师成为指导老师、对整个过程进行连续的监管与控制、对过程的管理进行更为详细的规定等。对于非特殊过程则运用适当的激励机制，根据输出结果进行奖惩，从而达到有效率地对过程进行控制的目的。特殊过程不是一成不变的，随着技术的进化与成熟，原本很难验证的过程可能变得很容易。

研究生教育过程也有关键过程与非关键过程之分，关键过程是那些影响学生将来成长的关键品质形成的教学过程。如区别于本科生教育过程，研究生教育更关注将来独立进行科学研究和实践创新的能力，因此科研训练过程属于关键过程；毕业设计（论文）环节培养研究生综合整理知识、表达知识、创新知识的能力，直接影响学位授予质量，也属于关键过程。关键过程与非关键过程是个相对的概念，没有明确的界限，需要教育管理者根据教育目标、管理资源及管理能力识别与划分。非关键过程可以从教学的硬件如教学仪器、教学场所，软件如师资、教学计划、教学对象、考试等方面加以控制；而对于关键过程，由于其所具有的重要性，除了使用以上手段，还要对过程加以控制，如在过程的输入、输出及过程中设置适量的质量监控点，以便发现问题及时纠正。为了确保所有的子过程或活动都围绕研究生教育质量目标而整体有效运行，教育管理者应分析各子过程的相互联系，对形成研究生教育质量的这一过程网络进行管理。

（三）学位授予质量的管理

学位授予质量的管理是指围绕学位授予质量目标，指挥和控制研究生教育教学过程的协调的活动，通常包括制定教育方针和质量目标以及质量策划、质量控制、质量保证和质量改进等活动（如图 2 所示）。

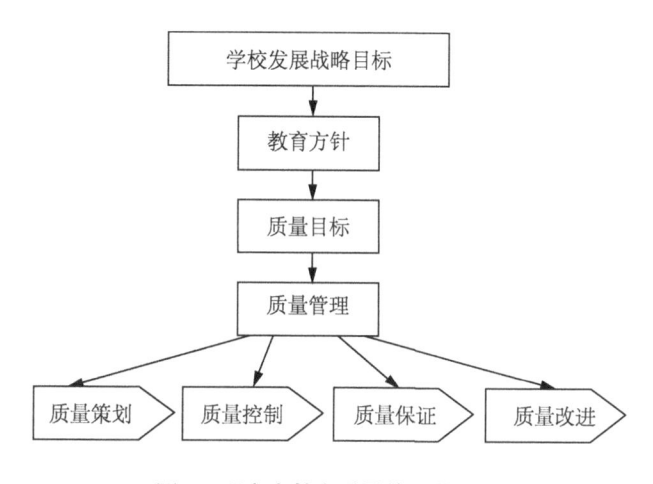

图 2　研究生教育质量管理范畴

教育方针特别是其中的质量方针是高校在学校发展战略指引下对学位授予质量向社会的承诺，是质量方面的关注焦点。通常指高校正式发布的研究生教育总的质量宗旨和方向。教育方针体现了高校的组织目标以及社会、学生家长和研究生本人的期望与需求，是高校研究生教育活动的行为准则。不同的教育方针形成不同的质量目标。质量目标是高校在研究生培养质量发展上追求的目的，有中长期、年度、短期的质量目标之分。高校的质量目标一方面可以分解到相关部门、相关学科甚至是相关的研究方向上，形成部门的、学科的、研究方向的质量目标，另一方面也可以分解到子过程，形成课程教学的、实践活动的、科研训练的、毕业设计的质量目标。

研究生培养质量管理就是在教育方针与质量目标指引下进行的质量策划、质量控制、质量保证和质量改进活动。可以是部门的、学科的质量管理活动，也可以是各子过程的质量管理活动。

1. 质量策划是教育质量管理的一部分，致力于制定教育质量标准与规范，并规定必要的教育活动与过程和相关教学资源，以实现教育质量目标。质量策划通过过程识别和控制流程的确定确保培养质量，包括细分并识别过程，确定过程顺序和相互作用，确定过程控制的流程，确定如何控制流程，明确执行、记录、反馈、更新的流程，形成文件以明确要求等方面。质量策划并不会频繁地进行，通常只在内外部环境或社会需求发生变化的情况下才重新进行。

2. 质量控制是教育质量管理的一部分，致力于满足质量策划的结果，以最终满足教育质量要求。质量控制针对教育过程，根据教育过程的有效性与一致性而采取保持或纠正行动的活动。教育过程的有效性指过程效率，通过对比教育成果与教育资源而得到。教育过程的一致性指实现预期结果的能力，通过对比过程结果与预期目标、利益相关方的满意度而得到。教育过程控制通过设计反馈循环进行，即如果满足有效性与一致性，则保持并固化教育行为；如果不满足有效性与一致性，则采取纠正行动以达到预期的结果。显然，教育质量控制活动是一项长期的、循环往复的活动。

3. 质量保证是教育质量管理的一部分，致力于提供教育质量要求会得到满足的信任。研究生教育质量保证体系模型如图 3 所示，其外部保证面向社会、家长，内部保证则面向高校高层管理者，向他们展示学校核心竞争能力，让社会各阶层能够信任高校关于研究生的教育质量可以得到满足。提供的信任必须能够得到证实，往往需要提供客观的证据。可以由经国家认可的第三方认证机构提供相关的认证证据；可以是高校自身的合格声明，提供形成各种文件的基本证据；也可以是其他研究生认定的证据。因此质量保证和满足要求是提供信任的基础和前提，其中质量管理体系的建立和有效运行是质量保证的重要手段。即研究生教育质量保证体系不仅需要满意的学位授予质量，还需要这样的质量有一定的制度与机制的保证。学位授予质量管理体系对所有影响学位授予质量的因素都采取了有效的方法进行控制，具有减少、消除、预防不符合要求现象的制度与机制。因此，质量保证建立在定期对质量管理体系、过程控制以及学位授予质量的一致性和有效性进行验证与评估的基础之上。

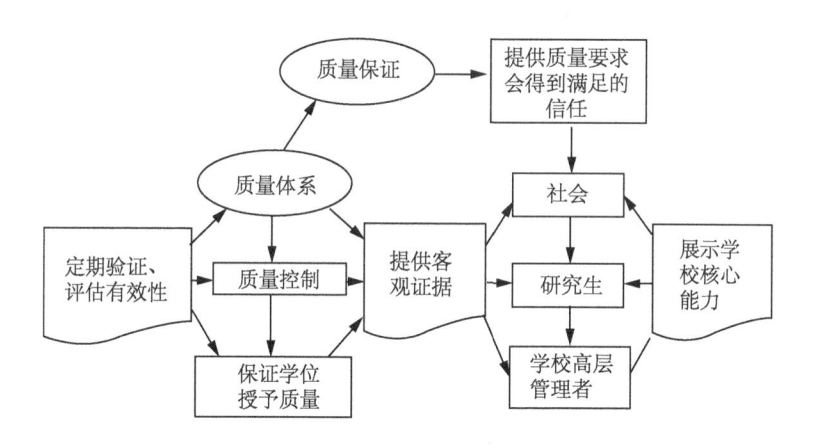

图3 研究生教育质量保证体系模型

4. 质量改进是教育质量管理的一部分，致力于增强满足学位授予质量要求的能力。研究生教育涉及面较广，大部分学生将进入社会，利益相关方除了研究生本人、学生家长，还包括用人单位和社会、政府等方面。质量改进可能涉及高校的方方面面，改进的对象可能也会涉及研究生教育质量管理体系、教育过程、子过程等。

（四）学位授予质量的过程管理方法

研究生教育质量的管理应该遵循过程管理的基本原则，过程管理有利于提高研究生教育质量。研究生教育活动的任何子过程都包含三个要素：输入、活动和输出。这一概念对实施教育活动的管理提供了有效的帮助。研究生教育过程的管理应该从确定输入、明确教育资源和教育活动，并实行预期的输出出发，通过对教育活动所需要过程的识别、对教育活动实现过程的预期的输出、教育活动的步骤、活动的流程、控制方法、教学内容、教学设备、教学方法、信息交互等进行策划、运作、控制和优化改进，也就是说为了实施教育质量的持续改进，不断追求卓越，应该对研究生教育过程进行识别、确认、测量和审核，并在此基础上实施教育过程的分析和改进，达到教育过程质量持续改进的目的。

戴明环（PDCA）为过程管理提供了基本工具（如图4所示），PDCA循环模型包含"计划－执行－检查－改进"四个工作，而每一个工作又可以进一步细分为PDCA工作，并往复循环，以达到维持教育质量并进行改善提升的目的。

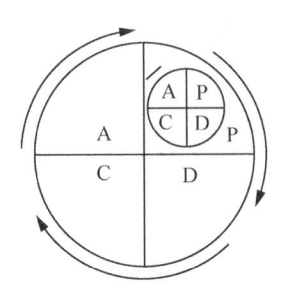

图 4 PDCA 循环模型

PDCA 循环既可以用于教育质量管理工作的质量策划，即设计一个新的教育教学活动以达到预期目标；也可以用于质量改进，即改善一个已有教育教学活动以提高教育质量，同时还可用于对过程的控制。

1. 用于质量策划时，PDCA 四个阶段可以具体划分为八个步骤，包括：（1）教育质量目标的制定 P；（2）教育质量目标的分解与展开 P；（3）规定必要的教育活动与过程和相关教学资源 P；（4）教育活动的实施 D；（5）实施过程的控制和诊断 DC；（6）教育活动的考核与评价 C；（7）激励措施的制定、实施及评价 PDC；（8）目标管理的总结和提高 A。

2. 用于质量改进时，PDCA 四个阶段也可以具体划分为八个步骤。

（1）计划制定阶段——P 阶段。这一阶段的总体任务是确定改进目标，制定改进计划，拟定实施措施。具体细分为 4 个步骤：第一，分析现有教育质量状况，找出存在的质量问题。根据用人单位、社会以及高校的要求和期望，衡量学校现在所提供的教育和服务的质量，找出差距和问题所在。第二，分析造成教育质量问题的各种原因和影响因素。针对质量问题及其某些迹象，教育管理者要进行细致的分析，找出影响教育质量问题的各种因素。第三，影响教育质量的因素往往很多，但起主要作用的通常为数不多，要从各种原因中找出影响教育质量的主要原因。第四，针对影响质量问题的主要原因制定对策，即对主要的因素加以控制或消除，或隔断由原因到结果的传导，拟定相应的管理和技术组织措施，提出执行计划。

（2）计划执行阶段——D 阶段。这一阶段按照预定的质量计划、目标和措施及其分工去实际执行。

（3）执行结果检查阶段——C 阶段。这一阶段根据计划的要求，对实际执行情况进行检查，寻找和发现计划执行过程中的问题。

（4）处理阶段——A 阶段。这一阶段主要对存在的问题进行深入细致的剖析，确定其原因，并采取措施。此外，在该阶段还要不断总结经验教训，以巩固取得的成绩，防止已出现的问题再次出现。这一阶段分为两个具体的步骤：第一，根据检查的结果，总结成功的经验和失败的教训，并采取措施将其规范化，纳入有关的标准和制度，巩固已取得的成绩，同时防止不良结果的再发生。第二，提出该循环尚未解决的问题，并将其转到下一循环中去，使其得到进一步的解决。PDCA 循环的细分步骤具体如图 5 所示，其采用的具体支撑方法如表 1 所示。

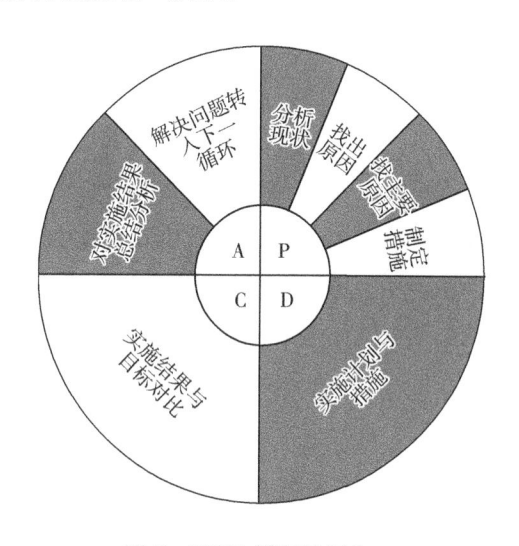

图 5　PDCA 循环的细化

表 1　PDCA 循环四阶段八步骤及其方法

阶段	步骤	主要方法
P：计划阶段	(1) 分析现状，找出存在的质量问题 (2) 分析产生质量问题的各种原因或影响因素 (3) 找出影响质量的主要因素 (4) 针对影响质量的主要因素，提出计划，制定措施	排列图、频数直方图、控制图、因果分析图 去现场调查、散布图，采取表决方式集中多数人的意见 回答 5WH： Why, What, Where, Who, When, How
D：执行阶段	(5) 执行计划，落实措施	
C：检查阶段	(6) 检查计划的实施情况	排列图、频数直方图、控制图
A：处理阶段	(7) 总结经验，巩固成绩，工作结果标准化 (8) 提出尚未解决的问题，转入下一个循环	制定或修改工作流程、检查规程及其他有关规章制度

3. 用于过程控制时，PDCA 包含以下基本措施。

(1) 识别质量管理需要的过程，包括管理职责、教育资源管理、教育活动与测量、分析和改进的有关过程，确定过程的顺序和相互作用。

（2）确定子过程即为了取得期望的输出结果而必须开发的关键活动，明确管理好关键活动的职责、权限和义务。

（3）确定过程的准则和方法，以便于对过程实施有效的控制，并实施对过程的监视与测量。

（4）对过程监视与测量的结果进行数据分析，以决定维持现状还是消除引起问题的因素，确保预期的输出结果得以实现。同时发现可以改进的机会，实现持续改进以提高过程的一致性与有效性。

学位授予质量包含许多特征因素，但用人单位或研究生所关注的可能是其中的一些关键因素，如独立科研能力、创新能力等，而这些因素在教育活动中可能难以直接控制，并且往往受到某些关键输入变量的影响。学位授予质量的过程管理方法的精髓在于发现过程的关键输出变量、识别影响关键输出变量的关键输入变量，并对关键输入变量加以控制。为此，必须在过程的各个阶段设置一些可监控的切入点，以发现关键因素（包括关键输入和输出因素），并适时控制关键因素使其始终在正常范围内工作。图6简要说明了只有对过程采取相应的管理、手段和监控，才能使过程管理达到强化质量管理的目的。显然，过程管理的监控点主要在过程的输入、中继及输出三个阶段实施，监控的对象即为这三个阶段的关键输入、输出因素。

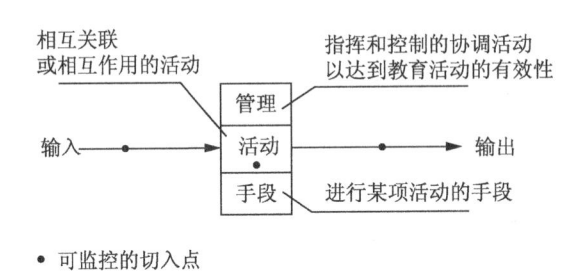

图 6　过程可监控切入点

对于特殊过程并且经常性重复出现的教育科研活动，可采用以上的过程控制方法进行管理。要求教育活动的执行人员按规定的标准化程序完成教学任务，以保证教学质量达到控制目标和要求。过程控制要求按照相互牵制、制衡的原则进行程序设置，所有的主要教学活动都要建立切实可行的办理程序。过程控制法避免了教学活动无章可循、职责不清、相互推诿的不良现象，有利于及时完成教学任务，提高工作效率，以及追究有关责任人的责任。

对于非特殊过程，可以结合激励机制采用反馈控制模式。反馈控制是在教育教学活动完成之后，通过对已发生的工作结果的测定来发现偏差和纠正偏差，是一种事后控制，是用过去的情况来指导现在和将来，它为教育管理者提供了教学效果等方面的真实信息。反馈控制模式可利用奖惩机制，通过提供评价教师绩效的信息而增强教师的积极性，但由于其存在明显的时滞问题，即从发现偏差到采取更正措施之间可能有时间延迟现象，在进行更正的时候，实际情况可能已经有了很大变化，而且往往是损失已经造成了，因此如果条件与环境许可，应该尽可能采用前馈控制方式。前馈—反馈控制方式如图7所示。

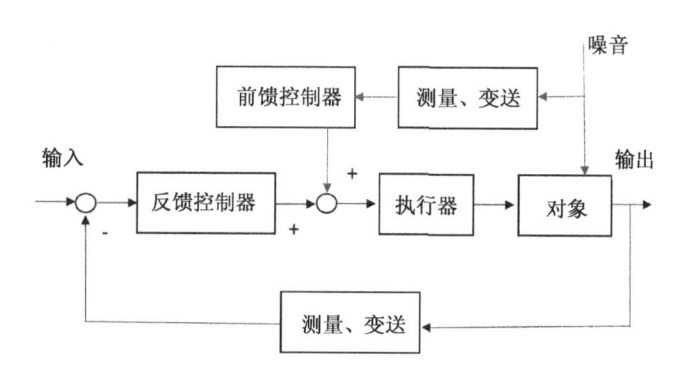

图7 前馈—反馈控制方式

前馈控制发生在教学活动开始之前，是未来导向的。管理过程理论认为，只有当管理者能够对即将出现的偏差及干扰有所觉察并及时预先提出某些措施时，才能进行有效的控制。在教育质量管理过程中，前馈控制主要用于培养方案制定、课程体系编制过程，要求教育管理者利用所能得到的最新信息，包括用人单位、利益相关方的要求，学科发展趋势，毕业能力要求，课程提供的知识点与能力的对应关系等，进行认真、反复的预测，把计划所要达到的目标同预测相比较来设计培养方案与课程体系，确保研究生具有所要求的能力。

图8显示了研究生教育质量改进杠杆模型。模型表明：对一个既定的质量问题，采用前馈控制、过程控制比反馈控制效果更好。从该教育质量改进杠杆模型可以直观地看出，在教育活动的不同阶段着眼、着力，相应的质量改进效果明显不同，越是在上游阶段发力，质量改进的效果就越好。当然，管理的难度也比较大，并需要教育质量管理体系的支撑。

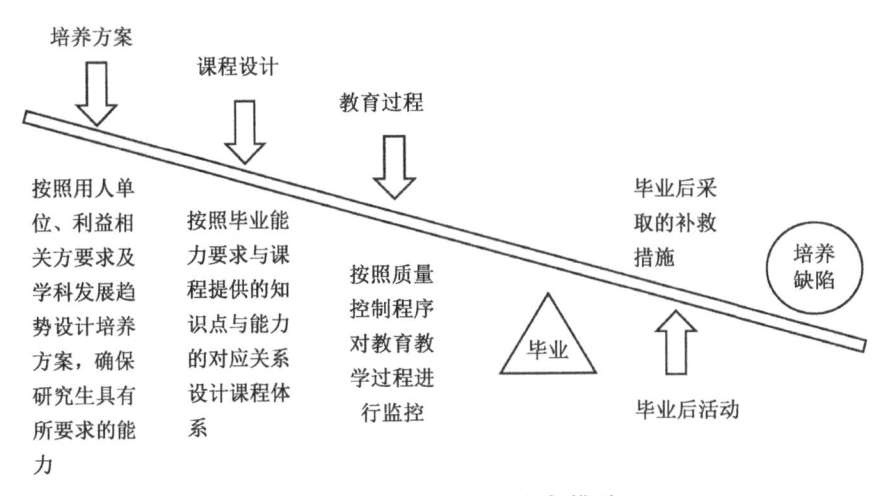

图 8　研究生教育质量改进杠杆模型

三、建立基于过程的学位授予质量管理体系的建议

（一）加强研究生学位授予质量管理体系的顶层设计

南京工业大学较早引入 ISO9000 质量管理体系，成效显著。课题组建议采用过程管理模式和 ISO9000 系列质量标准框架构建研究生学位授予质量管理体系。即以利益相关方（包括全面落实高质量发展要求和社会经济发展战略、用人单位、家长、研究生本人）的需求为切入点，以利益相关方需求的满足程度为目标，构建研究生教育质量管理体系，并进行动态调整以形成外部循环。以管理职责、课程体系等资源准备、教育教学过程管理及过程控制、评价、改善等形成内部循环。质量保障本质上是保证教育过程按照管理标准执行，后续可在此框架下（如图 9 所示）形成研究生教育质量管理标准体系。

建议研究生教育机构按下列过程建立和实施研究生教育质量管理体系并改进其有效性，以满足利益相关方要求，增强利益相关方满意度：（1）确定教育质量管理体系所需的过程及其在研究生教育中的运用方式；（2）确定这些教育子过程的顺序和相互关系；（3）确定为确保教育子过程的有效运行和控制所需要的准则和方法；（4）确保可以获得必要的教育资源和信息，以支持教育子过程的运行和对这些过程进行监督；（5）测量、分析和改进教育子过程；（6）实施必要的措施，以实现对质量策划的结果和对这些过程的持续改进。学位授予质量管理体系可以保证研究生教育过程管理的有效性和一致性。

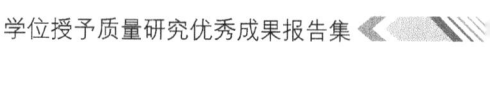

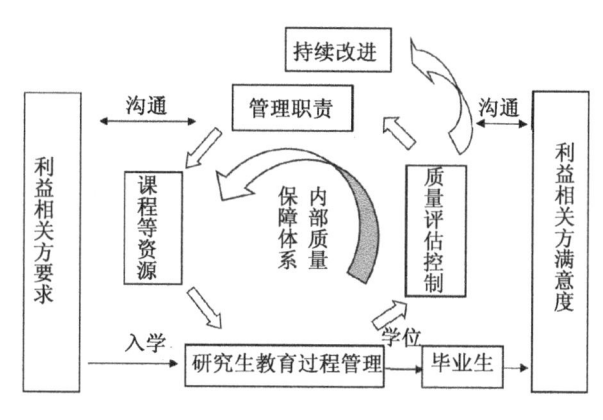

图9 研究生教育质量管理体系框架

（二）保持贯标体系文件与研究生培养目标的一致性

建立学位授予质量管理体系是一项复杂的工作，既要考虑ISO9000标准的要求，又要考虑高校自身的运营与管理情况，保持质量管理体系文件与研究生培养目标的一致性。

建议在建立质量管理体系的各环节关注以下几点：（1）前期准备阶段主要包括宣传动员和队伍的培训。按照ISO9000标准建立学位授予质量管理体系，涉及高校内的每个部门与师生，必须在高校内加大宣传力度，使高校内的全体师生都能统一思想，明确贯彻ISO9000标准与实现研究生培养目标的一致性；进行队伍培训，包括标准知识的培训、内审员的培训、编制质量管理体系文件的培训。（2）组织准备阶段要分析高校的质量管理体系环境，明确与研究生培养目标相一致的质量方针，确定研究生教育的质量目标和质量计划，完善组织机构并合理配置资源。（3）编写与培养目标相一致的质量文件。编写文件是建立质量管理体系最重要的一项工作。主要的文件包括程序文件和质量手册，要经过编制、修改（再修改）、审定等几个连续循环流程，同时对于低层次的流程及质量记录也要进行整理，统一文件的格式，确保文件之间自洽，符合标准要求和相应的法律法规要求，还要能够体现研究生教育的特点。

（三）坚持对学位授予质量管理体系的持续改进

建议研究生培养单位采取必要的行政措施以保证学位授予质量管理体系按文件规定运行，同时树立持续改进的观念。对于实际运行中发现的不符合文件要求的，可以按规定进行更改，对质量管理体系运行的结果要做好记录；加强对学位授予质量管理体系的定期评价,实施持续改进。

　　学位授予质量管理体系的评价,包括内部审核、管理评审、自我评价。内部审核是指内审员以高校自己的名义对研究生教育活动进行的自我审核,以确定培养单位的教育活动及其结果是否符合计划的安排,确定高校质量管理体系的符合性和有效性,确保学位授予质量管理体系的内循环符合既定的质量目标并有效运行。管理评审是高校高级管理者为了确保质量管理体系持续的适宜性、充分性、有效性和效率,以及达到规定的利益相关方的要求和培养目标所进行的活动。管理评审应包括对研究生教育质量方针和质量目标的评审,以及质量管理体系改进的机会和变更的需要方面的评审,确保学位授予质量管理体系外循环的符合性和有效性。自我评价是一种综合评价,评价的目的是确定高校学位授予质量改进的资源投向,测量高校实行培养目标的程度。评价的实施者是高校的最高管理者,评价的结论是高校研究生教育的有效性和效率,以及学位授予质量管理体系成熟度的意见和判断。必要时可以引进外部机构的审核、认证与评价。

参考文献

[1] 刘美娜,张兴华,王振卫,等."双一流"背景下提升化工类研究生培养质量对策研究[J].广东化工,2020,47(12):209-210.

[2] 梁传杰.专业学位研究生教育质量保障模式:现实状态与未来走向[J].研究生教育研究,2020(3):23-28.

[3] 2019年全国教育事业发展统计公报[EB/OL].(2020－05－20)[2021-05-01].http://www.gov.cn/xinwen/2020－05/20/content_5513250.htm.

[4] 冯羽."双一流"背景下提高博士学位授予质量的路径探析[J].高教论坛,2020(2):105-107+110.

[5] 马陆亭.未来我国高等教育人才培养的着力点[J].北京教育(高教),2020(6):8-10.

[6] 顾明远.教育大辞典(增订合编本)[M].上海:上海教育出版社,1998.

提高硕士学位授予质量的影响因素及其对策研究

课题完成单位：苏州大学
课题负责人：童辉杰
课题组主要成员：南文燕　马玉波

摘要：考察影响硕士学位授予质量的因素及其作用机制，提出有效提升硕士学位授予质量的对策。采用自编硕士研究生培养现状调查问卷，以及创新能力问卷、症状自评量表（简版SCL-37）、加利福尼亚心理调查表（CPI），抽取江苏和浙江两省三类高校的硕士研究生进行问卷调查。结果显示：(1) 江苏省硕士研究生对学校教育质量以及科研素质的评价总体较高；(2) 江苏省硕士研究生心理症状方面总体得分较高，心理健康状况整体不佳；(3) 江浙两省硕士研究生教育质量相差不大，实力相当；(4) 江苏省研究生在个人发展方面具有更多优势；(5) 浙江省的"双一流"建设高校在多项指标上与江苏省的高校不相上下，略有优势。经过理论探索与实证调研，本研究从省厅领导决策、培养单位和研究生个人三个层面给出了对策和建议。

关键词：硕士生研究生教育；江浙两省；学校教育质量；科研素质；心理发展

一、引言

自1988年高校扩招以来，江苏省研究生规模迅速扩增，但也带来了质量下滑等问题。从2002年起，江苏省学位主管单位率先在全国开展硕士学位论文抽检，进行严格的"双盲"评审，这一举措切实加强了对江苏省硕士学位授予质量的管理。但仅依靠论文盲审制度显然不够。因此，考察影响硕士学位授予质量的因素及其作用机制，掌握现阶段江苏高校在这些因素上存在的与学位授予质量不适应的问题，提出有效对策，是目前迫切需要研究和解决的问题。

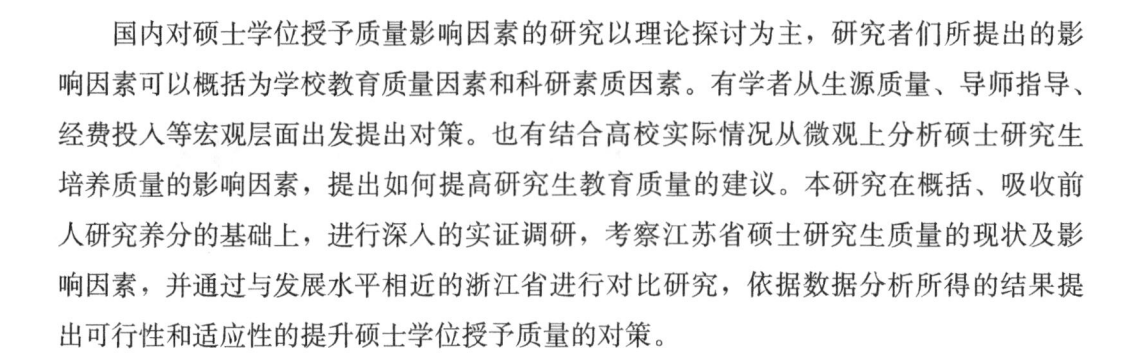

国内对硕士学位授予质量影响因素的研究以理论探讨为主，研究者们所提出的影响因素可以概括为学校教育质量因素和科研素质因素。有学者从生源质量、导师指导、经费投入等宏观层面出发提出对策。也有结合高校实际情况从微观上分析硕士研究生培养质量的影响因素，提出如何提高研究生教育质量的建议。本研究在概括、吸收前人研究养分的基础上，进行深入的实证调研，考察江苏省硕士研究生质量的现状及影响因素，并通过与发展水平相近的浙江省进行对比研究，依据数据分析所得的结果提出可行性和适应性的提升硕士学位授予质量的对策。

二、研究一：江苏省硕士学位授予质量的影响因素分析

（一）研究对象

按照"双一流"建设高校（南京大学、东南大学）、"双一流"学科建设高校（苏州大学、南京师范大学等）、拥有硕士点的省属重点高校（南京工业大学等）类别进行划分，对不同区域、不同年级、不同专业的全日制硕士研究生通过随机抽样进行调查。发放问卷650份，回收有效问卷638份（有效率98.2%）。

（二）研究工具

采用自编的《硕士研究生培养现状调查问卷》对江苏省高校硕士研究生的总体教学质量及不同类别高校的教学质量进行比较。该问卷包括导师指导、课程教学、科研条件、科研氛围、政策管理、校园物质文化、校园精神文化、学习投入、社会支持、科研能力与素质这10个维度，采用五点计分。

创新能力问卷。该问卷分为"建构知识""发现问题""解决问题""提升转化"四个维度，共12个项目，采用四点计分。

症状自评量表（Symptom Check List，SCL）。在本研究中，采用的是简版SCL-37测量硕士研究生的情绪适应。简版SCL-37主要测量个体的三个方面，即失能混乱、躯体反应和人际问题，量表使用0～4级评分。

加利福尼亚心理调查表。该量表是高夫（Harrison G. Gough）教授所编制的人格量表。量表主要包括20个通俗概念分量表和3个结构量表，其目的主要是预测人们在特定情境下的行为，以及确定以人际意义评价和描述为基础的个体的人格特征。

（三）数据处理

本研究采用 SPSS 19.0 对数据进行统计分析。

（四）研究结果

1. 江苏省硕士研究生学校教育质量

除科研条件均分低于 3.60 外，其余各维度均值均大于 3.65，说明江苏省硕士研究生在学校教育质量各因子上总体评价较高，但目前研究生培养单位的科研条件在某种程度上无法满足学生的科研需求。

2. 江苏省三类高校硕士研究生学校教育质量比较

在导师指导上，"双一流"学科建设高校得分显著高于"双一流"建设高校和普通高校，"双一流"建设高校得分显著高于普通高校；在对校园精神文化进行评价时，"双一流"学科建设高校得分较高，"双一流"建设高校和普通高校得分较低（详见表1）。

表1 江苏省硕士研究生学校教育质量在高校类别上的方差分析

变量	"双一流"建设高校	"双一流"学科建设高校	普通高校	F
导师指导	3.76±0.83	3.93±0.85	3.52±0.91	10.895***
课程教学	3.58±1.03	3.79±0.79	3.76±0.94	3.060*
科研条件	3.67±0.98	3.50±0.95	3.75±0.81	4.065*
科研氛围	3.81±1.17	3.81±0.98	3.66±0.93	0.516
政策管理	3.74±0.94	3.72±0.87	3.82±0.96	0.533
校园物质文化	3.79±0.87	3.78±0.76	3.66±0.93	4.065
校园精神文化	3.53±1.09	3.78±0.85	3.51±0.81	4.065**

注：*$p<0.05$，**$p<0.01$，***$p<0.001$，下表同。

3. 江苏省硕士研究生科研素质

江苏省高校硕士研究生在学习投入因子上均分是 3.65，说明大部分研究生能够将时间和精力投入到科研和学习中。科研能力与综合素养的均分为 3.73 分，总体较高，说明大部分研究生对自我的科研能力及综合素养较为认可。

4. 江苏省三类高校硕士研究生科研素质比较

三类高校在学习投入和科研能力与综合素养两个维度上的差异均不显著（详见表2）。

表2 江苏省硕士研究生科研素质在高校类别上的方差分析

因子	"双一流"建设高校	"双一流"学科建设高校	普通高校	F
学习投入	3.60±1.01	3.68±0.83	3.64±1.05	4.065
科研能力与综合素养	3.68±0.53	3.61±0.74	3.73±0.88	4.065

5. 江苏省硕士研究生心理发展分析

考察硕士研究生心理发展使用了来自三个不同量表的10个变量：即顺从成就、独立成就、支配性、进取能力、社交能力、通情（来自CPI）、创新能力、失能混乱、躯体反应、人际问题（来自SCL）。结果表明，在顺从成就、支配性以及社交能力上，江苏省硕士研究生显著低于常模水平；在进取能力以及通情上，江苏省硕士研究生显著高于常模水平；在独立成就上与常模无显著差异（见表3）。

表3 江苏省高校硕士研究生人格发展变量与常模的比较

变量	X±S	常模（X±S）	Z	p
顺从成就	20.02±4.68	20.90±3.80	−4.17	0.000
独立成就	17.42±3.58	17.20±4.10	1.11	0.266
支配性	17.55±3.58	18.50±5.20	−4.04	0.000
进取能力	12.60±2.59	10.30±3.60	13.99	0.000
社交能力	15.76±3.21	17.40±4.80	−7.61	0.000
通情	18.53±2.98	13.10±3.20	34.39	0.000

对心理症状各因子进行描述性分析，并分别与童辉杰的全国常模作比较，结果表明，当前江苏省硕士研究生在失能混乱、躯体反应、人际问题三个维度上得分显著高于全国常模，这也反映了当前江苏省硕士研究生心理状况不佳（见表4）。

表4 江苏省高校硕士研究生心理症状与常模的比较

变量	X±S	常模（X±S）	Z	p
失能混乱	41.66±18.85	29.35±9.80	16.50	0.000
躯体反应	24.06±12.46	17.06±5.62	14.20	0.000
人际问题	10.03±5.17	8.27±2.98	8.58	0.000

6. 江苏省三类高校硕士研究生心理发展比较

通过表 5 列出的各高校的心理发展各因子均值可以发现,"双一流"学科建设高校的硕士研究生具有更加强烈的成就动机,更喜欢任务和期望都很明确的工作,性格上更外向开朗,喜欢与人交往、心理状况更好;"双一流"建设高校的硕士研究生上进心强、独立自主、创新能力更强;普通高校的硕士研究生更加富有同情心,乐于助人。

表 5　江苏省硕士研究生心理发展在高校类别上的方差分析

变量	①"双一流"建设高校	②"双一流"学科建设高校	③普通高校	F	事后比较
顺从成就	44.78±10.14	50.72±13.45	43.30±9.15	24.75***	②>① ②>③
独立成就	49.83±7.50	50.98±9.76	47.21±8.64	1.08	
失能混乱	47.30±15.91	37.22±20.51	46.27±14.08	22.25***	①>② ③>②
躯体反应	28.95±10.16	20.52±13.52	27.21±8.64	34.09***	①>② ③>②
人际问题	11.95±4.34	8.58±5.45	11.41±4.08	32.73***	①>② ③>②
支配性	48.19±5.84	48.21±7.83	48.02±5.31	0.04	
进取能力	56.43±5.58	56.36±8.44	56.41±5.16	0.01	
社交能力	46.28±6.27	47.02±7.18	45.77±5.72	1.85	
通情	66.72±8.35	66.90±9.89	67.56±8.98	0.32	

对高校类别在心理发展各维度进行方差齐性检验,结果显示,高校类别在通情维度上具有方差齐性。对江苏省不同学校类别的硕士研究生样本在心理发展各维度上的得分进行方差分析。结果显示,在顺从成就上,不同高校类别差异显著($F=24.75$,$p<0.001$);在心理症状各维度上,不同高校类别差异显著(失能混乱:$F=22.25$,$p<0.001$;躯体反应:$F=34.09$,$p<0.001$;人际问题:$F=32.73$,$p<0.001$)。事后检验结果表明,"双一流"学科建设高校顺从成就得分显著高于"双一流"建设高校和普通高校。"双一流"学科建设高校硕士研究生的心理状况显著优于"双一流"建设高校和普通高校。

三、研究二：江苏省与浙江省硕士学位授予质量影响因素的比较研究

（一）研究对象

在江浙两省抽取具有硕士学位授予权的16所"双一流"建设高校、"双一流"学科建设高校以及普通高校，向硕士研究生、导师、管理人员分发问卷。共回收问卷1 020份，其中有效问卷992份。

（二）研究工具

同研究一。

（三）数据处理

采用统计软件SPSS 21.0对问卷收集的数据进行统计分析。

（四）研究结果

1. 江浙两省学校教育质量的比较

（1）两省学校教育质量的得分比较和差异分析。对江浙两省学校教育质量各维度上的均分进行独立样本Z检验，结果显示，在科研条件维度和校园物质文化维度上，浙江省显著高于江苏省（科研条件：$Z=-2.624$，$p<0.01$；校园物质文化：$Z=-2.319$，$p<0.05$），其他维度差异不显著（见表6）。这说明浙江省的研究生培养单位更重视学校科研条件和校园物质文化的建设，这两者都可以看作研究生培养单位的硬件条件。

表6 两省学校教育质量各维度得分（M±SD）的差异比较（$N=992$）

项目	江苏省 $N_1=638$	浙江省 $N_2=354$	Z	p
导师指导	3.804±0.873	3.816±0.839	−0.210	0.834
课程教学	3.726±0.893	3.782±0.906	−0.931	0.352
科研条件	3.591±0.936	3.753±0.921	−2.624**	0.009

续表

项目	江苏省 $N_1=638$	浙江省 $N_2=354$	Z	p
科研氛围	3.839±1.002	3.948±0.997	−1.642	0.101
政策管理	3.745±0.907	3.831±0.933	−1.420	0.156
校园物质文化	3.759±0.825	3.886±0.831	−2.319*	0.021
校园精神文化	3.661±0.948	3.621±0.976	0.628	0.53

（2）两省间不同类别高校的学校教育质量得分比较和差异分析。对两省"双一流"建设高校的硕士研究生样本在学校教育质量各维度上的均分进行独立样本 Z 检验，结果显示，在学校教育质量各维度上，浙江省"双一流"建设高校得分均显著高于江苏省同类高校（导师指导：$Z=-3.887$，$p<0.001$；课程教学：$Z=-3.386$，$p<0.01$；科研条件：$Z=-4.181$，$p<0.001$；科研氛围：$Z=-3.551$，$p<0.01$；政策管理：$Z=-2.985$，$p<0.01$；校园物质文化：$Z=-3.613$，$p<0.001$；校园精神文化：$Z=-3.375$，$p<0.01$）。这说明浙江省"双一流"建设高校在软硬件条件建设上优于江苏省"双一流"建设高校，身为高等教育大省的江苏省应该从浙江省"双一流"建设高校的发展中获得启发（见表7）。

表7 两省"双一流"建设高校的学校教育质量各维度得分（M±SD）的差异比较（$N=234$）

项目	江苏省 $N_1=169$	浙江省 $N_2=65$	Z	p
导师指导	3.761±0.834	4.182±0.702	−3.887***	0.000
课程教学	3.582±1.032	4.029±0.851	−3.386**	0.001
科研条件	3.666±0.981	4.204±0.841	−4.181***	0.000
科研氛围	3.825±1.099	4.317±0.885	−3.551**	0.000
政策管理	3.737±0.944	4.145±0.920	−2.985**	0.003
校园物质文化	3.787±0.868	4.237±0.817	−3.613***	0.000
校园精神文化	3.534±1.088	3.985±0.838	−3.375**	0.001

对两省"双一流"学科建设高校的硕士研究生样本在学校教育质量各维度上的均分进行独立样本 Z 检验，结果显示，在导师指导维度上，江苏省"双一流"学科建设高校得分显著高于浙江省同类高校（$Z=2.723$，$p<0.01$）；其他维度差异不显著（见表8）。这说明江苏省"双一流"学科建设高校在导师指导上优于浙江省"双一流"学科建设高校。

表8 两省"双一流"学科建设高校的学校教育质量各维度得分（M±SD）的差异比较（$N=392$）

项目	江苏省 $N_1=344$	浙江省 $N_2=48$	Z	p
导师指导	3.930±0.852	3.571±0.890	2.723**	0.007
课程教学	3.785±0.791	3.548±1.102	1.440	0.156
科研条件	3.497±0.948	3.641±0.992	−0.977	0.329
科研氛围	3.806±0.973	3.904±0.923	−0.656	0.512
政策管理	3.722±0.869	3.734±0.895	−0.087	0.930
校园物质文化	3.782±0.760	3.780±0.844	0.019	0.985
校园精神文化	3.777±0.0852	3.734±0.831	0.325	0.745

对两省普通高校的硕士研究生样本在学校教育质量各维度上的均分进行独立样本 Z 检验，结果显示，在导师指导维度上，浙江省普通高校得分显著高于江苏省同类高校（$Z=-2.629$，$p<0.01$）；其他维度差异不显著（见表9）。这说明浙江省普通高校在导师指导上优于江苏省普通高校。

表9 两省普通高校的学校教育质量各维度得分（M±SD）的差异比较（$N=366$）

项目	江苏省 $N_1=125$	浙江省 $N_2=241$	Z	p
导师指导	3.517±0.913	3.767±0.835	−2.629**	0.009
课程教学	3.759±0.942	3.762±0.866	0.024	0.981
科研条件	3.748±0.810	3.654±0.895	0.989	0.323
科研氛围	3.946±0.944	3.856±1.020	0.813	0.417
政策管理	3.819±0.962	3.658±0.930	0.512	0.609
校园物质文化	3.658±0.932	3.813±0.811	−1.570	0.118
校园精神文化	3.512±0.962	3.500±1.012	0.109	0.913

2. 江浙两省研究生科研素质比较

（1）两省硕士研究生科研素质各维度上的得分比较和差异分析。对江浙两省的硕士研究生样本在科研素质各维度上的得分进行独立样本 Z 检验，结果显示，在科研成果维度上，江苏省硕士研究生得分显著高于浙江省的硕士研究生（$Z=3.732$，$p<0.001$）（见表10）。这说明江苏省的硕士研究生在科研成果上显著优于浙江省。

表10 两省硕士研究生科研素质各维度得分（M±SD）的差异比较（$N=992$）

项目	江苏省 $N_1=638$	浙江省 $N_2=354$	Z	p
学习投入	3.653±0.736	3.739±0.902	−1.416	0.157
科研能力	3.730±0.737	3.815±0.750	−1.733	0.083
科研成果	2.291±1.597	1.906±1.477	3.732***	0.000

（2）两省不同类别高校的硕士研究生科研素质差异分析

对两省不同类别高校的硕士研究生样本在科研素质各维度上的均分进行独立样本 Z 检验，结果显示，两省硕士研究生的科研素质在多方面各有优劣。浙江省"双一流"学科建设高校的硕士研究生科研能力与科研成果优于江苏省"双一流"学科建设高校的硕士研究生（科研能力：$Z=-2.209$，$p<0.05$；科研成果：$Z=-2.025$，$p<0.05$）。江苏省普通高校的硕士研究生科研成果优于浙江省普通高校的硕士研究生（$Z=7.458$，$p<0.001$）（见表11）。

表11 不同类别高校中两省硕士研究生科研素质（M±SD）的差异比较（$N=992$）

学校类别	项目	江苏省（N_1）	浙江省（N_2）	Z	p
"双一流"建设高校 $N_1=169/N_2=65$	学习投入	3.604±1.006	3.921±0.624	−2.886**	0.004
	科研能力	3.979±0.528	3.939±0.576	0.513	0.609
	科研成果	3.020±1.363	2.102±1.724	3.855***	0.000
"双一流"学科建设高校 $N_1=344/N_2=48$	学习投入	3.680±0.834	3.625±1.004	0.361	0.720
	科研能力	3.610±0.739	3.859±0.677	−2.209*	0.028
	科研成果	1.702±1.551	2.187±1.568	−2.025*	0.044
普通高校 $N_1=125/N_2=241$	学习投入	3.645±1.046	3.713±0.940	−0.628	0.530
	科研能力	3.725±0.882	3.774±0.802	−0.528	0.598
	科研成果	2.924±1.359	1.797±1.377	7.458***	0.000

3. 江浙两省硕士研究生心理发展的比较

（1）两省硕士研究生心理发展的差异分析。心理发展包括创新能力、心理适应以及人格发展三个方面的指标。对江浙两省的硕士研究生样本在心理发展各维度上的得分进行独立样本 Z 检验，结果显示，在心理适应各维度得分上，浙江省显著高于江苏省（情绪适应：$Z=-3.349$，$p<0.01$；失能混乱：$Z=-2.889$，$p<0.01$；躯体反应：$Z=-3.753$，$p<0.001$；人际问题：$Z=-3.498$，$p<0.001$）。由于心理适应得分越高表

明心理适应状况越不佳,因此,在心理适应上,江苏省硕士研究生样本显著优于浙江省。在人格发展的支配性、进取能力、社交能力维度上,江苏省高校硕士研究生得分显著高于浙江省(人格发展:$Z=3.398$,$p<0.01$;支配性:$Z=2.513$,$p<0.05$;进取能力:$Z=2.422$,$p<0.05$;社交能力:$Z=2.825$,$p<0.01$)(见表12)。

因此,总的来说,江苏省硕士研究生在心理适应和人格发展上要好于浙江省硕士研究生。

表12 两省高校硕士研究生心理发展各维度得分(M±SD)的差异比较(N=992)

项目	江苏省 $N_1=638$	浙江省 $N_2=354$	Z	p
创新能力—建构知识	9.100±2.241	8.940±2.323	1.042	0.298
创新能力—发现问题	9.060±2.449	9.000±2.494	0.365	0.716
创新能力—解决问题	8.940±2.342	8.860±2.443	0.508	0.611
创新能力—提升转化	8.790±2.374	8.860±2.344	−0.437	0.662
失能混乱	41.660±18.845	45.140±16.937	−2.889**	0.004
躯体反应	24.060±12.457	27.010±10.649	−3.753***	0.000
人际问题	10.030±5.168	11.160±4.335	−3.498***	0.000
顺从成就	47.689±12.320	47.253±13.261	0.521	0.603
独立成就	50.525±8.727	51.173±8.470	−1.131	0.258
支配性	48.167±6.889	47.121±5.920	2.513*	0.012
进取能力	56.390±7.196	55.334±6.204	2.422*	0.016
社交能力	46.581±6.689	45.336±6.579	2.825**	0.005
通情	66.983±9.316	65.939±10.200	1.633	0.103

(2)两省同类别高校的硕士研究生心理发展的比较。对两省"双一流"建设高校的硕士研究生样本在心理发展各维度上的均分进行独立样本Z检验,结果显示,在情感适应方面的各维度上,江苏省"双一流"建设高校硕士研究生得分显著高于浙江省同类高校硕士研究生(失能混乱:$Z=5.297$,$p<0.001$;躯体反应:$Z=6.284$,$p<0.001$;人际问题:$Z=5.452$,$p<0.001$);在成就动机的顺从成就和独立成就维度上,浙江省"双一流"建设高校硕士研究生得分显著高于江苏省同类高校硕士研究生(顺从成就:$Z=-7.208$,$p<0.001$;独立成就:$Z=-2.223$,$p<0.05$);在人格发展的支配性、社交能力和通情维度上,江苏省"双一流"建设高校硕士研究生得分显著高于浙江省同类高校硕士研究生(支配性:$Z=2.107$,$p<0.05$;社交能力:$Z=3.599$,$p<0.001$;通情:$Z=4.521$,$p<0.001$)(见表13)。

表 13　两省"双一流"建设高校硕士研究生心理发展各维度得分（M±SD）的差异比较（N=234）

项目	江苏省 $N_1=169$	浙江省 $N_2=65$	Z	p
创新能力—建构知识	9.240±2.272	9.230±1.861	0.041	0.967
创新能力—发现问题	9.420±2.446	8.850±1.813	1.957	0.052
创新能力—解决问题	9.010±2.480	8.850±2.202	0.455	0.650
创新能力—提升转化	9.170±2.395	8.690±1.903	1.581	0.116
失能混乱	47.300±15.905	34.780±16.886	5.297***	0.000
躯体反应	28.950±10.161	19.650±10.086	6.284***	0.000
人际问题	11.950±4.338	8.520±4.236	5.452***	0.000
顺从成就	44.782±10.137	60.223±16.085	−7.208***	0.000
独立成就	49.830±7.501	52.852±9.922	−2.223*	0.029
支配性	48.185±5.837	46.345±6.340	2.107*	0.036
进取能力	56.432±5.580	57.030±6.689	−0.640	0.523
社交能力	46.282±6.271	42.660±8.313	3.599***	0.000
通情	66.718±8.351	60.889±9.988	4.521***	0.000

对两省"双一流"学科建设高校中两省的硕士研究生样本在心理发展各维度上的均分进行独立样本 Z 检验，结果显示，在情感适应方面的各维度上，浙江省"双一流"学科建设高校硕士研究生得分显著高于江苏省同类高校硕士研究生（失能混乱：$Z=-3.371$，$p<0.01$；躯体反应：$Z=-4.766$，$p<0.001$；人际问题：$Z=-4.836$，$p<0.001$）；在成就动机的顺从成就维度上，江苏省"双一流"建设高校硕士研究生得分显著高于浙江省同类高校硕士研究生（$Z=4.615$，$p<0.01$），其他维度差异不显著（见表 14）。这说明比起浙江省来说，江苏省"双一流"学科建设高校的硕士研究生情感适应方面表现得更好，且成就动机更强。

表 14　两省"双一流"学科建设高校硕士研究生心理发展各维度得分（M±SD）的差异比较（N=392）

项目	江苏省 $N_1=344$	浙江省 $N_2=48$	Z	p
创新能力—建构知识	9.060±2.048	8.710±2.601	0.909	0.367
创新能力—发现问题	8.840±2.320	9.130±2.623	−0.784	0.434
创新能力—解决问题	8.910±2.161	8.850±2.713	0.136	0.892
创新能力—提升转化	8.490±2.242	8.880±2.455	−1.089	0.277
失能混乱	37.220±20.514	44.630±13.153	−3.371**	0.001

续表

项目	江苏省 $N_1=169$	浙江省 $N_2=65$	Z	p
躯体反应	20.520±13.517	27.380±8.591	−4.766***	0.000
人际问题	8.580±5.452	11.170±3.103	−4.836***	0.000
顺从成就	50.715±13.451	43.849±9.001	4.615***	0.000
独立成就	50.980±9.758	50.122±8.244	0.581	0.562
支配性	48.211±7.826	47.196±5.950	1.061	0.292
进取能力	56.361±8.444	54.780±5.329	1.769	0.080
社交能力	47.023±7.178	45.694±5.391	1.529	0.131
通情	66.902±9.884	67.266±10.124	−0.238	0.812

对两省普通高校的硕士研究生样本在心理发展各维度上的均分进行独立样本 Z 检验，结果显示，在人格发展方面的进取能力维度上，江苏省"双一流"学科建设高校硕士研究生得分显著高于浙江省同类高校硕士研究生（$Z=2.208$，$p<0.05$）（见表15）。这说明相较于浙江省，江苏省普通高校的硕士研究生进取能力更强。

表15 两省普通高校硕士研究生心理发展各维度得分（M±SD）的差异比较（$N=366$）

项目	江苏省 $N_1=125$	浙江省 $N_2=241$	Z	p
创新能力—建构知识	9.010±2.678	8.910±2.378	0.335	0.738
创新能力—发现问题	9.180±2.739	9.020±2.630	0.542	0.588
创新能力—解决问题	8.930±2.628	8.860±2.458	0.234	0.815
创新能力—提升转化	9.110±2.597	8.890±2.435	0.755	0.450
失能混乱	46.270±14.075	48.040±16.566	−1.072	0.285
躯体反应	27.210±8.637	28.920±10.335	−1.680	0.094
人际问题	11.410±4.082	11.870±4.312	−0.984	0.326
顺从成就	43.295±9.148	44.432±10.859	−1.001	0.317
独立成就	50.215±7.098	50.929±8.057	−0.837	0.403
支配性	48.023±5.309	47.315±5.804	1.139	0.255
进取能力	56.411±5.159	54.987±6.177	2.208*	0.028
社交能力	45.767±5.721	45.986±6.095	−0.333	0.740
通情	67.563±8.977	67.037±9.894	−0.497	0.619

四、结论

江苏省硕士研究生对学校教育质量以及科研素质的评价总体较高,对科研条件的评价相对较低,且"双一流"学科建设高校学生的评价要显著低于"双一流"建设高校和普通高校。

江苏省硕士研究生在心理发展方面总体得分较高;在独立成就上处于常模水平,顺从成就、支配性以及社交能力得分则低于常模,进取能力和通情得分高于常模水平。对心理症状各因子进行分析,发现其失能混乱、躯体反应、人际问题得分均高于常模水平,表明心理健康状况整体不佳。而"双一流"学科建设高校心理症状各维度得分均显著低于"双一流"建设高校和普通高校,这表明"双一流"学科建设高校的学生心理健康状况最佳。

江浙两省硕士研究生教育质量相差不大,实力相当。主要表现在大多数指标上差异不明显,例如,在创新能力等指标上,两省没有明显差异。但是在研究生培养的学校软硬件方面,浙江省的优势略大于江苏省。

江苏省在硕士研究生的个人发展方面具有更多优势。在硕士研究生的科研素质方面,江苏省的硕士研究生的科研成果显著优于浙江省。在心理适应各维度上,江苏省的硕士研究生的心理健康状况好于浙江省的硕士研究生。同时在人格发展的支配性、进取能力、社交能力维度得分上,江苏省的硕士研究生显著高于浙江省的硕士研究生。因此,总的来说,江苏省硕士研究生在心理适应和人格发展要好于浙江省硕士研究生。

总的来说,浙江省的"双一流"建设高校在多项指标上与江苏省的高校不相上下,略有优势。

五、建议及对策

(一)省厅领导决策层面

1. 加大硕士研究生教育资源投入

因研究生教育规模的扩增,高校硬件资源建设无法跟上,科研经费也不足以支持发展,所以应增加对硕士研究生教育的财政经费投入,改善科研环境,为硕士研究生的科研、学习等提供更加便利的设施条件。

2. 明确硕士研究生培养层次目标

硕士研究生的培养要明确多元化的层次目标,学术型研究生应以培养从事科学研究和教学工作的学术型人才为目标,专业型研究生应以培养实际操作能力人才为目标。

3. "双一流"建设动态调整

首先,建立"双一流"建设高校及"双一流"建设学科有进有出动态调整机制,打破身份固化。在"双一流"建设进程中,对于出现重大问题、不再具备建设条件的高校及学科,灵活调整出建设范围,以激励"双一流"建设范围内的高校及学科树立竞争意识、加强自身建设。

其次,在这样一个动态调整的"双一流"建设过程中,还要加强过程管理,实施动态监测、指导。国家要推进以学科为基础的科学合理的绩效评价办法,定期开展中期和期末考察,形成激励约束机制,增强实际效果,完善自主参选、专家评选、动态筛选的考评机制。

(二)培养单位层面

1. 加强师资队伍建设

导师对硕士研究生培养质量起着主要引导作用,建设一支高素质的研究生导师队伍可以从根本上保证硕士生教育质量的稳步提高。

(1)严格导师遴选制。由专门的学术委员会开展导师遴选工作,从学术科研水平、学术道德水平和教学水平等角度对拟聘任导师进行评定;对在岗的研究生导师要定期审查其继续带研究生的资格,改变只上不下的导师"终身制"。保证导师队伍的高素质和高质量。

(2)加强在岗培训。鼓励导师参加各种学术交流,不断提高导师队伍的创新素质和学术水平;对本单位在岗导师进行定期培训,进一步提升导师指导学生的能力和水平。

(3)成立导师组。在实施导师负责制的同时,辅以导师集体指导制,以老带新,促进青年导师尽快成长;不同专业的导师共同指导学生,增强相关学科间的交流与沟通。

(4)改善导师队伍结构。多渠道引进人才,促进导师队伍多元化建设,缓解和改善生多师少的状况。例如，制定人才政策吸引高端人才加入导师队伍，加大对在岗优秀青年教师的培养，在某些应用型领域可以聘请研究所专家和企业技术骨干进行有关的指导。

2. 完善课程体系

一个完善的硕士研究生培养课程体系需同时有必修课和选修课，并且必修课程和选修课程要占比合理；要科学合理地配备教材和参考书，注意选用国内外高水平学者编撰的优秀教材。

3. 强化管理力度

推进人性化管理，管理必须以学生为本；倡导信息化管理，提高管理工作的效率；重视基层化管理，培养单位应充分认识到导师在学生管理上的地位和作用，放宽导师管理权限；加强各管理层分工协作，相互配合，更好地发挥管理实效。

4. 创设科研氛围

培养单位应注重提高硕士研究生培养硬件设施，为硕士研究生创设学习科研的良好硬件条件。树立"学术至上"的培养理念，努力为学术研究和学科发展营造良好的环境氛围，这是提高硕士研究生培养质量的思想基础，同时也能够提高高校的科研及创新水平。

5. 加强硕士研究生资助管理

在我国，对硕士研究生资助的实际效果有待考量，研究生校外兼职现象较为普遍，从而导致其在学习和科研方面花费的时间和精力明显变少，这不利于研究生整体科研水平的提高。

研究生培养单位应加强奖助学金的评审及发放，建立完善监督管理体系，使奖助学金的评选有章可循，合理高效。应制定多渠道资助方案，以政府拨款为主，多种方式筹措经费。多为硕士研究生提供校内实习岗位，如设置合适的校内助教、助研、助管等岗位。

6. 严格淘汰机制

长期以来，我国高等学校硕士研究生的培养过程缺乏应有的竞争、考核管理制度。

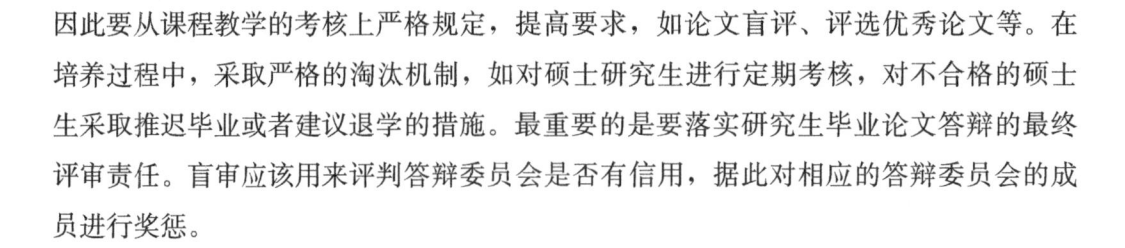

因此要从课程教学的考核上严格规定，提高要求，如论文盲评、评选优秀论文等。在培养过程中，采取严格的淘汰机制，如对硕士研究生进行定期考核，对不合格的硕士生采取推迟毕业或者建议退学的措施。最重要的是要落实研究生毕业论文答辩的最终评审责任。盲审应该用来评判答辩委员会是否有信用，据此对相应的答辩委员会的成员进行奖惩。

7. 重视研究生心理健康教育

培养单位应该加大对研究生心理健康状况的普查力度，及时了解学校研究生心理健康状况，适时并常规地开展心理健康讲座、团体心理辅导活动。另外，要健全心理危机干预机制，为一些心理上出现问题而又无法自己疏导的学生，及时提供便利的渠道，解决其心理问题，使其重拾对生活的信心。

（三）研究生个人层面

1. 发挥主观能动性

研究生是研究生教育的对象，研究生教育质量的主要衡量指标之一就是研究生的综合素质。因此，要提高研究生教育质量，最根本的途径是提高研究生本人的主观能动性。只有研究生充分发挥主观能动性，养成良好的学习习惯，积极参与科研活动，研究生教育质量才能从根本上得到提高。

2. 树立开拓创新观念

研究生应树立创新意识，掌握创新本领，知晓在校的学习不只是为了完成学习任务，更是为了适应未来社会科技发展的需要。研究生要注重自身创新意识和能力的培养，根据自身兴趣和专业基础，参与课题研究，同时思考是否有更好的技术或方法完成研究。

3. 学会自我心理调适

研究生在面对繁重的课业和科研负担时，要注意自我心理调适；在明确学生现阶段职责所在的同时，可以多培养生活兴趣，参加文艺活动、体育锻炼等；此外，还要懂得自我心理健康保健和心理求助，如果遇到心理问题自己不能纾解，可以及时求助身边的老师和同学，最好是寻求专业人士的帮助。

参考文献

[1] 姚志彪,邵克勤,罗斌,等.研究生学位论文质量内部管理与外部监督实践——以东南大学学位论文双盲评审及江苏省学位论文抽检为例[J].研究生教育研究,2011,26(5):31-37.

[2] 王晓漫,王宗萍.研究生培养条件影响研究生质量的实证分析[J].教育科学,2008,24(2):68-71.

[3] 廖文武,陈文燕,郭代军.研究生教育质量影响因素分析与对策研究[J].研究生教育研究,2012(2):11-14.

[4] 薛寒冰.研究生培养质量影响因素分析与思考——以中央民族大学为个案[J].赤子(上中旬),2014(14):85-87.

[5] 曹雷,邢蓉,才德昊.研究生学位授予质量管理体系构建研究——基于H大学的实践[J].东北师大学报(哲学社会科学版),2018(2):183-188.

[6] 董泽芳,何青,张惠.我国研究生创新能力的调查与分析[J].学位与研究生教育,2013(2):1-5.

[7] 童辉杰.SCL-90量表及其常模20年变迁之研究[J].心理科学,2010,33(4):928-930+921.

独立学院提升学士学位授予质量对策研究

课题完成单位：苏州大学应用技术学院
课题负责人：朱　跃
课题组主要成员：霍一茗

摘要： 根据《关于引导部分地方普通本科高校向应用型转变的指导意见》和教育部办公厅印发的《关于加快推进独立学院转设工作的实施方案》，独立学院面临着向普通高校"转设"和向应用型高校"转型"的双重任务。在这样一个转设和转型过渡期内，确保独立学院学士学位授予质量，既是教育主管部门重点关注的领域，也是各独立学院需要追求的目标和担负的责任。独立学院的建设不能照搬母体，更不能是母体人才培养质量的降级版。本项目组结合独立学院学士学位授予工作目前存在的问题，深入探讨如何提升独立学院学士学位授予质量。

关键词： 应用型人才培养；学位授予；质量提升

一、研究总体情况

自立项以来，在课题负责人统一组织下，课题组成员分工明确，按计划分别相继开展了文献梳理、调研考察、总结剖析和总结改进等工作。本课题组先后走访调研了上海师范大学天华学院、苏州大学文正学院、扬州大学广陵学院、南京大学金陵学院、东南大学成贤学院、江苏大学京江学院、南通大学杏林学院和中国矿业大学徐海学院等国内、省内十余所独立学院，了解同类型高校在学士学位授予方面的特色和不足。在此基础上，课题组探索制定了一系列提升独立学院学士学位授予质量的对策和建议。

二、研究思路和过程

研究具体从三个层面递进：通过大量调查研究和文献研究，了解独立学院学士学位授予实际情况；通过统计分析，探讨独立学院学士学位授予中存在的问题和障碍；在前面研究的基础上，提出对策主张，针对独立学院学士学位授予现状及存在的障碍，提出合理化建议。

在研究前期，课题组走访调查，了解独立学院学士学位授予现状及存在问题。然后通过问卷调查和案例分析进一步了解独立学院学士学位授予现状。问卷和案例涉及的问题主要包括学士学位授予数量、学士学位授予率以及提升学士学位授予质量的对策措施等。主要问题汇总如下。

（一）学位课程设置过于偏重理论

项目组前期的调研发现，部分独立学院直接将母体高校的人才培养方案简单复制照搬，学士学位课程设置也是照搬母体高校。"×××概论""×××导论""宏观×××""微观×××""×××原理"等字样的课程占据了大部分学位课程，相反诸如"理论与实践""案例分析""工程应用"等字样的课程占比较小。我们不难发现部分独立学院并没有为培养应用型人才目标而适时调整学校的学位课程设置。在独立学院获得学位授予权之后一段"独立"的过渡期内，学位课程设置过于偏重理论，人才培养成效与社会需求达成度不高。推进应用型课程建设是培养应用型人才的必经之路。有的独立学院步入了误区，他们认为有些课程本身就是偏理论的，这类特殊型的课程不需要改设为应用型课程。更有甚者认为学位课程中设置了实践实训课程，就符合应用型课程的要求了。其实不然，错误的认知和导向会严重影响应用型课程建设，继而影响学士学位授予质量。

（二）衡量人才的标准偏保守

调查发现，许多高校注重对学生课本教材知识掌握情况的考察，对于学生的创新实践能力的考察略有欠缺。大部分独立学院停留在用传统单一的闭卷考试形式检验学生知识掌握情况的阶段。这一做法远不能达到应用型人才培养的需求，也不能客观、全面地反映学生的综合能力。独立学院的学士学位授予条件也大多是对学生的思想政治表现、学业绩点的考核，获得专利发明、学科竞赛获奖或取得职业资格证书等并没有纳入学位授予条件。这种教育模式下的人才仍然缺乏实战经验，学生很有可能具备丰富的理论知识，但工作中需要的技能却无法学到。从用人单位的角度来看，缺乏实践操作的学生毕业后到企业里的竞争力远不如有相关工作经验的竞争者，如果企业录用这些学生，需要投入额外的人力、财力对其进行培训，大大增加了企业的用人成本。

在了解现状的基础上，课题组分析了独立学院学士学位授予条件、学位课程设置的标准。在了解了同类型高校的学士学位授予情况后，从独立学院应用型人才需要的学位授予条件、学位授予率、学位课程和主要课程设置等方面，分析探讨提升独立学院学士学位授予质量存在的障碍。第一，学位授予条件方面，重点研究独立学院在获得学位授予权之后，独立学院的学士学位实施细则的制定，是否改变原来偏重学术型教育的理论性要求，以及是否差异化地将部分优秀学生所获得的专利发明、学科竞赛获奖、职业资格证书等也纳入学位授予条件。第二，学位授予率方面，通过分析、比较各专业学位授予率的差异性，研究独立学院学士学位授予的标准。第三，学位课程及主要课程设置方面，主要分析高校是否为培养应用型人才这个目标，而适时调整学校的课程设置。

研究后期从高校自身、行业企业、政府等三个维度审视教学质量以衡量人才培养达成度。

三、主要研究成果及重要理论观点

外部办学生态环境的新变化和自身发展瓶颈带来的新挑战，使独立学院面临着先"转设"还是先"转型"的问题。"转设"是独立学院自身克服办学体制弊端、探索创新发展、提升人才培养质量的需要。独立学院原有的办学基础条件较差，服务社会能力较弱，影响力较小，制约着其可持续发展。独立学院作为应用型高校，其内涵建设必然不能在原有基础上继续徘徊，需要有新的突破，如需要设立学位点提升办学层次，需要改善办学条件以适应人才培养目标，也需要加强师资队伍的整体研究和应用水平，更好地服务地方经济的转型升级。因此，独立学院必须"转设"与"高质量发展"两手发力，同步推进。作为我国高等教育事业体系的生力军，独立学院应以"转设"为契机，明确总体办学目标、办学层次、办学规模、办学愿景与特色、社会服务和区域定位等办学要素，界定自己的新使命、新定位，努力朝着创新基地、文化高地、产业策源地等目标展开办学，为区域经济发展搭建城校共融、产教融合的新空间、新格局，努力适应、服务、支撑产业发展。

(一)做好专业建设顶层设计,提升专业建设水平

规划特色专业群建设行动计划,打造特色优势专业。建立《重点专业建设实施方案》《重点专业建设负责人制度》,按照"集中学校资源建设好社会有需求、办学有基础的专业集群"的指导思想,结合独立学院办学定位和办学基础,主动对接行业标杆企业,紧跟区域产业结构调整升级,形成社会有需求、办学有基础、专业对产业的特色专业群。以"突出应用、强化实践、坚持创新、分类指导"为原则,完善修订以学生为中心、以职业为导向、以能力为本位的,符合学校定位与培养目标的应用型人才培养方案。

(二)加强内涵建设,推动应用型课程改革

出台《应用型课程建设实施方案》,坚持以"应用导向、实践过程、能力本位、学生中心、多元评价"为宗旨,努力形成应用型课程体系。课程体系要服务人才培养目标,打破传统学科、课程间的壁垒,使生产链与课程体系有效衔接;以职业能力培养为重点,按照职业性、实践性和开放性的要求,形成新的人才培养方案。应用型课程建设是人才培养转型发展的最终落脚点。通过打造应用型课程体系、推进模块化教学、深化教学内容和教学方法改革等三个方面的措施,形成"教师—课程—学生"三者联动的课程体系,确保应用型人才培养落到实处。

(三)完善师资队伍建设,加大高水平教师引进的力度,加强青年教师的培养

启动"双师型"队伍建设行动计划,奠定转型发展师资保障。从强调"双师型"教师基本要求和职责、大力实施"双百工程"行动计划、全面启动教师能力建设行动计划三个方面,推动"双师型"教师队伍建设:第一,加大高水平教师引进的力度。近年来各大城市都在积极引进人才,通过提高待遇、人才优购、创业支持等政策吸引人才。对于高校而言,为了切实推进应用型人才培养,独立学院应当加大对应用型教师的引进力度。引进行业企业的优秀专业技术人才、管理人才和高技能人才,到学校担任指导教师或兼职兼课,承担实验与实训指导、专家辅导。企业杰出代表可以定期到学校开展讲座,从宏观上剖析当前的经济形势,给予在校大学生职业生涯规划及创新创业相关指导;相关高水平技术人员可现场为学生演示实践技术。第二,加强青年教

师的培养。通过创建教学团队、建立专业负责人制度来遴选责任感强、具备团结协作精神的教师作为应用型课程改革的领头人；推进"双师型"师资队伍建设，鼓励教师积极参加业务能力培训，考取从业资格证书，为独立学院组建既有高理论水平，又拥有专业领域实践能力的教师队伍；出台激励政策鼓励教师到企业挂职锻炼，到生产一线的真实工作环境中开展企业实践，通过考察学习，教师获取最新的专业技术知识，将所学到的技术与理论知识很好地融合起来教授给学生。

（四）拓宽政校企合作平台，推进产教融合发展

独立学院需要坚持以深化"产教融合"释放发展新动力，从国家发展战略导向、服务地方产业发展转型升级、打造应用型教育开放融合新生态、更新应用型人才知识体系四方面着手，努力为地方经济发展添砖加瓦。

首先，确立"一个目标"，即校企深度融合，协同培养应用型本科人才。

其次，确立"两个抓手"，即通过应用技术教育教学指导委员会自上而下抓顶层设计、通过产教融合项目评审小组（校内教授和企业专家各50%左右）自下而上抓实施效果。应用技术教育教学指导委员会的主要任务是根据产业结构调整和经济发展需要及时调整学院的专业设置、专业培养目标，指导制定人才培养方案。产教融合项目评审小组是顶层设计之目标能否落地的重要载体。项目实施能否达到理想的效果，过程管理是关键。产教融合项目评审小组工作的原则就是重视立项、关注过程、注重实效。

再次，确立"三个层次"，即学校、政府、二级单位三个层次全面展开。从政府角度，独立学院与政府合作搭建平台，建立学院、政府和企业共同参与的育人机制，成立产教融合发展中心，采用"学校搭台、企业入驻、产教融合"的模式，构建"专业、行业、企业、职业"四位一体的转型发展格局，不断加强内涵建设，加快转型发展，为区域经济社会发展输出高素质应用型人才。结合所在区域的经济社会发展条件，通过搭建合作发展联盟平台、共建共享教学科研基础设施、拓展实习实训基地、建立科研与教学融合的引导机制等四个领域的改革创新，推动产教融合的创新发展。从企业角度，通过让地方企事业单位具有丰富经验的管理人员参与人才培养方案与学位课程设计，共同探索校企合作育人模式。积极争取地方政府与合作企业的支持，对接人才培养和创新的需求，争取地方、行业、企业的经费、项目和资源在学校集聚，促进先进技术的孵化与应用。共创研究中心、创新基地平台，共建共享基础设施，合作推动独立学院转型发展。从独立学院角度，成立应用技术教育教学指导委员会，聘请校内知名教授和行业企业的顶尖人才，适时地调整人才培养方案。成立产教融合项目评

小组，自上而下关注产教融合的全过程，切实保障嵌入课程、共建实习基地等合作项目落实到位。组建应用型大学联盟。盟员之间相互合作、共同协作，携手并进。学院可与行业企业共同组建教育集团，共建有鲜明特色的二级学院；承接相关行业企业，提供技术研发、科技服务、业务培训工作。从二级单位角度，引入校企共建实验室，组建冠名班、订单班；引入企业课程，嵌入式培养，创新企业课程企业教材，开展丰富多样的校企合作项目，以实现培养应用型人才的宏伟目标。合作建立实习基地，通过与实习单位沟通，了解用人单位的需求以及对毕业生的期待并以此作为培养方案的修订依据。鼓励在校学生利用课余时间和假期到合作单位勤工助学，拓宽学生的视野，夯实学生应用能力。采取企业在学院设立捐赠奖学金制度，扩大企业知名度，在调动学生积极性的同时也缓解了贫困学生读书的困境。

最后，确立"四项举措"，即机制创新、制度保障、队伍培育、有效激励。为适应和推动产教深度融合，学院通过成立专门机构、倾斜资源配置、改革运行管理模式、加强绩效考核等手段进行改革与创新。为保证形式多样的产教融合项目真正融入人才培养的全过程，制定一系列规章制度，以确保改革创新规范有序有效。通过引进企业教师、学校教师下企业挂职锻炼等方式，建设"双师型"师资队伍。根据项目奖励办法对各级各类产教融合项目进行及时的评定，根据评定结果进行奖励，建立对二级学院和个人的量化考核办法，同时也作为职称评定的重要条件。

（五）引进全面质量管理标准，完善学士学位授予质量评价体系

完善的考核评价体系，便于高校了解学生对知识的掌握程度，通过以评促教培育高水平应用型人才。学士学位授予质量需从高校自身、企业行业、政府等三个维度审视，以衡量人才培养达成度。

对于高校而言，一方面，要优化学生考核方案，为人才成长提供多条路径，重点考查学生实践能力和运用能力。灵活地制订学位授予细则也能充分体现学士学位授予的优越性。对于课程的考核，着重应放在实践能力和学生积极主动思考的能力上，改革传统"理论笔试决定结果"的方式，通过考查调研报告、课堂表现、暑期实践等多方面的表现进行综合评价。由于不同的专业有不同的特点，偏向动手能力的专业如机械电子工程，学生获得学位可以通过考察毕业设计的方式。对于联合培养模式下的学生，可把毕业答辩转移到企业，在企业精英的共同监督下，完成对学生的考评。对获得专利发明、学科竞赛获奖或具备职业资格证书的学生可给予相应的奖励，切实做到让学生持证上岗、有证上岗，一步入社会就能熟练地投身于工作中。另一方面，通过期中教学座谈会、学习委员调研、网上评教等多种方式，对教学运行、教学管理、教学质量等方面的问题和建议进行整理，及时解决问题，督促整改。通过常规检查——教学督导和院领导定期专项检查方式积极推进质量改进落实。引进质量标准体系及质量评价体系——创新管理模式，加强对教育质量把控。设立质量与评估部门及内审员，全面督促整改，提升独立学院学士学位授予质量。形成"以学校为主导，二级单位为实施主体"的教学质量监控网络格局，切实保障教育教学工作在严格规范中进行。健全奖惩机制。赏罚分明，对于优秀的教学案例积极地进行鼓励与肯定，建立量化考核办法，将教学质量评价纳入教师职称评定的条件中；积极参与到独立学院专业抽检评估工作中，在自评自建的过程中系统梳理人才培养和专业建设方面存在的问题，经过专家的提点和帮助，彻底对工作漏洞进行填补，自觉规范办学行为，自我约束、自我发展，端正办学思想，进一步提高办学水平，从而提升学士学位授予质量。

对于企业而言，衡量学位授予质量就是看学生培养成果与企业需求的达成度。企业作为教育成品的消费者对于毕业生知识、技能和其他素质的要求促使人才标准发生改变，这一改变随经济环境、市场竞争等客观环境的变化而更加突出。因此需要行业和用人单位专家参与学士学位评议，根据社会需求、学校能力和行业指导设置人才培养方案和学位课程机制。如果学生在大学在校期间已掌握了必备的实际操作知识，深入了解了企业文化，到达企业后可直接上岗，我们才可以说人才培养质量是达标的。如果学生只是单纯地掌握理论知识而无法运用到实际生产中，企业应将这一情况反馈给学校，督促独立学院及时进行教学改革。

对于政府而言，学生的理论知识与应用能力、与经济社会需求的契合度、毕业生就业率、服务于当地经济社会建设的情况，反映了独立学院学士学位授予质量。

四、研究结论及成果创新特色

（一）研究结论

1. 做好应用型课程结构设计。系统化的课程结构包括课程的整体结构（一个专业课程体系的开发）、课程单元结构（一门课的课程结构的开发）及课程的教学结构（课程的实施）三个层次。

2. 强化实践教学环节设计。本着"分类指导"的原则，适当提高实践教学比例，构建实践教学体系。要根据专业特点，加强与行业企业、科研院所的合作，立足专业行业、面向应用领域，开发一批有特色的、综合性的实践实训课程或实践项目，为学生提供来自教学一线的真实教学情境和典型案例分析，将主流产品、主流技术、主流工艺融入课程，让学生感受所学内容在实际应用中的地位和作用，激发他们学习、实践的热情和探索、创新的激情。

3. 改进教学方法和手段。应用型课程教学要求教师树立现代的教学观、质量观，将传统以教师为中心的教学方法，转变为以学生为中心、以应用为导向、以项目为载体，把以"传授知识为主"的教学方法转变为"以培养能力为主"，积极实行启发式、讨论式、开放式、情景式、探究式、案例教学、现场教学、项目教学等多样化的教学模式和方法，注重学生综合素质的养成和创新精神、实践能力的培养；要求教师创造性地运用信息技术，改革教学手段，因材施教，促进学生的自主性学习和研究性学习。

4. 建设在线开放课程。充分利用学院的课程平台，构造线上线下相结合的混合学习方式，积极建设在线开放课程。可由课程负责人组织教学团队，配备必要的助理教师，从事线上课程的建设、内容的更新以及在线辅导、答疑等工作。利用互联网教育平台，使教师充分尊重学生的个性特长，发挥学生学习的主体性和主动性，更有效地利用课程教学以外的学习时间，大力加强教学沟通，促进教学相长。

5. 改革课程考核的内容和方法。以应用能力考核为导向，重视学生动手能力、实践能力、应用能力和创新能力等方面的评价。变单一的课程理论考试为依据教学计划和教学质量标准，对学生从必备知识、应用能力、综合素质等方面进行综合考核和评价。大力推行教学评价过程性考核（平时测试、作业测评、课外阅读、社会实践、阶段考核等）、多种类别考核（校内考核、社会等级考核、合作企业考核等）、多种形式考核（网络化考核、纸质化考核等），促进学生利用课外时间学习。

6. 推进应用型教材建设。应用型教材的建设应主动邀请行业企业专家广泛深入参与，紧紧围绕人才培养目标，根据教学计划和课程教学大纲的要求，按照知行互动的原则，将理论知识与实践知识有机融合，编写能体现应用型人才培养新思路、新体系的教材。设立校本教材出版基金，优先支持优秀的应用型课程和应用型的精品课程。

（二）创新与特色

针对我省独立学院学士学位授予存在的问题及障碍，在借鉴其他高校相关做法的基础上，本研究从学士学位授予条件、学士学位授予率、学士学位课程及主要课程设置等方面提出提升学士学位授予质量的合理化建议。项目组引进全面质量管理标准，提出独立学院学士学位授予质量评价体系。前人对于提升高校学位授予质量已有了深入的探讨,但独立学院获得学位授予权才不过几年,对于应用型独立学院学士学位授予情况的调研并不多。这为此次研究增加了难度,但也成为本次课题研究的创新之处。

(三)成果的学术价值和应用价值

近年来,独立学院学生在国家级、省级专业技能和学科竞赛中荣获系列奖项逐年增多,如全国大学生电子设计竞赛、江苏省优秀毕业论文、"互联网+"创新创业大赛等。连续高就业率及高毕业生质量得到用人单位的一致好评。独立学院对校企深度融合协同培养应用型本科人才的执着追求、大胆的创新与实践以及所取得的成效,引起媒体和同行的关注、企业和专家的认可。

高等教育中学位授予一直是各高校的关注热点之一。科研人员、政府相关部门、高校内部管理部门一直将学位授予质量作为评价考核高等学校学术水平的重要指标之一。近年来,如何提升学士学位授予质量、培养应用型人才,一直是国内外学者们讨论的热点。2008年,教育部第26号令《独立学院设置与管理办法》第三十八条明确规定:"独立学院对学习期满且成绩合格的学生,颁发毕业证书,并以独立学院名称具印。独立学院按照国家有关规定申请取得学士学位授予资格,对符合条件的学生颁发独立学院的学士学位证书。"2008年以来,独立学院学位授予相关政策不断完善,完备的学位授予条例、一系列提升高等教育质量的措施在理论和实际应用中都具有非常重要的意义,一方面可以给独立学院注入新的思想和增添新的方法;另一方面,还可以评估独立学院学术水平,通过自查自纠,加强高校内部教育监督和管理,为社会输送更多高素质、强能力、会创新、能创业的高级应用型人才。

五、基于研究成果的政策建议

独立学院原有的办学基础条件较差,制约着独立学院的可持续发展。独立学院作为应用型高校,其内涵建设必然不能在原有基础上继续徘徊,需要有新的突破,比如设立学位点提升办学层次、改善办学条件适应人才培养目标,加强师资队伍的整体研究和应用水平,更好地服务地方经济的转型升级。因此,独立学院必须从"转设"与"高质量发展"两手发力,同步推进。针对研究发现的问题及不足,借鉴同类学校及发达国家相关研究成果和实践经验,本文提出以下政策建议。

（一）完善管理机制

目前，人才培养与常规教学存在矛盾，需要改革传统教学方法，确立以学生为主体的教育目标。在健全企业行业教师队伍时，应当考虑健全学校内部管理体系以适应新的管理机制。在加大学生实践学分比例的同时，注重通过高校学分互认的形式来鼓励学生积极参加实践活动。为适应和推动产教深度融合，学院通过成立专门机构、倾斜资源配置、改革运行管理模式、加强绩效考核等手段进行改革与创新。

（二）改革人才培养评价体系

以专业的特色、企业需求为导向的考核体系，突出学生实践能力的考核评价。引导改革过去单纯以高校自身为评价主体，以知识水平、学术水平评价为核心的评价制度，建立多元化评价主体和以能力评价为核心，知识、能力、素质全面涵盖的评价体系。

（三）健全师资队伍

通过提供丰厚待遇等方式吸引行业企业教师参与应用型人才培养，加强自有师资建设和"双师型"师资队伍的培养。

（四）设立专门奖项，有效激励

设立"教学管理"创新奖，奖励在推进教学改革等方面表现出色的团队及个人。对各级各类教学改革进行及时的评定，根据评定结果进行奖励，建立对二级单位和个人的量化考核办法，并作为职称评定的重要条件。树立标杆，宣传推广优秀案例，形成示范引领。

（五）加大对培养应用型人才专项研究的政策支持力度

政府相关部门、高等院校及科研机构共同加强对该项目的专项研究，并给予政策倾斜。趋着独立学院向应用型本科高校转型的热潮，继续开展专项深入研究，力争多出高质量成果。一方面，夯实和丰富应用型人才培养的理论基础，为独立学院转型发展提供理论支撑；另一方面，争夺应用型人才培养问题研究"高地"和学术话语权，以更优越的条件和地位，与其他国家开展学术交流和思想"碰撞"，提升我国学术研究领域的开放性、包容性和国际影响力，为参与并主导国际相关事务及标准制定奠定基础。

参考文献

[1] 张文健,凌莉.关于地方高校管理类本科专业应用型人才培养的思考[J].科技视界,2018(33):97-98.

[2] 曹杰.新经济形势下应用型民办本科教学质量监控评价体系建设的研究[J].科技经济导刊,2019(25):1.

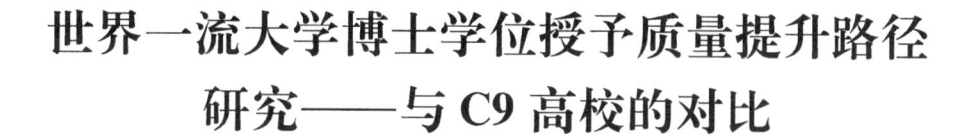

世界一流大学博士学位授予质量提升路径研究——与C9高校的对比

课题完成单位：南京大学
课题负责人：朱俊杰
课题组主要成员：周　寅　吴晓曼　陈　谦

摘要：提高学位授予质量是保障博士培养质量的根本路径，也是我国深化研究生教育改革的重要举措。本研究在对18所中外一流高校博士研究生学位授予条件相关政策举措的对比分析中发现了较大差异。我国高校在博士生培养过程中表现出课程教学的支撑效果稍显不足、过程考核的监控作用尚不完善、科研实践参与的评价指标略显刚性、学位论文的根本地位不够显著等特征。未来，我国高校应从加强课程体系建设，完善考核预警制度，优化科研实践参与，重视学位论文质量等方面提升博士学位授予质量。

关键词：学位授予质量；培养质量提升；世界一流大学；C9高校

一、研究缘起

学位是授予个人的一种学术称号或学术性荣誉称号，表示其受教育的程度或在某一学科领域里已经达到的水平，或是表彰其在某一领域所做出的杰出贡献。由具备授予资格的高等学校、科学研究机构或国家授权的其他学术机构、审定机构授予。学位申请人在获取相应学位时需满足相应的学位授予标准。学位授予标准不仅规范学位授予活动的正常运行，而且还引导和批判现实的学位授予活动。它不仅有利于调动学位申请者的学习积极性，使求学者有明确的学习目的，而且有利于学位授予单位实行目标管理。

研究生培养质量是衡量国家创新动力续航和高层次人才储备的重要指标，也是"双一流"建设的主要任务之一，而研究生教育质量的核心要素是研究生学位授予质量。博士学位作为学位授予中的最高层次，更代表着一个国家的高层次人才培养水平。21世纪以来，为了扩充高层次人才队伍，我国开始对研究生进行大幅度扩招。近十年，博士研究生的扩招程度也在不断加大。但研究生教育由于招生大规模扩张的外延式发展并没有得到质量保障的内涵式发展的有效支撑，出现了研究生导师队伍素质参差不齐、科研实践经费不足、培养过程监控不力等问题，导致研究生特别是博士研究生的学位授予质量无法得到有效保证的现象日趋显现。

二、研究设计

（一）研究内容

如何提高博士生学位授予质量目前受到越来越多利益相关者的关注。"博士学位授予质量"在狭义和广义上有不同的内涵。狭义上，"博士学位授予质量"是指"博士学位质量"，即仅覆盖博士学位授予在环节、程序上的规范，尤其是对博士学位论文质量的概括；而广义上，"博士学位授予质量"就是指"博士培养质量"，包含博士研究生培养的全过程。根据《中华人民共和国学位条例》（下文简称《学位条例》）第六条规定，"高等学校和科学研究机构的研究生，或具有研究生毕业同等学力的人员，通过博士学位的课程考试和论文答辩，成绩合格，达到下述学术水平者，授予博士学位：在本门学科上掌握坚实宽广的基础理论和系统深入的专门知识；具有独立从事科学研究工作的能力；在科学或专门技术上做出创造性的成果。"从《学位条例》中可以看出，博士学位授予标准与课程教学、科研训练等培养过程的关键环节相契合。因此，博士学位授予质量可以理解为广泛意义上的涵盖了博士研究生从培养到授予学位全过程的培养质量。就目前发展来看，无论是世界一流大学还是我国顶尖高校，博士研究生培养都主要表现为"理论学习—科研实践—学术产出"的过程。本研究针对博士研究生培养过程的关键环节进行对比分析，包括课程教学、过程考核、科研实践、学位论文等。

（二）研究方法

本研究主要采取"理论归纳—案例分析—比较研究—总结梳理—对策建议"的路

径进行。第一，通过查找梳理博士研究生学位授予方面的相关文献资料，得出博士研究生学位授予质量保障的核心概念、具体内涵和相应举措。第二，确定符合研究需要的案例目标高校，通过对国内外一流大学博士研究生学位授予条件的整理分析，总结归纳出一流大学在博士研究生学位授予方面的经验与特色。第三，通过对比发现国内外一流大学在博士研究生学位授予质量保障方面的差异及优劣，找出我国高校博士研究生学位授予质量保障的不足之处。第四，根据研究发现提出相应对策建议。

在案例学校选取方面，本研究选取国内外近20所一流高校作为重点案例进行研究。国外一流高校选取哈佛大学（美国）、斯坦福大学（美国）、普林斯顿大学（美国）、哥伦比亚大学（美国）、耶鲁大学（美国）、加州大学伯克利分校（美国）、剑桥大学（英国）、多伦多大学（加拿大）和慕尼黑科技大学（德国）作为案例学校；国内一流高校主要选取北京大学、清华大学、浙江大学、复旦大学、上海交通大学、南京大学、中国科学技术大学、哈尔滨工业大学和西安交通大学等9所作为案例学校。[①]

在案例素材获取方面，本研究采取实地调研和远程网络调研相结合的方式。国内一流高校主要采取实地调研的方式，包括现场考察以及对该校博士研究生、博士研究生导师、博士研究生培养管理人员的访谈；国外一流高校主要采取远程网络调研，包括政策资料分析和对部分校内人员的远程访谈。

三、研究发现

对比分析发现，国内外一流高校在能够凸显博士生培养质量几个关键环节上的政策举措有一定的差异，主要表现在课程教学、过程考核、科研实践和学位论文这四个方面。

（一）课程教学

国外一流高校不仅对于课程学习时间有所要求，对于课程学习方式也有相关规定，多数美国高校基本上都要求博士生必须保证一定的住校学习时间。另外，大多数国外高校对于课程学习质量也有一定的要求，要求必须达到一定的课程学习水平。国内高校对于课程学习总量有明确的规定，但较少高校会对课程学习质量有所要求（见表1）。

[①] 该9所高校均为2009年10月成立的中国首个顶尖高校联盟——九校联盟（C9 League）的成员，简称C9高校，且均为全国博士研究生教育综合改革试点高校。

表1 国内外一流高校在博士研究生课程学习方面相关要求的对比

	国外一流大学		国内一流大学
哈佛大学	不低于2年的住校全日制课程学习,8门共计32学分(文理学院)	北京大学	课程学习不少于18学分,直博生与硕博连读生总学分不少于40学分,并且考试成绩须达到D级以上
斯坦福大学	全程全日制,共135学分,秋学期、冬学期和春学期内每学期至少获得8学分。获取学位之前,每个学期都要进行课程学习注册	清华大学	课程学分不得少于12学分;直博生和硕博连读生不得少于28学分。各学科结合本学科特点对课程(环节)设置和学分要求作更严格的规定
普林斯顿大学	参加综合考试前需住校学习至少一年。凡是正式报到注册的学期,博士生都需要选修课程,每个学期需要至少12个学时(Semester Hours)	浙江大学	最低总学分14学分,直博生最低总学分34学分
哥伦比亚大学	除了满足硕士学位课程以外另需30学分,包括9个核心课程学分和21个资格考试预备课程学分。必须保持3.0的平均绩点。成绩为"未通过"的课程不能超过一门(生物医药工程专业)	复旦大学	总学分数应不少于17学分,硕博连读生总学分数不少于41学分。直博生总学分数应不少于40学分。所有课程成绩合格,其中学位课平均点达到2.0以上
耶鲁大学	课程要求由各院系和培养项目自行决定。但至少需要进行学习总时长不少于一学年、学分为2学分的且成绩为"荣耀"(the grade of Honors)的研究生课程,课程需在第四学期内完成(文理学院)	上海交通大学	课程学习总学分、GPA课程总学分及各模块学分要求由所在一级学科学位评定委员会拟定
加州大学伯克利分校	课程学习要求由各院系培养项目自行确定,但要求在住校课程学习至少4个学期,每个学期至少4个学分	南京大学	2门公共课程和2~4门专业课程。硕博连读需修满硕士所有课程,直博生需修读普通博士研究生所修课程、硕士研究生政治理论课程及不低于19个学分的硕士研究生B、C、D类课程
剑桥大学	成为博士学位候选人之前需要进行一年的研究生学习,一般是完成科研预备的硕士课程	中国科学技术大学	课程总学分不得低于10个学分,硕博连读和直博生课程总学分不低于45学分。博士生每门课程分数不低于60分可申请毕业,每门课分数不低于75分可申请学位

续表

	国外一流大学		国内一流大学
多伦多大学	需要进行一定数量的课程学习来满足学位要求,且成绩不低于 B⁻	哈尔滨工业大学	总学分不低于 14 学分,一般在入学后一学年内完成,不超过两学年
慕尼黑大学	必须选修共计 6 学分的学科专属课程	西安交通大学	总学分不少于 10 学分。硕博连读生和直博生在不同学科领域的课程学习学分要求不同,人文社科领域不少于 31 学分,理工和医学领域不低于 25 学分

资料来源(下同):

Harvard University The Graduate School of Arts and Sciences. Degree requirements-Doctor of Philosophy[EB/OL]. [2020-09-27]. https://gsas.harvard.edu/degree-requirements/doctor-philosophy.

Stanford Bulletin Explore Degrees 2020 - 21. Graduate Degrees General Requirements[EB/OL]. [2020-09-27]. https://exploredegrees.stanford.edu/graduatedegrees/#text.

Stanford Bulletin Explore Degrees 2020 - 21. Graduate Degrees Degree-Specific Requirements[EB/OL]. [2020-09-27]. https://exploredegrees.stanford.edu/graduatedegrees/#doctoraltext.

The Graduate School, Princeton. Ph. D. Advising and Requirements[EB/OL]. [2020-09-27]. https://gradschool.princeton.edu/academics/degree-requirements/phd-advising-and-requirements.

The Graduate School, Princeton. Computer Science Ph. D. [EB/OL]. [2020-09-27]. https://gradschool.princeton.edu/academics/fields-study/computer-science.

The Graduate School of Arts and Sciences, Columbia University. Requirements of Ph. D. and DMA Degrees [EB/OL]. [2020-09-27]. https://gsas.columbia.edu/student-guide/policy-handbook/requirements-Ph. D. -and-dma-degrees.

Bulletin of Yale University. Graduate School of Arts and Sciences Programs and Policies 2020—2021, Degree Requirements [EB/OL]. [2020-09-27]. http://catalog.yale.edu/gsas/policies-regulations/degree-requirements.

Berkeley Graduate Division. Degree Policy[EB/OL]. [2020-09-27]. https://grad.berkeley.edu/policy/degrees-policy/#f3-doctoral-degrees-policies-governing-doctoral-candidates.

University of Cambridge. Statutes and Ordinances of the University of Cambridge, Degrees, Diplomas, And Other Qualifications[EB/OL]. [2020-09-27]. https://www.admin.cam.ac.uk/univ/so/2016/chapter07-section12.html#heading2-51.

University of Toronto. School of Graduate Studies (SGS) Calendar, Degree Regulations[EB/OL]. [2020-09-27]. https://sgs.calendar.utoronto.ca/degree-regulations.

Technical University of Munich, TUM Graduate School. Information for Doctoral Candidates[EB/OL]. [2020-09-27]. https://www.gs.tum.de/en/doctoral-candidates.

（二）过程考核

国外一流高校不仅重视考核环节，多数高校还设置了多重考核和常规考核（如年度评估），强化培养质量的过程监督。国内高校近几年开始强化过程考核在培养质量中的监控作用，但缺乏常规评价，较难覆盖培养全过程。少数高校通过设置过程考核固定淘汰比例来加强考核的作用（见表2）。

表2 国内外一流高校在博士研究生过程考核方面相关要求的对比

国外一流大学		国内一流大学	
哈佛大学	必须在开始学位论文研究撰写前通过一个由培养方案规定的综合考试或资格考核。一般要求在第二学年内完成，最迟在第三学年完成（文理学院）	北京大学	学科综合考试：在基本完成课程学习后的规定时间内参加，不得以硕博连读考核和学位论文选题报告代替。考试方式可以是口试或笔试，也可以是两者兼容
斯坦福大学	资格考核：需要在第二学年内完成并申请成为候选人，资格有效期为五年。延期申请需备案。每次延期最长一年，并且需要提供学位论文进展报告、学位论文预计完成时间等材料，由院系进行评估 口头考试（Oral Examination）：在全校范围内进行，考察研究领域的掌握情况和学术追求，形式可为理论知识考察、学位论文开题评估或学位论文答辩。该考试成立专门的考试评委会	清华大学	资格考试：正式进入学位论文研究阶段前的一次学科综合型考试，一般应当在博士生入学后第二学期（直博生在入学后第四学期）结束前完成。对于到期未参加资格考试的博士生，各院系应通过年度进展报告的方式对其进展情况进行考查
普林斯顿大学	综合考试：以计算机科学专业为例，综合考试的形式为先由研究生教师指导开展的一个主题研讨会，随后博士生根据研讨会内容与相关领域的研究做一个深度的口头考试 "二次注册"（Reenrollment）：院系或培养项目每年对博士生学业进展进行评估的一项工作。博士生应主动参加每年的"二次注册"，提交当年学业进展的书面材料以及下一学年的计划和目标	浙江大学	中期考核：一般在第一学年结束时完成，最迟不晚于第二学年。中期考核由课程考试成绩和研究能力评估两部分组成。课程考试成绩以核心课程考试（2门）为主；研究能力评估由各学院（系）根据学科特点，结合研究综述报告、学位论文开题答辩、综合面试等多种办法

续表

	国外一流大学		国内一流大学
哥伦比亚大学	资格考核：以生物医药工程专业为例，博士生资格考核由三部分组成——写作、汇报和综合考试。要求博士生提前对三篇相关文献进行综述写作，随后现场汇报并接受考核委员会提问并作答 学业进展评估：每年进行，包括语言考试、综合考试、课程学习、学位论文进展、助教助研表现等	复旦大学	资格考核：完成学位课程学习后，开展博士学位论文工作前组织的学科综合性考试。直博生必须参加（其余由院系确定）。可采用笔试、口试、实验操作等多种形式 中期考核：所有博士研究生（已通过资格考试的本科直博生可除外）必须参加。形式包括博士生对本人思想政治表现和学业完成情况进行总结；院系检查课程学习情况，并对其思想品德和学术规范遵守情况进行考评；院系组织汇报答辩，重点考察其自学位论文开题以来在相关科研、论文撰写方面的进展情况
耶鲁大学	综合考试：以物理学为例，需要进行四个研究方向的书面考试。而在历史学专业，需要选择1个主修领域和2～3个辅修领域，并提前两周完成书面写作的考核。主修领域需要完成一篇8 000词的论文；在每个辅修领域内，博士生需要准备该领域内本科生课程的教学大纲。随后在口头考试过程中，对写作内容进行汇报和讨论（文理学院）	上海交通大学	资格考试：课程学习结束后，学位论文开始前的一次综合考核，一般应在入学后第二学年第一学期内完成；直博生应在入学后第二学年第二学期内完成。考试主要内容包括个人培养计划规定的课程学习的主要内容，科研进展和专业技能，学术品德
加州大学伯克利分校	新生学习评估：第一学年中期或末期对博士生学业情况进行评估 资格考试：形式为口头考试，考察在至少3个与主要研究领域相关的学科中的知识储备、学术观点和学术标准。部分培养项目会要求博士生将学位论文开题内容、书面考试或学术论文发表为参加资格考核的前提条件 候选人资格评估：已获候选人资格的博士生每年必须接受两个学位论文委员会教师的评估，总结上一学年的学位攻读进展，并给出下一学年学位攻读计划	南京大学	资格考核：入学6年内最多参加3次，第一次必须参加，三次未能通过者，劝其终止博士学业。考核每年只能举行一次，考核结果分为优秀、通过、暂缓通过和劝退四类，每次考核优秀率不高于15%，暂缓通过率不低于15%，劝退不设比例。考核细则由各院系自行确定
剑桥大学	注册考试（registration examination）：形式主要为提交一篇能够体现学业进展的代表作，其中可以包括今后的研究计划，然后根据写作内容进行口头考试	中国科学技术大学	过程考核形式由各院系学科点自行确定。物理学科为例，须通过本学科统一组织的博士资格考试；公共管理学科，每年须提交研究进展报告，由专家对进展报告进行审查，并提出考核意见

续表

	国外一流大学		国内一流大学
多伦多大学	资格考试:需要在第三学年结束前获得候选人资格。五年制直接攻博项目和非全日制培养项目需要在第四年结束前获得候选人资格。以航空科学与工程为例,博士生需要在博士考试委员会(Doctoral Examination Committee)的指导下进行学位论文开题、每年至少一次的学位论文进展正式评估、资格考核(入学一年半左右)等多种考核	哈尔滨工业大学	综合考评:在第一学年结束时进行,内容包括思想政治素质及学习与科研工作态度,对本学科系统的基础理论与专业知识的掌握程度,是否具备应用所学知识进行创造性科学研究工作的能力,其他。考评合格者获1学分,总成绩在后10%~20%的博士生,将被给予"黄牌警告",要求参与第二次考评,再不通过者分流
慕尼黑大学	导师决定博士生参与学术活动程度是否充分,并给出学业进展的反馈意见。随后,博士候选人需要每年进行一次确认	西安交通大学	中期考核:在第四学期末进行考核,硕博连读和直博生在博士阶段第三学期末进行。内容包括学科基础综合考试、研究进展和综合能力三个方面。实行末位分流制度

(三) 科研实践

国内外高校在博士生科研实践方面的培养要求有着比较明显的差异。国外高校一般不对学术发表有所要求,但大多要求博士生参与一定的教学实践;而国内高校均对博士研究生科研成果的学术发表有明确要求(见表3)。

表3 国内外一流高校在博士研究生科研实践方面相关要求的对比

	国外一流大学		国内一流大学
哈佛大学	无明确要求(文理学院)	北京大学	在国内核心刊物或国际重要刊物至少发表或被接受发表2篇论文
斯坦福大学	许多院系要求 Ph.D. 需承担教学助理或研究助理的工作,并且不少于博士培养过程的四分之一	清华大学	在学期间需定期参加课题组的学术讨论会,参加不少于30次的一级或二级学科的学术活动,每次讨论会或学术活动后应当写出小结,经指导教师签字后自己留存,在申请答辩前交院系记载成绩。另外,博士生至少参加一次所在学科领域的全国或国际学术会议,并在学术会议上宣读自己撰写的论文
普林斯顿大学	要求担任教学助理至少2个学期(计算机专业)	浙江大学	科研成果认定分为以下两种形式:获得国家级科研成果奖或获得署名在第1~4位的省部级一、二等科技成果奖;发表符合条件的学术论文(一般不少于2篇),可用其他形式的成果代替

续表

	国外一流大学		国内一流大学
哥伦比亚大学	需要在四年住校在读期间内进行至少为时一年的教学助理工作	复旦大学	将符合条件的学术期刊分为A类和B类,文科类博士至少在B类期刊上发表2篇专业学术论文,理工医类至少在A类期刊上发表1篇专业学术论文,可用其他形式成果代替
耶鲁大学	主要培养框架中包含一个"助教项目"(Teaching Fellow Program,TFP),是学业要求之一。每位博士生经培训,在正式教师的指导下,完成本科教学任务。助教工作分为"教学助理"(teaching fellow,TF)和兼职课程指导(part-time acting instructor,PTAI)(文理学院)	上海交通大学	就读期间在所属学院学位评定委员会认定的刊物上,以上海交通大学为第一单位发表(或录用)2篇与学位论文主要内容相关的学术论文,对发表在本学科国际高水平刊物、影响因子高、他引率高的论文作者,可减少发表学术论文的数量要求
加州大学伯克利分校	除了在规定学制内完成正常的学位要求以外,还需完成"指定重点"(Designated Emphasis)的学业要求。该项目要求博士生在已有博士培养项目基础上用新兴探究方法拓展研究方向	南京大学	基本要求是在高水平期刊上以第一作者身份发表两篇学术论文。但南京大学也根据各学科特色,将学术期刊进行等级分类,按照等级给予相应赋值从而计算博士研究生的科研成果,可用其他形式成果代替
剑桥大学	参与本科生教学,主要分为两种形式——给本科生讲解实验原理和指导本科生小组学习。在第二学年参与助教项目(Teaching Associates' Programme),提升教学技能	中国科学技术大学	在国内外高水平学术期刊上发表(或被接收发表)一般不少于2篇与学位论文相关的研究论文,部分学科要求部分论文为英文论文,可用其他形式成果代替
多伦多大学	无明确要求	哈尔滨工业大学	对博士生发表学术论文制定了基本要求。博士生的学术论文需与学位论文密切相关,投稿前应经导师审阅同意。以社会学学科为例,博士研究生在攻读学位期间需发表1篇高水平和2篇核心期刊论文;以物理学学科为例,至少发表4篇高水平论文。可用其他形式成果代替 另外,在攻读博士学位期间参加重要国际学术会议、大型国内学术会议、校内举办的各种学术报告和学术讲座等学术活动可以获得1学分
慕尼黑大学	要求博士生至少在相应领域内公开发表一篇期刊论文或受同行评议的会议论文	西安交通大学	理工科一般要求不少于2篇高水平学术论文,文科一般要求不少于3篇高水平学术论文。可用其他形式成果代替

(四)学位论文

国外高校大多在学位论文方面明确规定了指导教师对于博士生学位论文要有充分指导,并要求博士生在开题之后定期汇报论文进展工作,有的高校还有对学位论文进行公开出版的要求。国内高校近年来强化了对博士学位论文质量的监控,涵盖了开题、预答辩、送审、答辩等多个环节,部分高校还设置了中期检查和文本预审环节(见表4)。

表4 国内外一流高校在博士研究生学位论文方面相关要求的对比

国外一流大学		国内一流大学	
哈佛大学	在学位论文研究撰写前通过开题,最迟在第四学年完成。若学位论文全文或部分内容今后需要公开出版,博士研究生也需要提前向院系进行申请。最长学制内第五年开始,每年至少完成学位论文其中一个章节(文理学院)	北京大学	博士生应定期向导师或指导小组报告论文进展情况。导师、指导小组及相关人员应帮助分析论文工作中的难点,找出不足,明确下一步研究的方向和重点。学位论文一般进行匿名评阅,匿名评审专家不少于5人,其中至少包含两位校外专家
斯坦福大学	博士生的学位论文必须指派一位主要指导教师(the principal dissertation adviser),该教师必须是学术委员会成员(含已退休)。学位论文评阅组(the doctoral dissertation reading committee)需由3~5名教师组成,必须包含一位现任学校学术委员会成员,确认该学位论文是否达到学院与院系的学术要求	清华大学	在学位论文工作中期,各院系至少在二级学科范围内组织考核小组对研究生的综合能力、论文工作进展情况以及工作态度和精力投入等进行全面检查。考核小组应当由3~5名教师组成。中期检查通过者,准予继续进行论文工作。鼓励通过年度进展报告的方式进行 答辩委员会由5~7人组成,包含至少1位论文评阅人,至少2位校外专家,3位校内专家,至少1位学位分委员会委员
普林斯顿大学	在通过综合考试(general examination)后,完成学位论文的撰写,并向院系申请并通过最终公开的口头考试(the final public oral examination)。学位论文研究阶段需要有导师组进行指导	浙江大学	评阅人不少于5位(校外单位专家不少于4位),其中具有博士生指导教师资格的评阅人不少于3人。评阅人全部同意答辩,即可举行学位论文答辩 答辩委员会由5~7名正高职称专家组成,其中一般应有博士生指导教师4人,外校或外系、外专业专家不少于2人

续表

	国外一流大学		国内一流大学
哥伦比亚大学	文科博士生需入学两年内开题,理科博士生需入学四年内开题,最多可延长一年,否则将失去博士候选人资格。第9学年结束时仍未完成学位要求的,博士生需在接到通知30天内进行申诉,提供一份目前学业进展情况以及未来最多两个学期内的学位论文计划。经审核后,文理研究生院决定是否延长最多两个学期时间供博士生完成学位论文写作。到期仍未完成的,将作清退处理	复旦大学	评阅人一般3~5人,外单位专家一般不少于半数,其中外地专家不少于1名 答辩委员由5~7人组成,至少包含2名校外专家
耶鲁大学文理学院	博士研究生在第四学年需建立一个符合院系和研究生学院要求的学位论文委员会。博士生必须在提交学位论文6个月前完成论文开题,并在研究生学院进行备案。同时,院系需要指定一位研究生教师作为学位论文的主要指导教师(文理学院)	上海交通大学	开题工作应该在通过资格考试后,普博生一般在第二学年结束前完成,直博生一般在第三学年结束前完成。普博生在第四学年、直博生在第五学年内还未通过开题报告,则实行分流 完成学位论文开题报告后按自然年进行年度考核,以书面的形式递交年度报告。包含导师或指导小组负责人至少3人的考核小组进行评估,以学术讨论或专题研究报告会的方式进行 论文评审既可进行国内评审,也可进行国际评审。国内评审的3位专家中至少含有2位校外专家进行双盲评审 聘请5或7名中级以上(含中级)职称的同行专家(其中至少2名校外专家)组成答辩委员会,如导师担任答辩委员会委员,答辩委员会须由7名专家(含导师)组成
加州大学伯克利分校	在获得博士候选人资格以后积极推进学位论文计划,并组建学位论文委员会。主要包含两种方案:适用于跨学科博士生培养项目,需组建一个由5名专家组成的委员会,其中3人要参与最终的论文答辩;大多数博士培养项目则组建一个由3名专家组成的委员会,3人均参加最终的论文答辩 当博士生确定选题后,学位论文委员会主席及其他成员会对博士生的开题报告进行评估,并将详细意见反馈给博士生。通过学位论文开题后,博士生将进行独立研究或受指导的研究,并撰写学位论文写作草稿,论文委员会主席将为博士研究生指定一份定期指导讨论的日程安排。在学位论文备案截止日期前至少两个月将论文提交给论文指导委员会	南京大学	设置了学位论文文本预审环节,由院系统一将论文在学院(系)内部送3位专家预审。预答辩专家中至少有1人为所在学位评定分委员会的委员 在校学习时间达到6年以上的博士生,其博士学位论文一律参加盲审。对于即将达到最长学习年限的博士学位论文,建议在最后一个学年第一学期末的盲审批次提交申请参加盲审。若延迟到次年3月送审,送审专家数由3人增至5人,并且不得以送审结果未返回或修改论文为由申请延期 答辩委员会由5位专家组成,其中校外专家至少有2人。导师不参加答辩委员会

续表

	国外一流大学		国内一流大学
剑桥大学	学位论文的字数根据各院系和相关政策确定。部分学位论文将被作为重要出版物公开发表 学位委员会将指定2位专家作为博士学位论文的考试评审,其中一人必须是校外专家。博士生的导师不能成为评审专家。评审专家的专业领域至少覆盖学位论文的一个部分,两位专家的专业领域应当互补。评审专家中至少需有一位曾经担任过此项工作,若两位专家均为首次担任,学位委员会将指定一名"独立主席"一同参加考试评审	中国科学技术大学	导师可根据实际情况决定博士生开题时间,最迟应在博士生入学后第四学期结束前开题 评阅专家不少于5位专家,其中校外专家不少于3人 答辩委员会由不少于5位博士生导师组成,其中一半为校外博士生导师,导师不得参加
多伦多大学	学位论文由研究介绍和总结发现组成,且必须同一主题。学位论文可以是多篇学术论文的组合,可以用未发表的研究材料、学术笔记以及必要附录进行补充。若学位论文中存在与他人共同完成的部分,考试委员会必须确认该博士生个人承担的研究工作是否足够支撑博士学位要求 要通过最终口头考试(Final Oral Examination)对自己的学位论文进行答辩。所有研究生教师和其他人员均可参加最终口头考试,并在考试委员会主席允许的情况下向博士生提问,但在考试委员会讨论与投票时回避 所有学位论文最多五年内进行公开发表	哈尔滨工业大学	一般应在第二学年第一学期末完成论文开题,最迟要在第二学年末完成 学位论文实行中期检查制度,组织考查小组(3~5人组成)对研究生的综合能力、论文工作进展以及工作态度、精力投入等进行全面考查 论文答辩委员会由7名专家组成
慕尼黑大学	在学位论文提交之前,博士生需要与导师充分商讨并经导师同意 论文考试委员会包含1名主席和1~3名专家,其中包含1名校外专家 有评审结果为"通过"学位论文需在2个月之内将委员会整体意见反馈至全体全日制教师,接受投票。通过投票的学位论文将进行口头答辩	西安交通大学	在入学后第二学期进行学位论文开题,硕博连读与直博生应在进入博士培养阶段第一学期开题 在正式博士学位论文答辩前,必须做一次有关学位论文的公开报告 学位论文评阅3位专家中包含至少1位盲审专家,学术发表越少,盲审专家越多 答辩委员会由5~7名专家组成,包含至少1位评审人,2位校外专家,导师不得参加。同等学力博士、联合培养博士、导师首位博士生则必须有7位专家

四、研究结论

通过对9所世界一流大学和9所中国顶尖高校在学位授予要求方面的对比分析,本研究发现我国高校在博士生培养方面仍然呈现出不够重视课程教学、考核评价重结果轻过程、学术发展高度依赖第三方实施的刚性评价、学位论文的主导地位削弱的特征,使得博士生自主参与学术培养的程度弱化。

(一)课程教学的支撑效果稍显不足

世界一流大学的博士学位授予十分看重课程教学,将课程学习作为学位授予的核心学术标准之一。世界一流大学均在博士生课程学习方面制定了较高的要求。第一,明确要求选修大量学分的课程,扩充博士生知识储备,以满足博士生科研需要,例如,斯坦福大学要求博士生总共选修135学分的课程。第二,对课程成绩进行了规范,提高博士生课程学习质量,夯实理论基础,例如哥伦比亚大学要求博士生课程学习的平均绩点保持在3.0以上。第三,规定课程学习方式,提高学习参与度。所有9所世界一流大学均要求博士生的课程学习时间覆盖一半以上的正常学制,并且要求博士生住校学习。

在我国高校学位授予要求中,课程学习对博士生培养的基础支撑作用体现得并不明显。第一,课程学习数量较少。除硕博贯通式培养的博士生以外,9所高校的博士生课程学习的最低要求均不超过20学分。第二,课程学习不太关注学习效果和质量。9所高校中只有个别学校对课程学习的成绩做出了规定,但要求依旧不高。第三,课程学习时间较短,课程过于紧凑。大多数高校只将博士生课程学习集中安排在第一学年,甚至第一学期。

(二)过程考核的监控作用尚不完善

世界一流大学在常规的资格考核以外,大多设置了其他多次考核,将过程监控覆盖至培养全过程。斯坦福大学在博士生资格考核后仍需要博士生参加一次口头考试,考察候选人在研究领域的掌握情况,并确认候选人是否具有学术追求。普林斯顿大学、哥伦比亚大学均要求博士生每年进行一次学业进展评估。加州大学伯克利分校除了资格考核以外,对博士生新生入学即有一次学习评估,同时获取候选人资格的博士生每年均要接受评估。

近十年,我国高校开始在培养过程中设立了博士生资格考核或中期考核,强化对博士生教育质量的过程监控。但除复旦大学以外，C9高校的其余8所高校在培养过程中均只进行一次过程考核。同时，大多数高校考核的结果导向偏强，容易造成博士生攻读学位的心理压力。西安交通大学将参加考核的末位20%定为"初步淘汰对象"，哈尔滨工业大学对末位10%～20%的博士生给予"黄牌警告"，南京大学也有15%的硬性暂缓通过率。

（三）科研实践参与的评价指标略显刚性

世界一流大学极少在学位授予要求中对博士生除学位论文以外的科研成果的正式发表有明确要求，大多数高校并不将非学位论文的科研成果作为学位授予条件中评价学术标准的关键。即使个别大学规定了发表学术论文的要求，也与我国高校在学位授予要求中的规定有明显区别。世界一流大学往往不以论文数量、期刊等级来衡量博士生的学术水平，而且论文只需公开发表即可，公开范围不限于自行印刷、参加会议、发表于期刊。而我国高校除了在文章数量上有明确规定，还对文章公开发表的目标期刊做了明确规定，大多为各学科领域的高水平期刊。目前期刊等级的划分掺杂着太多其他因素，不仅仅以论文的学术水平作为衡量标准，还包括论文的影响因子、论文的引用率等。同时，我国现有的学术期刊评审机制和配套监管机制并不完善，容易市场化，导致学术腐败的滋生。因此，以期刊等级和论文数量作为考核博士学位授予条件中学术水平的主要指标，较难完全真实地反映博士生是否达到相应学位的学术水平和科研能力。并且，部分高校还将这种刚性的学术发表作为学位论文答辩的前置条件，给博士生带来了不小的攻读学位的压力。

（四）学位论文的根本地位不够显著

世界一流大学均以学位论文作为博士学位授予的最核心指标。因此，各校对于博士生学位论文的重视程度也是最高的。第一，专门组织进行管理。世界一流大学博士生在通过资格考核以后需在院系和导师的帮助下建立一个学位论文委员会用于指导和审查自己的学位论文。第二，全过程管理和质量监控。世界一流大学博士生在进入博士学位论文撰写阶段后，除了经历正常的开题、预答辩、送审评阅和答辩流程，部分高校还要求博士生定期向委员会反馈学位论文进展情况，并接受委员会的评估。我国高校的博士学位论文管理工作虽然在基本流程上与世界一流大学并无较大差异，但由于非学位论文的学术发表在整个学位授予要求中的影响力较高，本身最能够反映出博士生培养综合水平的学位论文反而受重视程度不够，全过程管理不够完善和规范。另外，博士生在学位论文撰写阶段缺乏专门组织的管理和指导,仅由导师一人进行指导与管理,更容易造成学位论文进展的滞息。

五、政策建议

(一)加强课程体系建设,提高课程教学质量

博士研究生培养过程中,课程学习是拓宽和加深基础理论、专业知识、学科前沿最新科研成果和相关学科必要知识的基础环节。因此,高校应将课程教学作为学位授予质量保障的初始环节,加强博士生课程体系建设,为博士生培养质量打下坚实基础。第一,高校应设置充分完备的课程体系供博士生按需进行选择,杜绝因人设课、因制设课。课程设置及修课方式需要满足博士研究生培养过程中的真实诉求和实际需要。同时高校还应提供丰富多样的课程学习资源和学习方式,为博士研究生课程的高质量学习做好保障。第二,进一步规范加强课程学习质量的要求,博士生除了要满足课程学习数量的要求,还要在课程学习过程中充分参与,达到课程学习的良好效果,保证课程学习的高标准。

(二)完善考核预警制度,强化过程质量监控

过程考核的目的是考察博士生是否已掌握本学科专业坚实宽广的基础理论和深入系统的专门知识,是否已掌握必要的相关学科知识,能否综合运用这些知识分析问题、解决问题,能否独立开展创新性研究工作。但由于博士生培养周期较长,攻读期间影响博士生学业进展的因素较多,博士生的生理和心理状态也可能出现变化。因此,应进一步完善优化培养过程的考核评价机制,注重过程监管,实施流程预警,做好帮扶补救。第一,强化考核评价在培养过程中实时监控的实质效用,不能将考核评价流于形式,造成博士生为考而考、为考而学、为考而研。应当充分发挥以考促学、以考促导、以考促培的根本作用,以提高博士生培养质量。第二,考核评价应与培养过程有机结合,做到多阶段高频率覆盖培养全过程,以起到对博士生学业进度的有效推进和及时预警作用。考核评价的结果和意见应及时反馈,以便导师和博士生及时调整指导和学业策略。第三,高校应为考核评价制定相应的帮扶机制,协助博士生进行学业进度调整,为其提供学业、心理、生活等多方面支持。

(三)优化科研实践参与,回归培养质量根本

博士研究生是未来高等教育师资的储备力量,不仅需具备科学研究的各类素养,还

需领悟将研究成果融入教学育人的方法技巧。因此,高校应多注重对博士生学术专业实践能力的培养,不仅要激发博士生参与科学研究的热情,也要鼓励博士生将科研成果纳入教学专业实践。第一,积极推进博士学位授予条件中的学术水平评价机制。虽说博士研究生在攻读学位期间发表高水平学术论文是研究生培养质量和学位授予质量的重要标志之一。但对博士生的学术评价应是学术研究整体,包括研究行为、研究过程与研究结果等多个方面。2018年,习近平总书记在全国教育大会讲话中指出,要深化教育体制改革,健全立德树人落实机制,扭转不科学的教育评价导向,坚决克服唯分数、唯升学、唯文凭、唯论文、唯帽子的顽瘴痼疾。因此,应重新修订并完善博士生在读期间发表科研成果的相关规定和要求,通过设定多种考核途径和方式科学有效地衡量博士生学术增值。例如,博士生科研能力可通过学位申请人在学习阶段的实验操作、资料整理、研究报告写作、实证调研、学术交流等形式培养与呈现,并不一定必须公开发表学术论文。第二,加强博士生参与课程教学的学术实践,高校应设置专门的教学助理岗位,逐步将教学参与纳入学位授予条件。同时,导师也应对博士生教学实践参与情况进行指导和评价,积极帮助博士生改进课程教学方式方法。

(四)重视学位论文质量,健全学位论文管理

学位论文是系统而完整的科研成果的表述与总结,是衡量研究生学术水平的主要标志,应能表明作者确已掌握有关学科坚实宽广的基础理论和系统深入的专门知识,具有独立从事科学研究工作的能力,并在科学或专门技术上做出创造性成果。学位论文应是衡量博士学位授予质量最根本、最直接的对象。因此,高校应当将学位论文的各项管理服务工作作为博士培养的重中之重。第一,明确学位论文在学位授予质量中的核心地位。高校应将学位论文作为评价博士生学术水平的最关键指标,也是最高指标。不可因为其他学术成果发表的要求,而轻视了对学位论文的质量把关。第二,进一步规范学位论文的管理制度,保障学位论文质量。学位论文管理工作应覆盖学位论文研究撰写的全过程,学位授予要求中应明确包含论文开题、进展汇报、预答辩制度、送审评阅、论文答辩等多个关键环节的相关规定。第三,优化学位论文服务工作,为博士生完成学业提供便利。高校一方面应保障导师指导学位论文时的重要作用,另一方面也需要设立专门的组织机构协助博士生解决学位论文研究和撰写过程中遇到的各类困难。另外,学位论文评审和答辩还应实施常态化信息化管理,缓解评审时间集中、耗时较长的状况,增加论文评审和答辩的频次。

参考文献

[1] 秦惠民. 学位与研究生教育大辞典[M]. 北京:北京理工大学出版社,1994:3.

[2] 康翠萍. 学位论[M]. 北京:人民教育出版社,2004.

[3] 中华人民共和国学位条例[EB/OL]. (2005-05-25)[2020-09-27]. http://www.gov.cn/banshi/2005-05/25/content_940.htm.

[4] 龚向和,张颂昀. 论硕士、博士学位授予的学术标准[J]. 学位与研究生教育,2019(3):56-64.

[5] 刘春荣,郭海燕,吴瀚霖. 博士学位论文评审指标体系可靠吗——基于全数据的信度和效度研究[J]. 研究生教育研究,2020(1):80-84.

[6] 郭海燕,刘春荣,张志斌,等. 博士学位论文评审制度改革及其成效分析[J]. 中国高等教育,2019(5):28-31.

兽医硕士专业学位研究生培养质量调查分析及发展建议

课题完成单位：南京农业大学
课题负责人：李占华
课题组主要成员：李祥瑞　刘妍　崔海燕　邓丽群　高婵

摘要：本文通过问卷调研和实地访谈，对兽医硕士培养目标质量、过程质量和结果质量进行全面分析和总结，具体分析兽医硕士生源质量、课程质量、导师质量、实践教学、案例教学、毕业论文、职业发展等方面存在的问题；并建议兽医硕士教育在全过程质量控制中明确培养目标、扩大招生规模以提高质量，创新培养模式、严抓培养过程质量，加大资金投入，主动与国家兽医体系接轨，做精做强，实现与国际接轨，制定兽医硕士专业学位研究生教育国家标准。

关键词：兽医硕士；培养质量；质量标准；研究

一、课题研究基本思路

本研究围绕兽医硕士培养质量标准的理论和实际操作应用问题，对学生、导师、管理人员、用人单位进行问卷调研；对部分培养单位、专家学者实地访谈；对欧美等西方发达国家兽医硕士教育进行资料搜集。通过文献研究、问卷分析、访谈整理等，全面了解兽医硕士专业学位质量的现状、问题及影响因素。对兽医硕士培养目标质量、过程质量和结果质量进行全面分析和总结，撰写调研报告，提出兽医硕士专业学位教育质量标准制定的政策建议，并发表学术论文。

二、课题研究过程

2017年底到2018年初，构建兽医硕士专业学位质量标准的理论框架，包括要素结构、关键环节、相互关系、运行机制，并据此设计问卷和访谈的内容与提纲。

2018年全年，进行问卷和实地调研，旨在了解兽医专业学位人才质量基本情况、主要教育培养经验、存在问题以及意见建议。对全国42家培养单位发放调查问卷进行调研，共回收17个培养单位的1 380份调查问卷。实地调研了中国农业大学、浙江大学、东北农业大学等15家培养单位，以座谈会的形式进行。

2018年全年，翻译了康奈尔大学、加利福尼亚大学戴维斯分校（UC Davis）、密西根州立大学、俄亥俄州立大学、堪萨斯州立大学、英国皇家兽医院、英国诺丁汉大学兽医院的兽医教育相关资料。

2019年全年，对资料进行整理分析，研究我国兽医硕士专业学位质量的应然取向与政策构建问题。

三、主要研究成果及重要观点

为全面了解目前全国兽医专业学位研究生学位授予质量，课题组设计了培养单位、研究生指导教师、在读研究生、毕业研究生和用人单位5类群体的问卷，累计回收17个培养单位的1 380份调查问卷。课题组利用统计软件SPSS对相关数据进行分析。

（一）兽医硕士招生质量

1. 兽医硕士招生人数

2012—2017年，17所高校共招收兽医研究生9 045人，其中，学术型兽医研究生4 305人，专业型兽医研究生4 740人。在招收的专业型兽医研究生中，有硕士研究生4 213人，博士研究生527人。

由图1可以看到，学术型的兽医硕士招生比例最高，其次为在职攻读专业型兽医硕士，在职攻读专业型兽医博士招生人数最少。从历年招生人数的变化来看，在职和全日制专业硕士加总后年均招生规模在702人左右，规模偏小。

2. 招生调剂情况

从17所高校兽医专业研究生生源来看，2012—2017年，全日制专业型硕士招生时有部分调剂生源，6年共招收全日制专业型兽医硕士研究生2 096人，其中第一志愿报

在职攻读兽医博士专业学位	527
在职攻读兽医硕士专业学位	2 117
全日制兽医硕士专业学位	2 096
学术型兽医学博士	1 028
学术型兽医学硕士	3 277

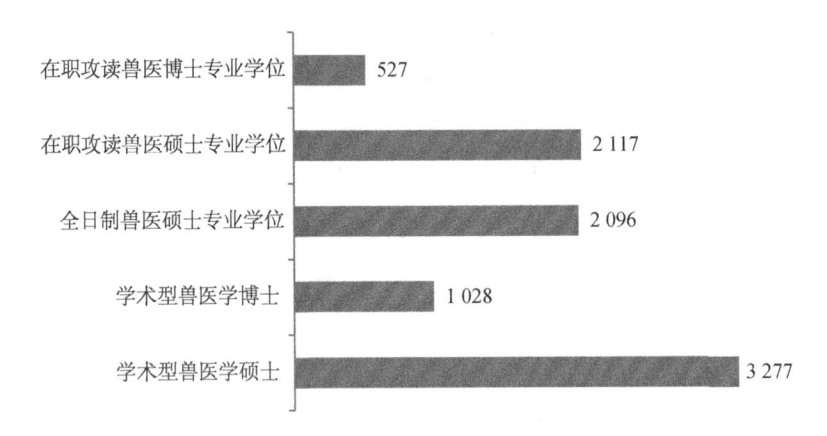

图 1　2012—2017 年 17 所高校兽医研究生招生人数

考生源 1 569 人，调剂生源 527 人，调剂生源占报考总数的 25.14%（详见表 1）；非全日制专业型兽医硕士未接受过调剂生源。

表 1　2012—2017 年兽医专业学位生源志愿情况

	2012 年		2013 年		2014 年		2015 年		2016 年		2017 年	
	第一志愿	调剂	第一志愿	调剂	第一志愿	调剂	第一志愿	调剂	第一志愿	调剂	第一志愿	调剂
全日制专业型硕士	116	55	194	96	219	158	310	106	370	59	360	53
在职攻读兽医硕士专业学位	317	0	304	0	308	0	305	0	419	0	112	0

3. 学位授予人数

从兽医专业研究生的授予情况来看，2012—2017 年，共授予学位 2 095 个，获得学位人数逐年上升，呈现良好的态势。其中全日制专业型硕士学位授予人数直线上升，但在职攻读专业型硕士学位授予人数出现下滑的现象。

（二）兽医硕士师资质量

1. 导师情况

兽医专业研究生指导教师队伍水平较高。17 所高校的兽医专业有硕士生导师 1 006 人，博士生导师 241 人，具有博士学位的指导教师 698 人，具有高级职称的导师 702

人。从各高校兽医专业校内指导教师的师资情况来看,硕士生指导教师数平均为37.65个,博士生指导教师数平均为10.06,具有博士学位的研究生指导教师数平均为30.71个,具有高级职称的指导教师数平均为28.53个(详见表2)。

表2 各高校兽医专业校内指导教师的师资力量

学校名称	硕士生指导教师	博士生指导教师	具有博士学位的研究生指导教师	具有高级职称的指导教师
17所高校均值	37.65	10.06	30.71	28.53

2. 校内外指导教师情况

从指导教师的组织关系来看,校内兽医专业硕士生导师有640人,校外兽医专业硕士生导师有366人,校外硕士生导师占比为36.38%;校内兽医专业博士生导师有171人,校外兽医专业博士生导师70人,校外博士生导师占比为29.0%;校内指导教师具有博士学位的有522人,校外指导教师具有博士学位的176人,校外具有博士学位的导师占具有博士学位导师总数的25.21%;校内指导教师具有高级职称的有485人,校外指导教师具有高级职称的有217人,校外具有高级职称的导师占具有高级职称导师总数的30.91%(如图2所示)。从总体情况来看,校外师资占到全部师资的四分之一左右。

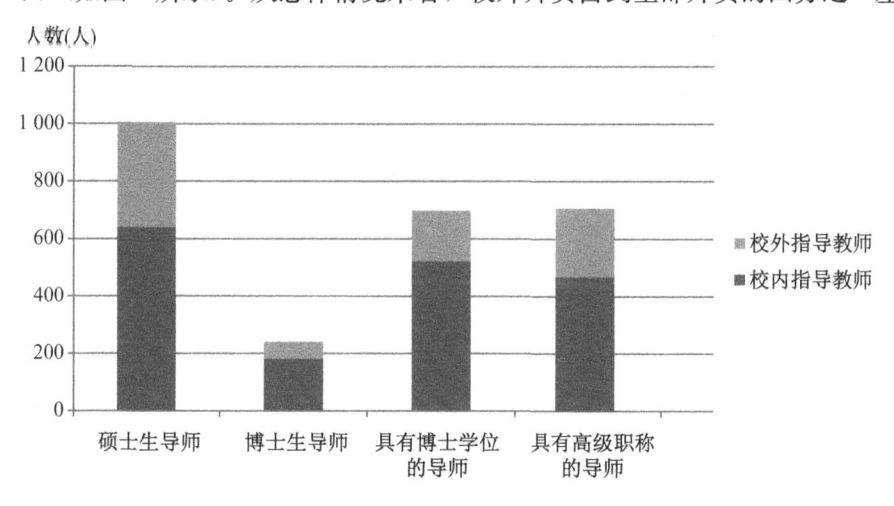

图2 兽医专业校内外指导教师情况

3. 研究生指导教师年龄分布

从兽医专业研究生指导教师的年龄分布来看,30岁以下的指导教师有8人,31~35岁的指导教师有79人,36~40岁的指导教师有117人,41~45岁的指导教师有114

人，46～50 岁的指导教师有 134 人，51～55 岁的指导教师有 127 人，56～60 岁的指导教师有 65 人，60 岁以上的指导教师有 8 人（如图 3 所示）。从上述数据来看，31～50 岁之间的研究生指导教师占 68.10%，表明中年是研究生指导教师的多数年龄，研究生指导教师队伍的年龄总体上来说较为年轻。

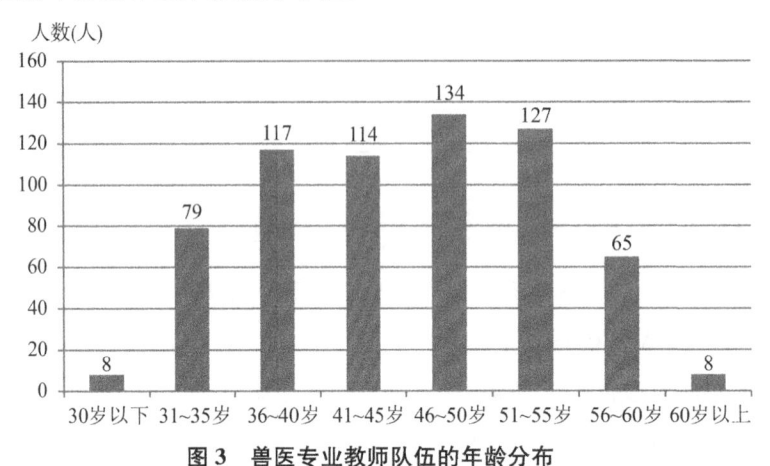

图 3　兽医专业教师队伍的年龄分布

（三）兽医硕士培养过程质量

1. 课程设置

当问及"你所修课程有多大比例与相应学术学位研究生所修课程相同"时，12%的在校学生认为相同比例为 10%～30%，25%的在校学生认为相同比例为 31%～50%，38%的在校学生认为相同比例为 51%～80%，24%的在校学生认为相同比例为 81%～99%，1%的在校学生认为相同比例为 100%，共有 63%的在校学生认为相同比例在 50%以上，由此可见，专业型兽医学位和学术型学位课程设计的相同比例较高（如图 4 所示）。

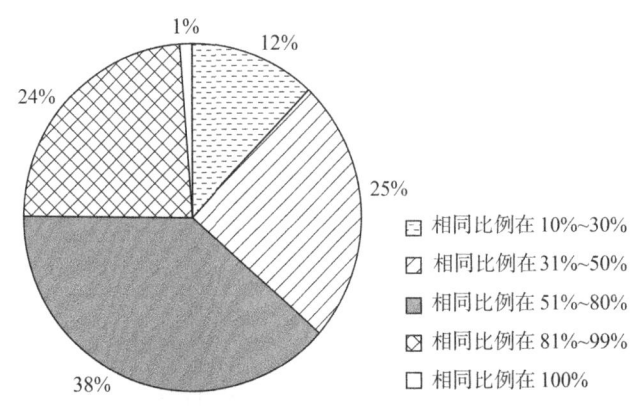

图 4　专业型学位课程与学术型学位课程设置相同比例

2. 课程教学效果

在对 803 名兽医专业型学位在校生的调查中，有 66 人表示对课程教学效果非常满意，占 8.22%；有 387 人表示对课程教学效果比较满意，占 48.19%；有 287 人表示对课程教学效果一般满意，占 35.74%；有 57 人表示对课程教学效果比较不满意，占 7.10%；有 6 人表示对课程教学效果非常不满意，占 0.75%（如图 5 所示）。

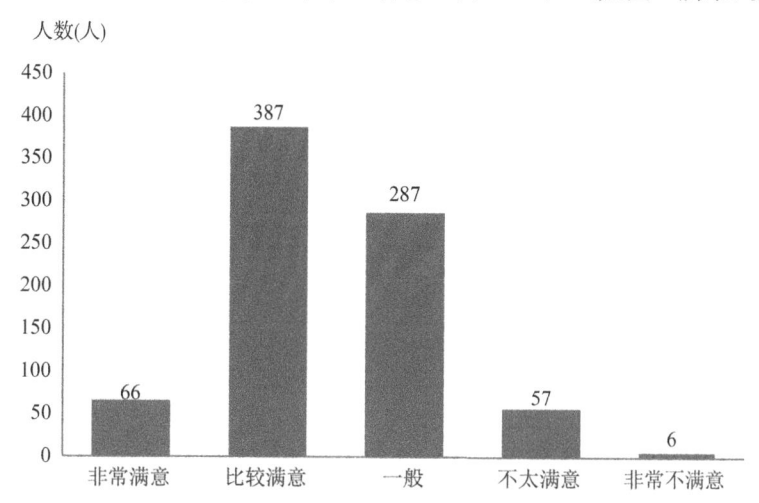

图 5　在读研究生对专业学位课程教学效果的评价

3. 案例教学满意度

表 3 为按照李克特量表得到的在读研究生对案例教学的各项满意度值（满分为 1），其中教师案例教学水平的满意度为 0.81，案例教学形式（方式、过程）的满意度为 0.76，案例教学在课程教学中所占比重的满意度为 0.71，本土案例在案例教学中所占比重的满意度为 0.72，案例针对性的满意度为 0.76，案例库建设的满意度为 0.71，案例教学校内条件的满意度为 0.74，案例教学校外实践机会的满意度为 0.68，教师参与案例教学的积极性的满意度为 0.76，案例教学质量的满意度为 0.75。总体来说，在校生对案例教学的满意度较高，满意度最高的是教师案例教学水平，满意度最低的是案例教学校外实践机会。

表3 在读研究生对案例教学的满意度

案例教学	非常满意	比较满意	一般	比较不满意	非常不满意	满意度
教师案例教学水平	255	386	173	9	2	0.81
案例教学形式（方式、过程）	166	334	273	24	1	0.76
案例教学在课程教学中所占比重	127	279	318	58	12	0.71
本土案例在案例教学中所占比重	132	294	311	48	8	0.72
案例针对性	165	324	266	28	6	0.76
案例库建设	118	258	337	56	11	0.71
案例教学校内条件	149	298	261	57	7	0.74
案例教学校外实践机会	122	233	296	108	30	0.68
教师参与案例教学的积极性	177	334	242	30	5	0.76
案例教学质量	138	335	256	25	8	0.75

4. 实践教学及考核方式

当被问及"您指导的学生有没有参加实践基地或其他形式的实践活动?"时，有269名导师表示指导的学生有参加实践基地或其他形式的实践活动，有57名导师表示其指导的学生没有参加，参与实践基地或其他形式的实践活动的比例为82.52%。对在读研究生的调查显示，187人表示有参加实践基地或其他形式的实践活动，616人表示没有参加实践基地或其他形式的实践活动，参与实践基地或其他形式的实践活动的比例为23.29%，这一比例差异较大可能是因为尚处于理论学习阶段的研究生较多。

(1) 实践教学方式

问卷调查显示的实践教学场所情况分类如图6所示，选择学校联系或指定安排的实践活动场所的有75人，占比为22.06%；跟随导师课题，以实验室为实践活动场所的有139人，占比为40.88%；选择导师与企业开展项目合作形成的实践活动场所的有97人，占比为28.53%；学生自己联系实践活动场所的有27人，占比为7.94%；其他的有2人，占比为0.59%。

(2) 实践教学时间安排

对在读研究生的调查显示，实践教学时间为1个月的有23人，占比为11.06%；实践教学时间为2个月的有32人，占比为15.38%；实践教学时间为3个月的有45

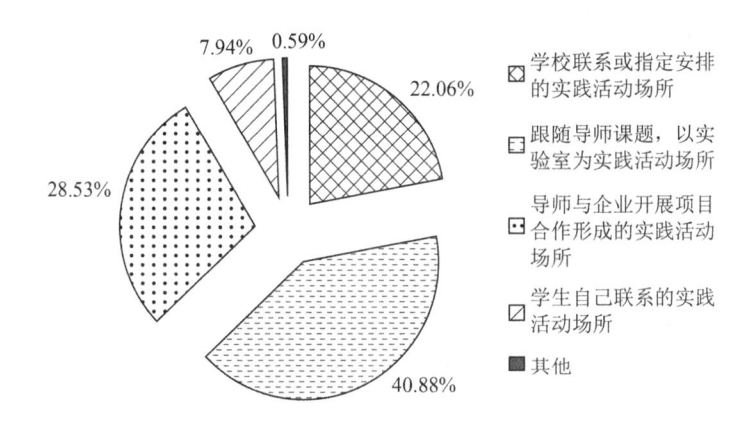

图 6　导师指导学生的实践教学场所

人，占比为 21.63%；实践教学时间为 4 个月的有 11 人，占比为 5.29%；实践教学时间为 5 个月的有 12 人，占比为 5.77%；实践教学时间为 6 个月的有 54 人，占比为 25.96%；实践教学时间为其他的有 31 人，占比为 14.90%。这表明，在校生实践教学时间半数在 3 个月以下。而研究生导师的反馈则与以上数据有所出入，有 133 名导师指出，其指导的学生实践教学时长为 3~6 个月，占总体的 52.36%，这可能是由于在校生样本中尚处于理论学习阶段的人较多，从而拉低了实际比例。根据毕业生问卷的反馈，参加实践教学的时间在 3~6 个月的占比为 64.10%。这表明从总体上来说，兽医专业实践教学实践多数在 3~6 个月之间。

（3）实践教学考核

对在读研究生的问卷调查显示，实践教学考核方式为活动或调研总结报告的有 124 人，占比为 61.39%；实践教学考核方式为课程论文的有 41 人，占比为 20.30%；实践教学无考核的有 26 人，占比为 12.87%；实践教学考核方式为其他的有 11 人，占比为 5.45%。考虑到上述发现的在读研究生样本可能处于理论学习为主的阶段的情况，再结合毕业生问卷反馈的实践教学的考核方式。毕业生中，表示实践教学考核方式为活动或调研总结报告的毕业生有 118 人，占比 52.21%；表示实践教学考核方式为课程论文的毕业生有 67 人，占比 29.65%；表示实践教学没有考核的有 31 人，占比 13.72%；表示实践教学考核方式为其他的有 10 人，占比 4.42%（如图 7 所示）。这一比例分布与在读研究生的分布相似，表明实践教学考核方式主要是活动或调研总结报告。

（4）实践基地满意度

对兽医专业学位在校生的问卷中设计了兽医专业学位研究生对实践教学的满意度

调查，其中涉及实践基地的数量、有关专业学位培养的管理、实践基地的导师质量、实践基地的导师责任心、实践基地的条件、对学生参与专业实践的激励机制、对导师参与专业实践的激励机制。从满意度的分布来看，选择比较满意和一般满意的学生相对较多。其中，实践基地的数量的满意度为 0.71，有关专业学位培养的管理的满意度为 0.72，实践基地的导师质量的满意度为 0.75，实践基地的导师责任心的满意度为 0.75，实践基地的条件的满意度为 0.72，对学生参与专业实践的激励机制的满意度为 0.72，对导师参与专业实践的激励机制的满意度为 0.73（详见表 4）。

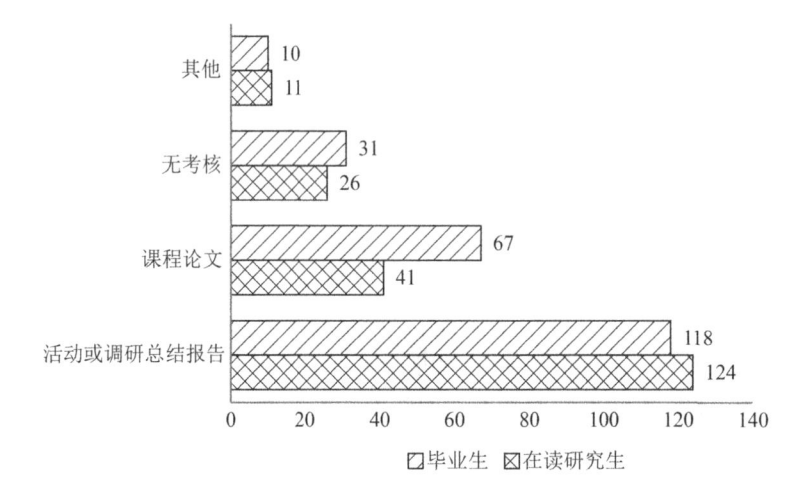

图 7　在读研究生和毕业生的教学实践考核方式

表 4　在读研究生对实践基地的满意度

实践教学	非常满意	比较满意	一般	比较不满意	非常不满意	满意度值
实践基地的数量	105	228	249	45	18	0.71
有关专业学位培养的管理	113	208	268	28	16	0.72
实践基地的导师质量	145	223	233	17	10	0.75
实践基地的导师责任心	134	233	231	21	11	0.75
实践基地的条件	117	200	262	39	11	0.72
对学生参与专业实践的激励机制	118	216	249	39	12	0.72
对导师参与专业实践的激励机制	107	223	226	32	14	0.73

(四) 兽医硕士毕业论文

1. 毕业论文来源

从在校研究生的毕业论文设计项目来源来看,毕业论文设计来源为导师科研项目的有 481 人,占比 62.14%;毕业论文设计来源为学校自选项目的有 43 人,占比 5.56%;毕业论文设计来源为实践单位项目的有 111 人,占比 14.34%;毕业论文设计来源为与实践单位有关的自选项目的有 136 人,占比 17.57%;毕业论文设计来源为其他的有 3 人,占比 0.39%(如图 8 所示)。

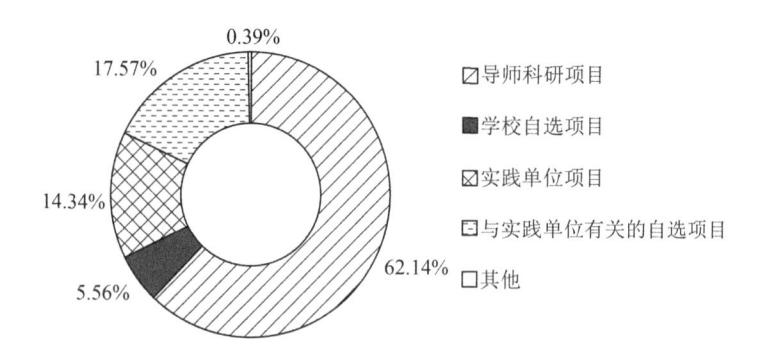

图 8 在校研究生毕业论文设计来源

2. 毕业论文设计类别

对在校研究生的毕业论文设计类别的调查显示,毕业论文设计为专题研究类的有 292 人,占比为 39.46%;毕业论文设计为案(病)例分析类的有 103 人,占比为 13.92%;毕业论文设计为技术创新类的有 79 人,占比为 10.68%;毕业论文设计为制品或产品研发类的有 166 人,占比为 22.43%;毕业论文设计为政策法规与系统管理类的有 2 人,占比为 0.27%;毕业论文设计为调研报告类的有 82 人,占比为 11.08%;毕业论文设计为其他的有 16 人,占比为 2.16%(如图 9 所示)。

(五) 兽医硕士质量评估

1. 总体评价

当问及"你对兽医专业学位研究生教育总体评价(多选)"时,822 名在读研究生中,

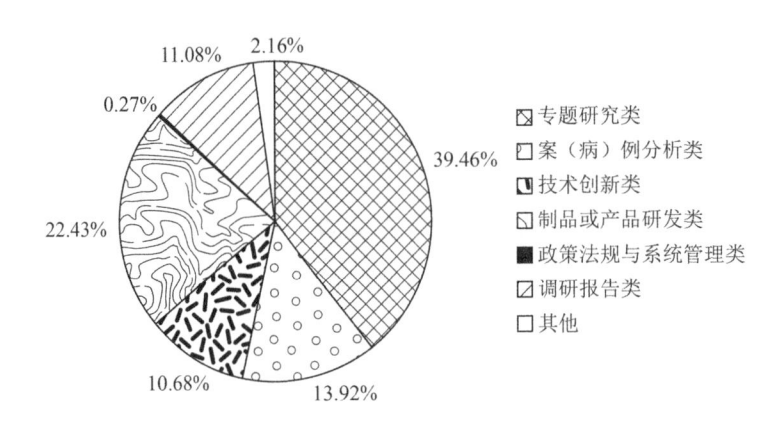

图 9 在校研究生毕业论文设计类别

表示适应了在职人员继续学习的需要的有 364 人次，占 44.28%；表示适应了行业对高层次应用型人才的需要的有 445 人次，占 54.14%；表示适应了部分无法考取科学学位研究生的需要的有 134 人次，占 16.30%；表示其他的有 50 人次，占 18.25%（如图 10 所示）。多数在校研究生肯定了兽医专业学位教育继续学习和高层次应用型人才的需求。

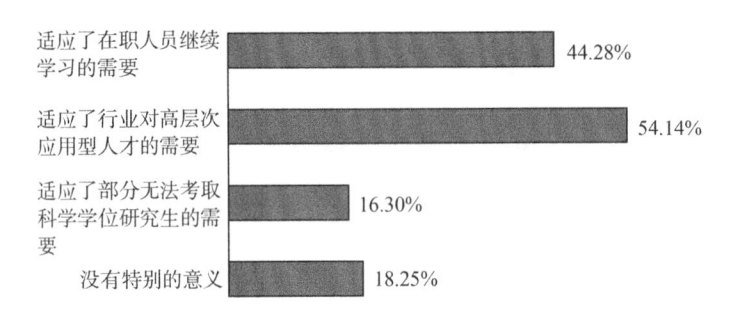

图 10 兽医专业学位教育的总体评价

课题组对高校、在读研究生和毕业研究生对全国兽医专业学位教育的评价的调查（如图 11 所示）结果显示，高校对全国兽医专业学位教育满意度为 0.74，在读研究生对全国兽医专业学位教育满意度为 0.75，毕业生对全国兽医专业学位教育满意度为 0.71。这表明，全国兽医专业学位满意度评价相对较为稳定，在 0.7 到 0.8 之间，处于比较满意的区间，但这一值并不大，尚有很大的上升空间。

2. 培养质量满意度

对兽医专业学位教育质量评价包括 10 个方面的内容：招生环节、课程环节、实践环节、学位论文环节、授课教师指导、导师指导、支持环境（国际交流合作机会、管理制度、奖助学金制度、就业指导与职业生涯规划、可使用的信息交流平台、参加相关的学术界或行业界赛事的机会）、支撑条件（教学设备、图书资料、实验室装备）、质量保障体系（教学评估、认证评估）、合作培养单位或校外行业人员参与培养过程。从研究生教育质量来看，导师指导满意度最高，支持环境和实践环节的评价相对较低，表明支持环境和实践环节尚待提高（详见表5）。

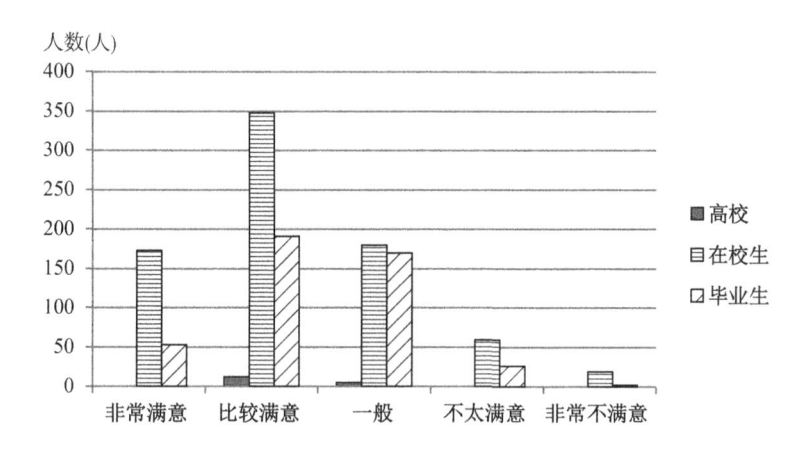

图11 高校、在校生和毕业生对全国兽医专业学位教育的评价

表5 在读研究生对兽医专业学位教育各项质量评价

	非常高	比较高	一般	比较低	非常低	满意度值
招生环节	213	330	180	19	55	0.76
课程环节	218	345	189	12	43	0.77
实践环节	160	351	205	32	70	0.72
学位论文环节	243	348	127	7	73	0.77
授课教师指导	256	293	136	26	94	0.75
导师指导	227	311	111	24	51	0.78
支持环境	186	327	175	41	78	0.72
支撑条件	211	325	139	20	60	0.76
质量保障体系	213	305	122	21	75	0.75
参与培养	177	267	128	26	70	0.74

3. 就业情况与毕业生质量

(1) 毕业生就业情况

从返回的17所高校的有效数据可以看到，2014年、2015年两年兽医硕士专业学位毕业生有939人，其中，全日制硕士专业学位毕业生540人，在职攻读兽医硕士专业学位毕业生356人，在职攻读兽医博士专业学位毕业生为43人。就业单位为其他企业的最多，其次是其他事业单位。就业面向机关、科研设计单位、教育单位、医疗卫生单位、艰苦行业及其他事业单位等机构（本研究将以上单位统称事业单位）的毕业生有480人，占比51.12%；就业面向企业的有390人，占比41.53%。

从2014年、2015年两年的毕业生事业单位就业率来看，2014年全日制兽医专业学位毕业生事业单位就业率为40.59%，2015年为38.87%；企业就业率2014年为46.86%，2015年为52.16%。2014年在职攻读兽医硕士专业学位毕业生事业单位就业率为63.98%，2015年为64.12%；企业就业率2014年为31.72%，2015年为34.12%。2014年在职攻读兽医博士专业学位毕业生事业单位就业率为87.50%，2015年为89.47%；2014年企业就业率为12.50%，2015年为5.26%（详见表6）。以上可以看到，全日制兽医硕士毕业生事业单位就业率最低，其次是在职攻读兽医专业学位毕业生，最高的是在职攻读兽医博士专业学位毕业生，企业就业率正好相反。这表明三类专业学位的就业去向存在一定程度的差异。

表6 2014—2015年兽医专业学位研究生就业单位及人数

单位：人

	全日制兽医硕士专业学位		在职攻读兽医硕士专业学位		在职攻读兽医博士专业学位		总计
	2014年	2015年	2014年	2015年	2014年	2015年	
机关	23	21	12	17	2	3	78
科研设计单位	5	4	12	19	7	4	51
高等教育单位	13	10	23	22	5	6	79
中初教育单位	8	10	6	6	2	2	34
医疗卫生单位	14	22	8	6	3	1	54
艰苦行业事业单位	10	8	16	13	0	0	47
其他事业单位	24	42	42	26	2	1	137
国有企业	29	36	9	11	2	0	87

续表

	全日制兽医硕士专业学位		在职攻读兽医硕士专业学位		在职攻读兽医博士专业学位		总计
	2014	2015	2014	2015	2014	2015	
三资企业	12	14	4	2	0	0	32
其他企业	71	107	46	45	1	1	271
国家基层项目	0	0	0	0	0	0	0
地方基层项目	10	4	2	0	0	1	17
其他	20	23	6	3	0	0	52
合计	239	301	186	170	24	19	939
事业单位就业率	40.59%	38.87%	63.98%	64.12%	87.50%	89.47%	51.12%
企业就业率	46.86%	52.16%	31.72%	34.12%	12.50%	5.26%	41.53%

（2）毕业生质量评价

毕业生质量是对兽医专业学位最有力的评估。在对83家兽医专业学位毕业生用人单位的问卷调查中可以看到，用人单位对兽医专业学位研究生的工作态度评价为0.86，专业知识评价为0.84，工作能力评价为0.83，团队协作评价为0.81，综合素质评价为0.82，稳定程度评价为0.75，发展潜力评价为0.81，整体质量评价为0.82。从总体情况来看，用人单位对兽医专业学位人才的评价相对较高，满意度值在0.8上下浮动。从各项人才评价指标来看，用人单位对兽医专业学位研究生的评价最高的是工作态度，其次是专业知识，最低的是稳定程度，表明用人单位对兽医专业学位研究生的评价相对较高，兽医专业学位人才的稳定性相对较低（如图12所示）。

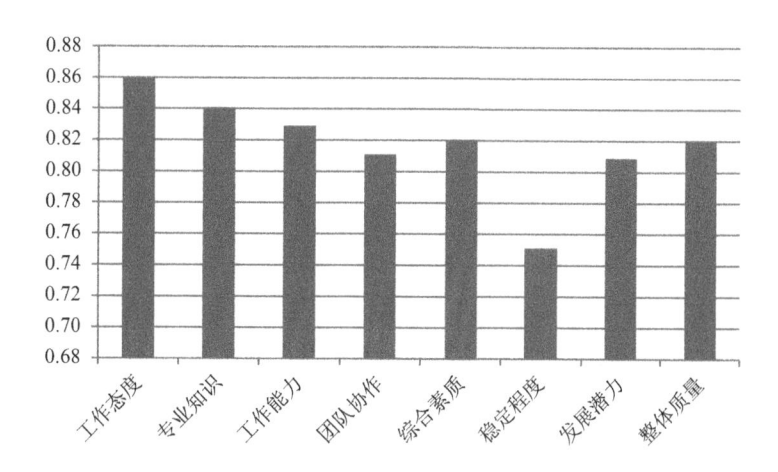

图12 用人单位对兽医专业学位人才评价

四、研究结论

兽医硕士培养质量存在的问题有以下几点。第一,生源质量方面,兽医硕士专业要求高,优秀生源不足,培养单位之间招生质量不平衡,特别是全国的生源规模都偏小,大大影响了生源质量的提高。第二,课程质量方面,专业学位研究生的课程设置和学术学位研究生总体差别不大,课堂教学不能满足专业学位研究生的要求,不能很好把握专业学位的实践性要求,具有丰富兽医临床经验的专家授课不多,案例教学偏少。第三,导师质量方面,导师科研压力与应用型研究生培养目标的矛盾突出。导师招生名额过少与导师科研项目要求之间的矛盾、导师课题研究需要与应用型研究生培养实践性的矛盾突出。校内外导师的权利义务没有很好地规范,全日制兽医专业学位研究生学位论文大部分在校内完成,"双导师"制未能很好地落实。第四,实践教学方面,实践基地建设经费不足,实践基地数量仍不能满足人才培养需要,实践基地的教学职责需要明确、规范,实践基地联合培养研究生模式需进一步探索和规范。第五,毕业论文方面,仍有部分选题偏向学术研究而与实践结合不足,与专业学位研究生的培养目标有差距;论文的写作格式不够规范;部分全日制专业学位研究生因导师缺乏横向课题或应用性研究课题较少,直接影响学位论文的选题。

建议兽医硕士在全过程质量控制中,应注意以下几点。第一,明确培养目标、扩大招生规模,提高质量。牢固坚持培养高层次应用型、复合型人才是兽医专业学位研究生的根本目标,扩大兽医专业学位硕士招生规模和培养单位规模,在严格审批程序及招生条件的前提下,逐步、适度地增加招生单位,扩大招生规模。第二,创新培养模式、严抓培养过程质量。根据区域发展及各校办学特色细化培养方向,进一步完善适应现代兽医发展方向的课程体系,提高学位论文授予质量标准,贯彻执行双导师制度,加强专题讨论和实践环节。第三,加大资金投入,主动与国家兽医体系接轨。建议兽医专业学位教育应主动适应我国兽医分类管理的体制。在招生过程中,对于已经取得执业兽医资格的考生,在同等条件下优先录取。对于毕业生,将获得执业兽医资格证书作为毕业的条件之一。第四,做精做强,实现与国际接轨。应充分借鉴国外先进的培养理念和方法,通过与其他培养单位、行业、国际的交流合作,不断提升兽医专业学位毕业生的实务能力与国际化水平,逐步实现与国际的接轨。

五、成果的创新与特色

兽医专业学位设立近 20 年来，已经培养了数以万计的研究生，国内学界对兽医专业学位研究生教育的研究很少，对于质量标准进行系统深入研究的几乎没有，本研究在研究视角上具有创新性。

在研究内容方面上，本研究借助于全国兽医专业学位教育指导委员会秘书处这一平台，能够广泛接触全国培养单位、专家学者、行业企业、上级主管部门，从而大范围地采用深度访谈、调查研究等方法对兽医硕士质量标准进行研究，在广度、深度和层次上超越了以往的以经验研究为主的研究。课题从兽医硕士专业目标质量、授予过程质量和授予结果质量进行研究，研究内容全面，并聚焦于微观的组织层次和宏观的政策层面，最终对兽医专业学位的授予质量标准提出可量化的指标和发展政策，指导兽医硕士专业学位的培养实践，具有创新性。

六、基于研究成果的政策建议

当前，我国研究生教育综合改革已经全面推进，内涵发展成效显著。兽医专业学位教育要准确把握社会经济各个领域对兽医专业学位教育发展的需求，与国际接轨、与时代发展接轨，今后应着重从以下四个方面加强建设。

（一）明确培养目标、扩大招生规模，提高质量

1. 进一步明确培养目标。培养高层次应用型、复合型人才是兽医专业学位研究生的根本目标，不能动摇。要明确培养目标，监控培养过程。要定期举办教学研讨会，加强各培养单位的交流，促进核心与特色课程的开设。

2. 扩大兽医专业学位硕士招生规模和培养单位规模。当前，兽医硕士招生规模较小，与社会需求严重不符，既不利于兽医专业学位社会影响力的扩大，也造成培养成本过高，进而影响培养质量。建议今后在严格审批程序及招生条件的前提下，逐步、适度地增加招生单位，扩大招生规模。

（二）创新培养模式，严抓培养过程质量

1. 根据区域发展及各校办学特色细化培养方向。现代兽医的研究对象可以细分为

农场动物、伴侣动物、野生动物、动物园动物、水生动物等，动物不同解剖生理特点、疾病感染谱及药物敏感性不同。不同地区动物种类的构成、规模及饲养的模式不同。例如，北京、上海是对外贸易活跃的地区，动物会以宠物及马属动物为主，未来对兽医的需求将以偏宠物的执业兽医和官方兽医为主。中西部地区是我国畜禽养殖发达的地区，对兽医的需求又会以偏农场动物的执业兽医和为养殖业服务的现代化兽医为主。

各培养单位要根据所在地区的实际及自身优势和特色设立、细化培养方向。如北京、华东、华南的培养单位可以开展宠物内科、外科、麻醉与镇痛科、影像科、康复科、急诊与重症监护科、眼科、牙科、心脏科、肿瘤科及中兽医科等专科兽医的培养，以解决我国专科医生严重不足的情况。而养殖大省可以针对猪、禽及反刍动物，也可针对疫病防控、生物制品等进行专门化精准培养。

2. 进一步完善适应现代兽医发展方向的课程体系。应在培养目标指导下，优化课程设置，增加和时代及世界接轨的选修课程，如增加针对宠物方向执业医生的兽医专科轮转训练，针对农场执业兽医的现代分子诊断课程及畜牧机械自动化课程，针对官方兽医的兽医法规、畜牧兽医管理及动物伦理与福利等课程，做到既保证一定的广度，又保证一定的深度，打造一批各行各业的领军兽医人才。

3. 提高学位论文授予质量标准。调研结果显示，兽医专业学位论文与生产实际结合更加紧密，解决实际问题的能力更强，但在实验难度、试验方法等质量方面还存在一定不足。一些论文内容深度不够，结论性内容普遍较多，工作量较小，论文逻辑分析、总结提炼与文字表达能力有待进一步加强。

4. 贯彻执行双导师制度，加强专题讨论和实践环节。校内导师应具有丰富的兽医科研与实践经验，校外导师应为业务水平高、责任心强的具有高级技术职称的人员，由各培养单位研究生院按相关程序聘任。专题讨论从入学开始，按照不同的培养方向分组，共同确定讨论主题及要达到的目标。官方兽医方向的学生在校期间应完成至少1次兽医法律法规、动物传染病与寄生虫病、流行病学及公共卫生等方向的专题讨论。执业兽医方向的学生应完成上述讨论课（偏农场动物方向）或至少1次专科专题讨论（宠物方向）。现代兽医方向的学生应完成至少1次兽医法律法规、国际贸易、动物传染病与寄生虫病、流行病学等相关的专题讨论。每个方向的学生应参加至少12次专题讨论。

临床实践训练采取集中实践与分段实践相结合、校内实践与基地实践相结合、专业实践与论文工作相结合的原则，主要在附属动物医院、宠物医院、农牧企业和各级动物疫病控制中心或研究机构进行。官方兽医、偏农场动物的执业兽医及复合型兽医方向要求熟悉我国动物卫生与行业管理的有关法律、法规，掌握动物疫病预防与疫情处理的主要技术与措施，掌握动物疫病流行病学调查方法与手段，掌握动物检疫的法定程序与技术，能够应对禽场、猪场及奶牛场出现的疫情。执业兽医方向要求完成全科实习及各专科的轮转、掌握常见动物疾病诊断与治疗技术，能够实施动物颅腔、胸腔和腹腔手术，能够熟练运用 X 光机、B 超等仪器设备，能够胜任化验室各项工作，熟悉动物医院的日常管理及运行。

（三）加大资金投入，主动与国家兽医体系接轨

专业学位作为高层次的学位类型，在与专业认证机构接轨、职业任职资格接轨等方面应该走到最前列。兽医专业学位教育与我国兽医管理体制的关系直接关系到招生规模、培养目标及考试制度，直接关系到兽医专业学位的健康稳步发展。兽医专业学位教育应主动适应我国兽医分类管理的体制。在招生过程中，对于已经取得执业兽医资格的考生，在同等条件下优先录取。对于毕业生，将获得执业兽医资格证书作为毕业的条件之一。兽医专业学位研究生的培养需要更多的资金投入，这已经在培养单位中形成共识。

（四）做精做强，实现与国际接轨

在全球化时代，兽医教育国际化、就业国际化、教学质量评估标准国际化是发展趋势。兽医专业学位作为职业化程度较高、发展层次好、小而精的学位类型，具备与国际接轨的潜在能力。应在不断总结培养经验的同时，开拓视野，迎接挑战，充分借鉴国外先进的培养理念和方法，通过与其他培养单位、行业、国际的交流合作，不断提升兽医专业学位毕业生的实务能力与国际化水平，逐步实现与国际的接轨。

在新的形势下，特别是全日制兽医专业学位的招收，对兽医专业学位提出了新的挑战。如何在非全日制与全日制并行的兽医专业学位人才培养的轨道上迈进，如何在适应中国国情的前提下加快与国际接轨，如何将专业学位教育与学术型学位教育协调发展，如何更好地为行业服务，是兽医专业学位研究生教育工作者和研究生本人面临的重要挑战，也是兽医专业学位研究生教育发展的重大机遇。

（五）制定统一的标准，确保培养质量

本研究根据课题研究结论和主要观点，撰写了《兽医硕士专业学位研究生教育国家标准》（征求意见稿），从培养目标、培养学制与学位、招生要求、素质要求、课程

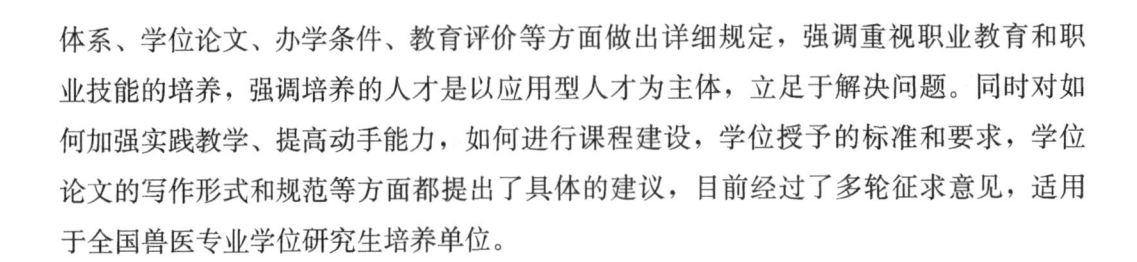

体系、学位论文、办学条件、教育评价等方面做出详细规定,强调重视职业教育和职业技能的培养,强调培养的人才是以应用型人才为主体,立足于解决问题。同时对如何加强实践教学、提高动手能力,如何进行课程建设,学位授予的标准和要求,学位论文的写作形式和规范等方面都提出了具体的建议,目前经过了多轮征求意见,适用于全国兽医专业学位研究生培养单位。

参考文献

[1] 欧百钢,罗英姿,伍红军,等.我国兽医专业学位研究生教育的现状、问题与对策——基于兽医专业学位研究生教育发展状况问卷调查的分析[J].学位与研究生教育,2010(5):33-38.

[2] 陆承平.中国兽医专业学位教育[J].学位与研究生教育,2002(1):26-29.

[3] 李占华,崔海燕,李祥瑞,等.兽医专业学位研究生教育发展状况调查与分析[J].高等农业教育,2019(4):99-106.

[4] 李占华,罗英姿.全日制兽医硕士专业学位研究生课程开发理念和改进策略[J].学位与研究生教育,2012(11):22-27.

[5] 李占华,罗英姿,李祥瑞.兽医博士专业学位研究生学位论文的分析与思考——基于全国七所培养单位的调查[J].高等农业教育,2012(12):71-74.

[6] 李占华,李祥瑞,侯喜林,等.我国兽医博士专业学位研究生教育的实践与发展[J].学位与研究生教育,2018(7):49-54.

[7] 范红结,罗英姿,李占华,等.全日制兽医专业学位研究生培养的实践与探索[J].学位与研究生教育,2014(3):34-37.

建立与人才培养目标相一致的学士学位质量标准研究——以苏州科技大学为例

课题完成单位：苏州科技大学
课题负责人：沈耀良
课题组主要成员：吴红耘　张兄武　孙静芳　刘志强　张　婧　刘文亮

摘要：学士学位是对本科学生学习成绩和学术水平的衡量，学士学位授予情况直接体现人才培养目标的达成度。本课题以苏州科技大学为例，研究提高三个"一致性"的方法、路径和技术。通过专业培养目标与学校人才培养目标定位的一致性，不同专业间人才培养质量标准的一致性，专业人才培养目标与学士学位质量标准的一致性，选取有代表性的环境工程、数学与应用数学、历史学、工商管理、视觉传达设计等五个专业为样本，从过程和结果两个维度，以"必备知识、关键能力、核心价值、专业素养"为要素，探究人才培养目标转化的专业人才培养目标和毕业要求，设计课程体系和教学质量标准，实现三个"一致性"的提高。

关键词：人才培养目标；一致性；学士学位；质量标准

一、与人才培养目标相一致的学士学位质量标准的构建研究

我国的学位分为三级，即学士、硕士、博士，每一级学位都有其评价的标准。当前，国家层面执行的是 2005 年修订的《中华人民共和国学位条例》，该条例更多地体现了对高等学校本科毕业生学术水平的关注。但随着高等教育的发展，大学本科阶段人才培养目标呈现多样化趋势，如何建立起反映多样化培养目标的学士学位质量标准，既是一个理论上的重要课题，也是一个关系到高等教育发展和质量保障的重要现实问题。

（一）学位质量标准的概念内涵和主要特点

1. 学位质量标准的概念内涵

国内学者王利芬、骆四铭认为学位是学位持有人受过系统的高等教育而具备一定的学术水平的标志。标准就是为了在一定的范围内获得最佳秩序，经协商一致制定并由公认机构批准，共同使用的和重复使用的一种规范性文件。本课题认为学士学位质量标准是评价学士学位申请者是否达到学士学位授予要求的质量基准，反映的是一个大学本科生经过一定年限的学习，其培养目标的实现程度。

2. 学位质量标准的主要特点

学位质量标准的主要特点是由学位的本质属性决定的。本课题认为学位质量标准具有以下特点。一是权威性。对于学位质量，学位具有一种基本的规范和制约功能。二是客观性。学位是一种评价，既是一个国家用来衡量高等教育质量和评价学术水平的标准，也是评价学位获得者学术水平的标志，必须具有客观性。三是规范性。学位质量标准是衡量或评价学位授予者学术水平的尺度或准则。四是发展性。学位质量标准也是个发展的概念，不能将精英教育时代的基本学术标准作为大众化教育时代的基本学术标准。

（二）建立与人才培养目标相一致的学士学位质量标准的必要性

1. 国家层面的学士学位质量标准修订相对滞后、过于原则化、内容单一

当前，高等教育尤其是本科教育无论是在规模还是在培养目标等方面都发生了很大变化，国家层面的学士学位质量标准修订相对滞后，条例的相关规定过于原则化，内容比较单一。对于学士学位质量标准，该条例只提出了原则性要求，并没有具体的标准规定。

2. 高校层面的学士学位质量标准难以适应大众化高等教育需要

当前高校在学士学位质量标准制定方面存在如下主要问题：一是学位质量标准更新相对滞后；二是学位质量标准内容比较单一；三是学位质量标准不能反映多元化人才培养目标；四是学位质量标准不能体现不同学科专业的特性。

(三）建立与人才培养目标相一致的学士学位质量标准的重要依据

本课题认为，建立与专业人才培养目标相一致的学士学位质量标准的依据主要体现在以下三方面。

1. 理论依据

学位的本质属性是一种质量评价。精英高等教育的质量观主要强调质量的学术性、单一性和内适性。大众化高等教育必然带来高等教育的多样化，建立多样化的质量观，应是我们确立大众化阶段高等教育质量观的基本出发点。1998年巴黎召开的世界高等教育会议通过的《21世纪的高等教育：展望和行动世界宣言》就明确指出，"传统的精英高等教育所形成的单一的学术质量标准已经不适应于大众化高等教育的质量标准，必须树立多样化的质量观和质量标准"。高校作为一个培养高级人才的场所，不但要坚持基本的学术标准，而且要根据自身所处的办学层次和办学条件制定和自己办学特色相适应的质量标准。

2. 政策依据

学位是一种制度。学士学位质量标准必须依据《中华人民共和国学位条例》提出的基本要求，因为这些要求反映着这一时期国家和社会对高等教育质量标准的需求和预设。由于我国政府对高等教育实行集权管理，所以，国家学位政策是高校制定学士学位质量标准的主要依据。

3. 实践依据

判断人才培养质量的标准分为三类，即作为预设的培养目标质量标准、作为培养过程的教育质量标准和作为结果的教育质量标准。而学位质量标准就是作为结果的教育质量标准中教育标准的重要内容。因此，人才培养目标就成为学士学位质量标准制定的直接依据。

（四）建立与人才培养目标相一致的学士学位质量标准的主要原则

1. 统一性与多样性相结合原则

统一性是多样性的基础与保障，统一性是所有高等教育应达到的共同基本要求；

多样性是统一性的目的和发展,是保证本科人才满足社会多样化需求、使本科教育富有特色和活力的必由之路。如果没有统一性的质量标准,而是各行其是,本科教育质量将无从谈起,片面强调多样性质量就等于放弃质量要求,多样性的标准并不否定高等教育还有它的统一性标准;同样,没有多样性的质量标准,而只用传统的单一的精英教育标准来衡量大众化高等教育质量,显然是不科学的,没有多样性的统一是高等教育质量的僵化。

2. 学术性与职业性相结合原则

学术性是大学与生俱来的本质属性,学术性重视教育自身的规律,注重学生的知识水平与学术成就,尽管本科教育的学术性在高等教育日益大众化的今天受到挑战,但本科教育的学术性质并未从根本上动摇。职业性是从大学外在的社会性出发来揭示大学的外在价值,彰显着大学的工具意义。正如约翰·S·布鲁贝克(John S. Brubacher)所说,专业的职业指向性是专业要为一个人的工作做好准备,还要为工作变换做好准备。精英高等教育时代,高等教育的质量的标准是单一的学术标准,进入大众化时代,精英型的高等教育与大众型的高等教育并存,而且在数量上大众型的高等教育居多,因此,单一的学术标准被学术标准与职业标准共存取代。

3. 稳定性与发展性相结合原则

为适应社会发展和高等教育自身发展的需要,制定高等教育质量标准必须坚持稳定性与发展性相结合的原则。质量标准是个发展的概念,没有一成不变的质量标准,但也要具有相对稳定性。为了保证高等教育质量建设井然有序,学士学位质量标准必须具有稳定性,以保证本科教育有序可循、有据可依。

(五)建立与人才培养目标相一致的学士学位质量标准的对策建议

高校在国家学士学位质量标准的基础上,结合学校办学定位,科学制定专业人才培养目标和培养规格,并通过构建培养目标、毕业要求和学位质量标准的映射关系建立与专业人才培养目标相一致的学士学位质量标准,学士学位质量标准要体现不同学科专业特性和人才培养类型并能比较全面地反映人才培养目标的重要特征,并保持动态的调整机制。

1. 构建培养目标、毕业要求和学位质量标准的映射关系

高校的学位质量标准通过毕业要求反映培养目标。专业应该有公开的、符合学校

定位的、适应经济社会发展需要的培养目标。专业培养目标应不仅能反映学生毕业要求，还能反映毕业后 5 年左右在社会与专业领域预期能够取得的成就。

2. 学位质量标准要体现不同学科专业特性和人才培养类型

当前，高校一般都采用统一学位质量标准评价不同学科专业和不同人才培养目标类型。不同培养类型人才的培养目标和要求不同，具体目标的内涵也不同。另外，工科、理科、人文和艺术类学科专业的培养目标和培养规格也有差异，因此，学士学位的具体质量标准应有差别。高校的学位质量标准既要能反映人才培养目标类型，又要体现不同学科专业特性。

3. 学位质量标准要能比较全面地反映人才培养目标的重要特征

人才培养目标一般都要通过培养规格来反映，主要表现为知识、能力、素质等方面。当前，高校的学位质量标准主要通过课程成绩来评价学术标准，其他方面相对缺乏。建立与专业人才培养目标相一致的学士学位质量标准，既需要学位质量标准比较全面地反映人才培养目标的知识、能力、素质等方面要求，还要体现不同人才培养类型在知识、能力、素质等方面的重要特征。

4. 建立学士学位质量标准动态调整机制

学士学位质量标准动态调整包括两个层面，一是国家层面的学士学位质量标准调整，二是高校层面的学士学位质量标准调整。国家层面的学士学位质量标准调整，应保持在相对稳定的基础上。在保证国家学士学位质量标准的前提下，高校可动态调整学士学位质量标准。一般来说，高校人才培养目标定位的调整，都会涉及专业人才培养方案的修订，学士学位质量标准的调整在时间方面可与学校培养方案修订同期进行。

二、在专业人才培养方案中落实学校人才培养目标定位

（一）学校本科人才培养目标定位

学校根据国家发展战略、区域经济社会发展趋势和行业企业发展需求，结合自身办学定位和发展基础，确定了"着力培养高素质、有特色、应用型创新人才"的总目标，牢固树立立德树人的根本导向，遵循"凸显行业优势、深度融合地方、多元目标

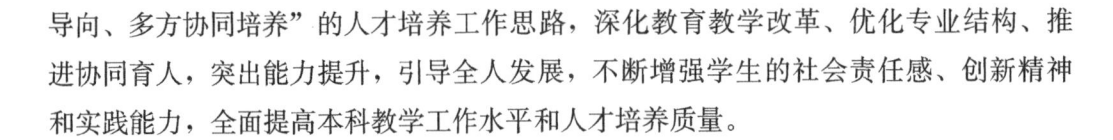

导向、多方协同培养"的人才培养工作思路,深化教育教学改革、优化专业结构、推进协同育人,突出能力提升,引导全人发展,不断增强学生的社会责任感、创新精神和实践能力,全面提高本科教学工作水平和人才培养质量。

(二)将学校人才培养目标定位落实到培养方案

1. 2018培养方案对人才培养目标的相关要求

苏州科技大学在本课题研究成果的指导下,完成了2018专业人才培养方案的修订工作。《苏州科技大学2018本科专业人才培养方案修订指导意见》提出,要依据学校确定的"高素质、有特色、应用型创新人才"培养目标定位,参照国家教学指导委员会制订的专业人才培养规范、各行业标准等相关文件,结合专业实际情况,明确专业定位,科学确定培养目标。在确定人才培养目标的基础上,确定毕业要求。

针对新一轮本科专业人才培养方案确定的培养目标、毕业要求、课程体系等新要求,构建由专业建设实施方案、教研教改实施方案、创新创业教育改革方案组成的三位一体的新一轮本科教育教学质量提升工程,从专业建设、课程建设、实践和创新教育、教研教改等方面全面规划、部署,将人才培养改革聚焦于人才培养目标的实现。

2. 专业样本的人才培养目标和毕业要求

学校人才培养总目标是各个专业制定专业目标的依据和基础,专业目标是总目标的体现和细化。在学校"高素质、有特色、应用型创新人才"培养总目标的引领下,各专业按照"差异化"原则,确立了各具特色的培养目标。优势特色学科专业紧跟国家战略和行业发展趋势,培养卓越创新人才。其他学科专业立足地方社会经济发展的人才需求,培养应用型创新人才。

课题组在工科、理科、文科、管理、艺术类专业中各选取1个有代表性的专业样本,将学校层面的人才培养目标转化为专业人才培养目标和毕业要求。

三、建构体现培养目标与学位质量标准映射关系的课程体系和课程教学质量标准

(一)学位课程的含义和设置要求

学位课程是指各本科专业人才培养方案中规定的必修课和限选课。学校现行的

2018培养方案课程体系由五大模块构成，学位课程分布在通识教育课程、学科基础课程、专业教育课程、集中实践课程和创新创业与素质培养模块中（见表1），约占总学分的80%以上。对不同类型的学位课程的开设有明确要求。

表1　课程体系构成及学分要求

课程体系（学分）	课程类别及学分	课程性质（学分）	备注
通识教育课程（36）	思想政治理论类 12（含1学分实践） 大学英语 8 体育 2	必修（22）	全校统一，由学校确定相关课程
	体育 2 大学英语 4	限选（6）	
	通识教育选修课 8	任修（8）	不得修读与主修专业内容、性质相同或相近的课程
学科基础课程或专业大类平台课程		必修	
		选修	
专业教育课程	专业必选课	必修	
	专业限选课	限选	
	专业任选课	选修	
集中实践课程	思想政治实践类 4 其他专业集中实践	必修（≥20）	
创新创业与素质培养（9）	军事理论和军事技能训练 3 职业生涯规划 1 就业指导与创业教育 1 入学教育 毕业教育	必修（5）	
	学科竞赛与专业技能等级证书	选修≥2	共选修不少于4学分
	创业竞赛		
	科研训练		
	科技活动		
	社会实践	选修≥2	
	社会工作		
	校园文化活动		
	体育竞赛与群体活动		
学分合计		165	

1. 学科基础（专业大类平台）课程

依据学科特点和社会需求合理设置学科基础课程（专业大类平台课程），学科基础课程（专业大类平台课程）须由体现学科（专业大类）最核心、最基础的课程组成，其课程设置要注意与专业课程紧密衔接，避免知识体系的重复或遗漏。

相同学科专业门类的各专业学科基础课程原则上相同，跨学院学科基础课由学院协商设置，教务处负责协调。数理类（高等数学、线性代数、概率统计、大学物理等）、计算机类等平台课程由开课学院根据不同学科培养要求设置课程模块和学分数。

2. 专业必修课程

专业必修课程以《普通高等学校本科专业目录和专业介绍（2012年）》中的"核心课程"为主，着重培养学生掌握专业的基础知识、技能和方法，培养学生从事专业工作的实践能力和研究能力。

3. 专业限选课程

专业限选课程为专业教学平台的延伸，课程内容包括与本专业有关的专业化知识和技能，与本专业关系密切的新兴学科、交叉学科知识。

（二）学位课程贯彻落实专业人才培养目标定位的路径

1. 借助课程与毕业要求关系矩阵表，建立学位课程与各专业人才必备知识、关键能力、核心价值、专业素养的支撑关系。建立专业人才培养目标与课程之间的培养关系，以及对课程体系设计质量的评估功能，为提高课程体系设计质量提供一个适用的分析框架。表2所显示的是2018环境工程专业人才培养方案中部分专业必修课与毕业要求的支撑关系。H表示高相关，M表示中等相关。

2. 通过开展课程教学综合改革，提高学位课程建设水平。作为课程建设的重要内容，学校已经先行制定了《中共苏州科技大学委员会关于推进"课程思政"建设的实施方案》，全面联动推进实施"课程思政"特色课程建设，打造一批与时俱进、亮点突出、学生推崇、成效显著的"课程思政"特色课程。学校每年立项支持30~40门"课程思政"的立项建设工作，培育一批"课程思政"的校级示范课程。各学院（部）每年组织开展每个专业不少于5门"课程思政"的立项建设工作，培育一批"课程思政"

的院级示范课程，并由此形成"课程思政"示范课程建设的校、院（部）和系（教研室）三级联动、相互促进的"课程思政"建设体系和格局。

3. 修订完善课程质量评价标准，持续开展课程教学质量评估。苏州科技大学 2009 年就制订了课程教学质量标准，并出台了《苏州科技大学课程教学质量评估方案》，依据方案实施了五轮校内课程教学质量评估，各专业培养方案中的学位课程全部通过了校内评估。

随着教育部《关于全面深化课程改革落实立德树人根本任务的意见》（2014 年）、《关于一流本科课程建设的实施意见》（2019 年）等重要文件的出台，以及苏州科技大学《本科专业人才培养方案》（2018 版）的修订，原有的课程教学质量标准已不能完全适应新时代对课程教学质量的新要求。为此，苏州科技大学修订了课程教学质量评价指标体系和课程教学质量评价等级标准，修订后的课程教学质量评价指标体系见表 3。苏州科技大学将按新的课程教学质量评价指标体系和与之配套的《苏州科技大学课程教学质量评价标准（2019，本科）》，开展新一轮的对各本科专业的学位课程教学质量的评价，以评促建，以评促改。

表 2 环境工程专业毕业要求与课程（部分）的关系矩阵图

要求 课程	毕业要求 1	毕业要求 2	毕业要求 3	毕业要求 4	毕业要求 5	毕业要求 6	毕业要求 7	毕业要求 8	毕业要求 9	毕业要求 10	毕业要求 11	毕业要求 12
大气污染控制工程	H	H	H	H				H	H			
大气污染控制课程研讨	H	H	H		H		H	H				
物理性污染控制工程	H					H	H					
固体废弃物处理与处置	H	H	H			H	H	H				
固体废物处理与处置课程研讨	H	H	H	H	H	H	H					
环保设备与仪表				H		M	H				H	
环境影响评价		M	M		H	H	H					
环境工程计算机辅助设计（CAD）					H			H	M			

表 3 苏州科技大学课程教学质量评价指标体系（2019，本科）

一级指标	二级指标	主要观测点	分值
1. 教学队伍（22分）	1-1 课程负责人（3分）	1-1-1 课程负责人履职情况、教学科研水平	3
	1-2 队伍结构（7分）	1-2-1 队伍结构	2
		1-2-2 主讲教师队伍	3
		1-2-3 青年教师培养	2
	1-3 教学研究与改革（6分）	1-3-1 教研教改项目申报与立项	2
		1-3-2 教改成果与教学成果	2
		1-3-3 科研促进教学	2
	1-4 师德师风（6分）	1-4-1 立德树人、团队合作	6
2. 教学目标与内容（30分）	2-1 课程教学目标（8）	2-1-1 课程教学目标与毕业要求的关联度、合理性、可操作性	8
	2-2 课程教学内容（12分）	2-2-1 "课程思政"育人元素的挖掘和渗透，课程内容设计的合理性、科学性、先进性	8
		2-2-2 实验课程内容设计的合理性、科学性、先进性	4
	2-3 教学内容组织（10分）	2-3-1 教学内容的安排	6
		2-3-2 实践教学内容	4
3. 教学条件（12分）	3-1 教材及相关资料（5分）	3-1-1 教材及相关资料建设	5
	3-2 实践性教学条件（4分）	3-2-1 实践性教学条件的数量、质量及使用效果	4
	3-3 网络教学环境（3分）	3-3-1 网络教学资源建设及其使用	3
4. 教学方法与手段（12分）	4-1 教学设计（4分）	4-1-1 教学理念与教学设计	2
		4-1-2 教学评价设计	2
	4-2 教学方法 (8分)	4-2-1 多种教学方法的使用及效果	8
	4-3 教学手段	4-3-1 互联网和信息技术的应用	
5. 教学效果（12分）	5-1 教学督导评价（3分）	5-1-1 教学督导听课评价	3
	5-2 同行评价（3分）	5-2-1 同行听课评价	3
	5-3 学生评价（3分）	5-3-1 学生评教情况	3
	5-4 课程教学质量（3分）	5-4-1 专家对佐证材料的评价	3

续表

一级指标	二级指标	主要观测点	分值
6. 教学管理（12分）	6-1 日常教学管理（5分）	6-1-1 教学规范、制度的执行情况	3
		6-1-2 教学文件、资料留存情况	2
	6-2 质量监控（3分）	6-2-1 教学质量监控制度执行情况	3
	6-3 教研活动（2分）	6-3-1 教研活动开展情况	2
	6-4 教学辅助环节（2分）	6-4-1 作业批改、辅导答疑情况	2
课程特色	教学特色（100分）	专家评价	100

四、聚焦于人才培养目标的创新创业教育改革

（一）深化创新创业教育改革的背景与意义

2010年5月，教育部下发的《教育部关于大力推进高等学校创新创业教育和大学生自主创业工作的意见》指出："在高等学校中大力推进创新创业教育，对于促进高等教育科学发展，深化教育教学改革，提高人才培养质量具有重大的现实意义和长远的战略意义。"2015年5月，国务院办公厅下发了《关于深化高等学院创新创业教育改革的实施意见》，在"主要任务和措施"中提出要完善人才培养质量标准，制订实施本科专业类教学质量国家标准，使创新精神、创业意识和创新创业能力成为评价人才培养质量的重要指标。党的十九大报告提出，"加快建设创新型国家。创新是引领发展的第一动力，是建设现代化经济体系的战略支撑"。

新时代社会对创新人才的要求越来越高，创新创业教育已被提升至国家创新发展的战略层面。而培养"高素质、有特色、应用型创新"人才是学校的人才培养目标，这与国家的创新驱动发展战略方向一致。因此，创新创业教育是推进我国高等教育综合改革、显著提升人才培养质量的重要战略选择，同时也是我校实现人才培养目标的必要手段。

（二）推进创新创业教育与专业教育的融合与发展

专业教育是创新创业教育的根基，而创新创业教育是实现知识转化为生产力的助推器。要实现创新创业教育与专业教育的融合，创新创业教育必须进入第一课堂，在传授专业知识过程中加强创新创业教育。课题组在全面修订2018专业人才培养方案

时，从三个方面推进创新创业教育与专业教育的紧密结合：一是明确和细化创新创业素质能力要求；二是建构体现"高素质、有特色、应用型创新"的创新创业教育课程体系；三是加强创新创业课程建设力度。鼓励全体教师充分挖掘各类专业课程的创新创业元素，促进创新创业教育与专业教育的有机融合。

2018专业人才培养方案已完成修订并在2018级本科生中开始实施。新培养方案推进了专业教育课程与创新创业教育的融合，同时对学生提出了创新创业教育要求，明确要求学生在大学期间至少修读完成6个创新创业教育学分。另外，围绕人才培养目标和2018专业人才培养方案，学校建构了创新创业课程体系，将创新创业教育落实到人才培养全过程。同时，实施了包括创新创业教育改革在内的新一轮本科教育教学质量提升工程，投入专项经费进行立项建设。

（三）深化创新创业教育改革的思路与成效

构建适应学校人才培养目标定位的创新创业教育课程体系，并且能够很好支撑人才培养目标实现的前提，是要保证创新创业教育工作的顺畅开展。创新创业教育是涉及全校的系统性工程，需要全校上下多部门协力共进、多管齐下、多措并举，取得良好的育人效果。本课题通过对创新创业有关政策的研究和高校创新创业教育现状的分析，围绕学校"高素质、有特色、应用型创新人才"的培养目标，借鉴其他高校的成功经验，展开学校创新创业教育顶层设计。在构建学校创新创业教育顶层设计方案时，首先明确指导思想和总体目标，建立完成总体目标的组织保障，其次围绕总体目标层层分解任务，通过任务的实施来达成总体目标。

根据以上思路，2018年4月，苏州科技大学成立了创新创业教育工作领导小组和学院创新创业工作组，为学校创新创业教育改革工作提供了强有力的组织保障。2018年7月，课题组完成了《苏州科技大学关于深化大学生创新创业教育改革实施方案》，经校长办公会通过，以学校文件的形式发布并在全校实施。该方案实施以来，对促进学生综合能力增长，提高人才培养质量，更好地达成人才培养目标起到了积极的促进作用。

五、如何建立与学校人才培养目标相一致的学士学位质量标准

随着高等教育的大众化、学校招生规模的逐步扩大，为保证高等教育质量，提高本科学生培养质量，确保学士学位授予质量，学校应制定相应学士学位质量标准，并规范学士学位授予工作，建立、健全并完善监督制度和评估制度。

（一）学校学士学位质量标准制定依据

学校学士学位质量标准的制定，首先应以《中华人民共和国学位条例》为依据，确定对本科人才培养的学士学位基本质量标准，即要完成培养方案的各项要求，达到毕业要求，成绩优良，已较好地掌握本门学科的基础理论、专门知识和基本技能，并具有从事科学研究工作或担任专业技术工作的初步能力。其次，应结合学校培养目标定位、学校不同学科专业（如工科、理科、文科、艺术类）的特性，建立与之相适应的学士学位质量标准。

（二）学校培养目标、毕业要求与学士学位质量标准的关系

学士学位质量标准是判断人才培养质量中作为结果的教育质量标准的重要内容，学校学士学位质量标准制定应以人才培养目标为直接依据，通过毕业要求来反映培养目标。学校学士学位质量标准中，应统一将学生达到毕业要求作为申请学士学位的前提条件。

（三）学校学士学位质量标准体现不同学科专业特性

由于学科专业特性不同，其专业人才培养目标也不同，学校对其学士学位质量标准也应有差别。文科、艺术类更侧重文学素养的养成，而理科、工科类更注重运用科学原理和科学方法解决技术问题的能力。在制定培养方案时，应将不同学科的人才培养目标与学士学位质量标准有机统一，充分考虑不同因素对学生学业结果造成的影响。如在毕业环节要求上，工科专业必须完成毕业设计，文科专业必须撰写毕业论文，理科专业可撰写毕业论文或完成毕业设计，艺术类专业可通过作品展或毕业文艺汇演来替代；对于不同学科专业的外语水平要求也可以不同；等等。

（四）学校学士学位质量标准全面反映人才培养目标"高素质、有特色、应用型创新人才"特性

学校建立与专业人才培养目标相一致的学士学位质量标准，培养德、智、体、美、劳全面发展人才，全面地反映人才培养目标的知识、能力、素质等方面的要求。

1. 知识方面

各专业人才培养方案设置通识教育、学科基础、专业教育、集中实践、素质拓展

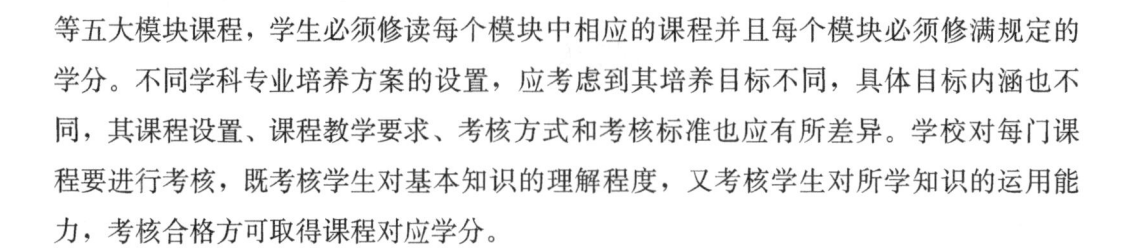

等五大模块课程，学生必须修读每个模块中相应的课程并且每个模块必须修满规定的学分。不同学科专业培养方案的设置，应考虑到其培养目标不同，具体目标内涵也不同，其课程设置、课程教学要求、考核方式和考核标准也应有所差异。学校对每门课程要进行考核，既考核学生对基本知识的理解程度，又考核学生对所学知识的运用能力，考核合格方可取得课程对应学分。

2. 素质方面

现在毕业制度与学位制度并行，但两种证书应该有所区别，毕业是基本，学位应该比毕业有更高要求，以提高学士学位授予质量。主要体现在以下几个方面。

（1）思想道德。学校学士学位质量标准中，坚持立德树人。要求坚持四项基本原则，热爱社会主义祖国，拥护中国共产党的领导，自觉维护社会主义民主法治，遵守纪律，品行端正，诚实守信。

（2）学术道德。要求崇尚科学精神，恪守学术规范，尊重知识产权，杜绝一切学术不端行为。对学术不端行为者申请学士学位，实行一票否决制度。

（3）学位课程。学校将专业人才培养方案中的必修课程和限选课程统一作为学位课程，并要求学位课程平均学分绩点为 2.0 及以上者才能申请学士学位。鉴于目前学科专业之间的差异，文科、艺术类专业学位课程学分绩点普遍高于工科、理科专业，今后应考虑是否对不同学科专业设置不同要求。

（4）学位外语。学校学士学位质量标准中，要求学生熟练掌握一门外语，并达到规定水平。针对不同专业类别、不同考生类别设置了不同语种；同一语种，针对不同专业科类提出了不同标准，艺术类专业要求低于其他专业。

3. 能力方面

（1）实践能力。依据学校人才培养目标，以就业为导向，前瞻性地考虑到用人单位对各专业人才培养的需求，培养出具有本学科一定学术水平，且能迅速适应并匹配社会需求的应用型人才，学校学士学位质量标准也体现人才培养类型在这些方面的重要特征，要求学生掌握本专业基本技能，具有从事科学研究工作或担任专业技术工作的初步能力。

（2）创新能力。鼓励学生创新创业，提高创新创业能力，把创新创业教育贯穿人才培养全过程，在专业培养方案中设置相应的课程和环节，提升学生综合素质，培养学生的创新意识和创新能力。

（五）学校学士学位质量标准动态调整和评估机制

学士学位质量标准的制订，并不是一劳永逸的，而是一个动态的、不断进行完善和改进的过程。学校学士学位质量标准还应接受社会的检验，因此，今后有必要健全政府、社会、学校的多维评估体系。同时，应充分考量学士学位质量标准的合理性、有效性、全面性，针对问题及时加以调整和补充，及时完善学士学位质量标准体系。

（六）规范学校学士学位评定

学校以各专业人才培养目标为依据，建立与之相适应的学士学位质量标准，并制订学校学士学位授予细则。细则中应明确学士学位评定组织机构，明确学位申请和学位评定程序，严格要求学士学位评定工作，统一标准，统一尺度，从组织管理上确保学士学位授予质量。

参考文献

[1] 王利芬,骆四铭.论基于学位本质的学位制度改革[J].现代大学教育,2008(3):97-103+113.

[2] 孙大廷,杨有林.论学位的本质属性[J].北方论丛,2003(4):127-129.

[3] 邹晓平,刘键.大众化阶段高等教育的两条主要质量标准[J].中国高教研究,2002(9):45-46.

[4] 解晓东.试论我国高等教育大众化的质量观、质量标准与质量保证[J].高等农业教育,2003(6):22-24.

[5] 张应强.高等教育质量观与高等教育大众化进程[J].江苏高教,2001(5):8-13.

[6] 王宪平,应若葵.高等教育质量统一性与多样性的辩证关系分析[J].理工高教研究,2004(5):7-9.

[7] 陈玉祥.从标准的内涵看我国本科教学质量标准的建立[J].中国高教研究,2007(7):35-37.

[8] 董泽芳,陈文娇.论我国高等教育质量标准的多样性与统一性[J].高等教育研究,2010,31(6):20-24.

[9] 谢延龙.教育质量标准的三维分类研究[J].国家教育行政学院学报,2009(11):19-23.

[10] 杨志坚.中国本科教育培养目标研究[M].北京:高等教育出版社,2005:31.

[11] 张振环.大学教育的"学术性"与"职业性"辨析[J].理工高教研究,2009,28(6):16-19.

[12] 约翰·S·布鲁贝克.高等教育哲学[M].王承绪,等译.杭州:浙江教育出版社,2002:95.

[13] 林永柏.试论制定高等教育质量标准应遵循的基本原则[J].现代教育科学,2010(9):25-29.

依托"双一流"学科建设,培养高水平博士研究生

刘 龙

课题完成单位:江南大学
课 题 负 责 人:刘 龙
课题组主要成员:许正宏 饶志明 尹 健 刘立明 吴 群

摘要:"教育引导学生培养综合能力,培养创新思维"是研究生培养质量的关键。切实引导与塑造研究生正确的价值观、加强研究生创新能力、提升研究生综合素质,能够为"双一流"建设稳步推进和高等院校教育质量与科研水平提升提供重要支撑。本项目针对目前博士研究生培养中存在的问题,以江南大学轻工技术与工程一流学科下设的发酵工程专业博士研究生培养为例,要求将科研创新能力作为培养博士生的首要因素,提出"以前沿导向基础理论课题为基础、开放式教育为方式、国际化培养为特点,一流成果为目标"的培养模式,为促进我国博士生培养水平提升提供了理论与实践指导。

关键词:高水平;博士研究生培养;创新

一、基本思路和存在问题

轻工技术与工程一流学科包含发酵工程、制糖工程、皮革工程和制浆与造纸工程四个与我国国计民生密切相关的方面。本项目以江南大学轻工技术与工程一流学科下设的发酵工程专业博士研究生培养为例,提出了基于价值塑造、全过程创新能力培养、深化国际联培和鼓励跨学科交叉融合的高水平博士研究生培养路径。世界一流大学和一流学科建设("双一流"建设),是党中央、国务院做出的重大战略决策,为我国高

等教育强国建设和科技强国建设提供重要支撑。"双一流"建设方案的实施对研究生培养特别是高水平博士研究生的培养提出了更高要求。"教育引导学生培养综合能力,培养创新思维"是研究生培养质量的关键。切实引导与塑造研究生正确的价值观、加强研究生创新能力、提升研究生综合素质,能够为"双一流"建设稳步推进和高等院校教育质量与科研水平提升提供重要支撑。目前博士研究生培养方面尚存在以下问题。

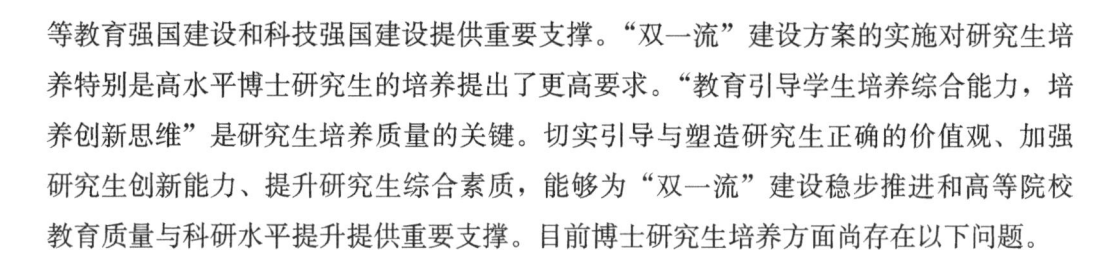

(一)博士研究生个人发展与社会发展融合度不够

随着我国科技强国建设和产业转型升级,科研院所和企业对于博士研究生人才的需求日益旺盛。但是毕业研究生期望和能力与工作岗位实际需求对接与匹配欠佳的状况在一定程度上制约了研究生个人和社会的发展。研究生对于教育内涵的认识不足和对于社会需求的了解不足是导致研究生个人发展与社会发展融合度不够的主要原因。博士研究生的行业责任感不足,造成投身产业发展的积极性不高。因此,如何提升博士研究生思想认识,引导研究生形成正确的世界观、人生观和价值观,树立扎根一线、吃苦耐劳的精神,建立将个人的发展与祖国和社会的需求紧密联系在一起的家国情怀,是提升博士研究生个人发展与社会发展融合度需要解决的关键问题。

(二)博士研究生创新能力较弱

创新能力是研究生应该具备的重要能力,是发现问题并且解决问题的保证。然而,有些博士研究生缺少自我思考和探索的空间,缺乏开发新方法和使用新技术的主动性,缺少对于全新问题发现和解决的能力,这制约了博士研究生研究和创新水平的提高。传统产业技术革命与新技术应用对博士研究生创新能力提出了更高要求。如何培养博士研究生开发新方法和使用新技术的能力,使其对接传统产业与先进技术方法并且助力产业变革,是创新能力培养需要解决的关键问题。

(三)博士研究生综合素质不高

具备良好的组织协调、国际合作以及领导能力是研究生课题顺利开展和未来科研工作有序开展的重要保证。然而,由于研究生课题安排相对独立、科研环境的主动沟通和讨论氛围不足等,博士研究生在学习过程中往往各自为战,没有形成有效合作。这使得博士研究生交流沟通能力的锻炼受到限制,国际视野和合作交流的不足,限制了其综合素质的提高。只有具备全面综合能力的研发人员,才能适应企业复杂的技术研发环境,并且高效解决企业生产问题。如何培养博士研究生组织协调、国际合作及领导能力，以及解决开发新方法和使用新技术中遇到的问题，是博士研究生综合素质培养的关键。

二、研究过程

针对目前研究生个人发展与社会发展融合度不够、创新能力较弱、综合素质不高的普遍问题，江南大学生物工程学院生物系统与生物加工工程研究室积极探索适合高水平工科博士研究生培养的路径。项目启动之初，会商并制定博士生培养目标、培养办法和实施计划等具体培养方案；本项目实施期中，定期召开研讨会，交流博士生培养的成效、存在的问题与针对性解决方案；项目实施后期，汇总博士生取得的研究成绩，总结课题实施的效果与下一步推广计划。结合发酵工程专业技术创新与工程应用并重的特点，提出了坚持"培养、教育以立德为第一要求，评价、奖励以创新为第一要素"的博士研究生培养工作指导思想，采取系统措施对博士研究生价值观进行塑造，对其创新能力和综合素质进行培养，包括对博士研究生进行价值塑造，引导其形成正确的世界观、人生观和价值观；实施全过程培养的管理体系，培养博士研究生突出的创新能力；深化国际联培和鼓励跨学科交叉融合，提高博士研究生的综合素质。具体研究过程如下。

（一）正向引导博士研究生的世界观、人生观和价值观，培养其形成积极向上的价值观和择业观

团队从博士研究生入学到毕业期间，开展一系列报告和讲座，对博士研究生的世界观、人生观和价值观进行正向引导。例如，团队带头人陈坚院士每年9月的第一周对新加入团队的博士研究生进行入学教育，以优秀校友（茅台集团前董事长）季克良在茅台集团的艰苦奋斗史为例，强调"祖国至上、人民为先、事业为重"的价值观；以团队培养的优秀博士研究生（其中中国工程院院士2名，国家杰青3名，长江学者5名）的成长经历为例，强调"立大志、入主流、上大舞台、成大事"的择业观；通过讲故事、忆历史，引导博士研究生树立远大理想和人生目标，并强调将个人理想融入时代发展，以服务国家和民族需要为己任，以家国情怀托举时代使命，培养博士研究生具有为国奉献的艰苦奋斗精神。

通过一代又一代的价值塑造，形成了自强不息、团结奋进的团队文化。2015年团队毕业生自发捐款315万元成立了以团队创建人伦世仪院士命名的"伦世仪教育基

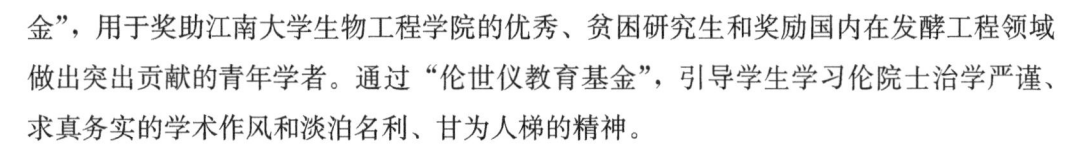

金",用于奖助江南大学生物工程学院的优秀、贫困研究生和奖励国内在发酵工程领域做出突出贡献的青年学者。通过"伦世仪教育基金",引导学生学习伦院士治学严谨、求真务实的学术作风和淡泊名利、甘为人梯的精神。

通过一代又一代的价值塑造,形成了团队研究生严于律己的精神风貌。目前已对171名研究生和8名国内发酵工程领域优秀青年学者进行了奖助和奖励。研究生创新性地将党支部建在团队,坚持"立足学生、服务科研、全面发展"的理念,强化支部和党员在团队发展与科研团队建设中的重要作用。支部充分发挥党员先锋模范作用,主动"挑大梁",成为"领头雁"和"主心骨",设立"党员卫生责任区",安排党员同志在最脏、最乱、最难处理的实验室区域进行打扫;设立"党员卫生责任岗",安排党员同志负责重要仪器的管理;同学间互相监督,互相提醒,切实形成了"自我管理、自我监督"体系。

(二)实施全过程培养的管理体系,培养博士研究生敏锐的创新意识、突出的创新能力和坚韧的创新精神

在课程学习阶段,通过文献综述的撰写,培养博士研究生对科学问题的理解能力,培养学生敏锐的信息感知能力,进而形成鼎新求变的创新思维方式;博士研究生开始实验前,指导老师对相关仪器设备的使用进行专项培训,学生只有在熟练掌握仪器设备的使用方法后,方可开展实验;指导老师开展系列讲座,包括实验设计方法、研究软件使用、文献查找阅读、论文写作指导等,培养博士研究生掌握正确的研究方法;在研究阶段坚持系统的学术报告会制度,博士研究生答辩前需提交答辩申请,将创新作为评价阶段研究进展和答辩申请的第一标准;团队每半年举行一次研究生创新论坛,设立创新突出贡献奖,邀请科研上有突破性进展的博士研究生进行报告,交流创新心得,激发创新热情和动力。

(三)通过深化国际联培和学科交叉研究,搭建高水平国际交流平台,提高博士研究生的综合素质

团队与本领域国外一流团队建立了长期密切的合作关系,包括定期邀请国外专家来校进行报告交流并担任国际合成生物学研究生暑期班专家为博士研究生集中授课,或参与博士研究生联合培养、共同申报研究课题等等,这为提高博士研究生的国际学术视野和国际交流能力起到了重要作用。团队鼓励研究生进行跨学科研究,提高科研工作的创新水平。利用双一流学科的"111引智基地",搭建国际创新合作平台,邀请

美国工程院院士 Jens Nielsen、Sang Yup Lee、Greg 教授等 23 位国际顶尖学者为双一流学科的荣誉教授或客座教授，与博士生进行深度前沿学术交流，对学术研究方向和方法进行了具体指导；2018—2020 年，共举办 20 余次学术交流活动，其中国际学术会议 9 次，包括第七届国际工业生物过程论坛、ACS 风味化学国际会议、国际工业生物技术研究生论坛、糖化学与生物技术教育部重点实验室国际评估会议、第八届全国发酵工程学术研讨会等，为入选博士生进行口头报告或墙报展示提供重要学术展示平台；近 10 名博士生赴海外联培，包括麻省理工学院、加州大学伯克利分校、帝国理工学院等世界名校和研究机构，有效提升学术视野和国际交流能力。

三、研究成果

江南大学生物工程学院生物系统与生物加工工程研究室通过正向引导博士研究生世界观、人生观和价值观，培养博士研究生敏锐的创新意识、突出的创新能力和坚韧的创新精神，并通过国际联培和跨学科交叉融合提高博士研究生的综合素质，培育了一系列优秀人才和研究成果。具体研究成果如下。

（一）党建引领，提升博士研究生质量

通过加强自我管理，党建引领学术发展。该党支部入选 2016 年无锡市先进基层党组织和 2018 年全国高校首届"百个研究生样板党支部"，团队各类博士研究生先进典型不断涌现。培养江苏省优秀博士论文获得者 2 名（图 1 和图 2），国家博士学位论文抽检合格率为 100%。2018—2019 年，团队涌现出国家奖学金获得者 7 人，中国自强之星提名奖 1 人，各类社会奖学金获得者 37 人，江南大学优秀研究生 4 人，江南大学优秀共青团干部 3 人，还有学生荣获第三届中国"互联网＋"大学生创新创业大赛铜奖。

（二）国际联培，涌现高水平学术成果

2018—2020 年，该团队与麻省理工学院、加州大学伯克利分校、帝国理工学院、伦斯勒理工学院和佐治亚理工学院等 9 所国际名校的一流团队联合培养博士研究生 11 名。以该团队与帝国理工学院合成生物学创新中心合作为例，双方定期进行交流互访，共同指导研究生 7 人，其中 1 人获得国家留学基金委资助并且赴帝国理工学院合成生物学创新中心开展合作研究 1 年。双方共同指导研究生在新型基因回路设计与构建、

基于功能膜微域的代谢通道的开发与应用、细胞中心代谢与还原力重构等方面取得突破性进展。2018—2020 年培育的 15 名高水平博士研究生发表了 15 篇高水平论文，相关合作成果发表在 Nature Communications、Trends in Biotechnology、Bioresource Technology 等生物工程领域权威期刊（详见表 1）。

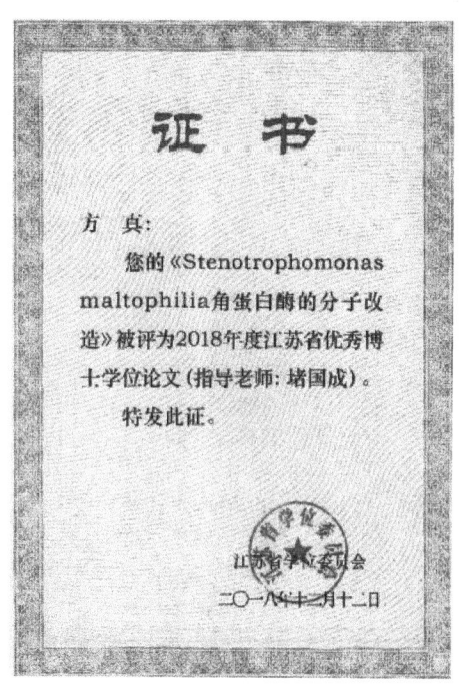

图 1　2018 年江苏省优秀博士学位论文证书　　图 2　2019 年江苏省优秀博士学位论文证书

表 1　2018—2020 年高水平博士研究生发表成果清单

序号	博士研究生姓名	发表论文题目	发表时间	发表刊物名称	影响因子
1	柳艺石	N-Glycan dependent protein folding and ER retention regulates GPI-anchor processing	2018	JOURNAL OF CELL BIOLOGY	7.955
2	李盛陶	Alternative routes for synthesis of N-linked glycans by Alg2 mannosyltransferase	2018	FASEB JOURNAL	5.500
3	秦春君	Total synthesis of a densely functionalized plesiomonas shigelloides serotype 51 aminoglycoside trisaccharide antigen	2018	JOURNAL OF THE AMERICAN CHEMICAL SOCIETY	13.858

续表

序号	博士研究生姓名	发表论文题目	发表时间	发表刊物名称	影响因子
4	周婕妤	Structural insight into enantioselective inversion of an alcohol dehy-drogenase reveals a "polar gate" in stereo-recognition of diaryl ke-tones	2018	JOURNAL OF THE AMERICAN CHEMICAL SOCIETY	14.357
5	吕永坤	Improving bioconversion of eugenol to coniferyl alcohol by in situ eliminating harmful H_2O_2	2018	BIORESOURCE TECHNOLOGY	5.807
6	周俊平	Relieving allosteric inhibition by designing active inclusion bodies and coating of the inclusion bodies with Fe_3O_4 nanomaterials for sustainable 2-Oxobutyric acid production	2018	ACS CATALYSIS	11.384
7	赵美琳	Co-production of 1, 2, 4-butantriol and ethanol from lignocellulose hydrolysate	2019	BIORESOURCE TECHNOLOGY	5.807
8	刘晶晶	Protein and metabolic engineering for the production of organic acids	2019	BIORESOURCE TECHNOLOGY	5.807
9	高聪	Programmable biomolecular switches for rewiring flux in Escherichia coli	2019	NATURE COMMUNICATIONS	11.878
10	洪皓飞	Site-specific C-terminal dinitrop-henylation to reconstitute the antibody Fc functions for nanobodies	2019	CHEMICAL SCIENCE	9.556
11	宋伟	Biocatalytic derivatization of proteinogenic amino acids for fine chemicals	2019	BIOTECHNOLOGY ADVANCES	12.831
12	田光宗	Total synthesis of the Helicobacter pylori serotype O_2 O-antigen α- (1→2) - and α- (1→3) -linked oligoglucosides	2019	CHEMICAL COMMUNICATIONS	6.164
13	杜逸群	Exploiting the lymph-node-amplifying effect for potent systemic and gastrointestinal immune responses via polymer/lipid nanoparticles	2019	ACS NANO	13.903

续表

序号	博士研究生姓名	发表论文题目	发表时间	发表刊物名称	影响因子
14	王浩	Secretory expression of biologically active chondroitinase ABC I for production of chondroitin sulfate oligosaccharides	2019	CARBOHYDRATE POLYMERS	6.044
15	牛腾飞	Engineering a glucosamine-6-phosphate responsive glmS ribozyme switch enables dynamic control of metabolic flux in bacillus subtilis for overproduction of N-Acetylglucosamine	2019	ACS SYNTHETIC BIOLOGY	5.571

(三)科技创新,破解"卡脖子"难题

通过实施严格的博士研究生全过程培养管理,培养博士研究生形成敏锐的创新精神、突出的创新能力和坚韧的创新精神。团队培养的博士研究生历年加快突破关键核心技术,攻关"卡脖子"难题,切实服务产业发展,解决国计民生问题。

以酶工业化的研究为例,团队为减轻印染工业的环境污染,建立绿色生物印染工艺,组建了生物印染工艺跨学科研究小组,先后有35名发酵工程、纺织工程、酶工程等学术背景的博士研究生和硕士研究生加入该小组进行协同攻关,经过10余年的努力,团队成功实现了碱性果胶酶、过氧化氢酶等纺织用酶的工业化,建立了生物印染工艺,为中国印染行业的节能减排做出了突出贡献,相关研究成果获2012年国家技术发明奖二等奖。

以有机酸的研究为例,丙酮酸和α-酮戊二酸是生物中心代谢途径中最为重要的两种酮酸,然而,由于其分别位于糖酵解途径和碳氮代谢平衡调控的关键节点,调控复杂,这两种酸就成为生物中心代谢途径中最后两个未能实现工业生产的有机酸。为突破此国际公认的难题,团队组建了由20名博士研究生和硕士研究生组成的科研小组对丙酮酸和α-酮戊二酸的生物制造技术进行接力棒式创新研究,经过10余年的刻苦攻关,成功突破了丙酮酸和α-酮戊二酸的工业生产关键技术,使我国成为世界上第一个可工业化生产中心代谢途径中所有有机酸的国家。其中,丙酮酸发酵技术转让给日本味之素公司,为该公司在中国购买的第一项发酵技术,"α-酮戊二酸的发酵技术"获2014年中国发明专利金奖(全国仅20项,2010级硕士研究生殷晓霞排名第二),相关研究成果获2015年国家技术发明奖二等奖。

四、研究结论

博士生教育是我国最高学历层次教育，担负着创新人才培养的重要使命，是双一流建设的重要内容。科研创新能力是博士生教育的核心，是博士生培养质量最直接的体现。项目将科研创新能力作为培养博士生的首要因素，提出"以前沿导向基础理论课题为基础、开放式教育为方式、国际化培养为特点，一流成果为目标"的培养模式，对于促进我国博士生培养水平提升提供了理论与实践指导。

项目结合"轻工技术与工程"一流学科承担的国家自然科学基金重点项目、国家重点研发计划和千万级横向课题等凝练的学科和产业发展中实际面临的"急、重、难、新"问题，进行前沿性、实用性、系统性的博士生选题；以开放式教育为培养方式，对包括生物工程、食品技术、物联网、机械工程等专业的博士生进行学科间的融合和国际化的培养，实现了高水平博士生培养目标，着力培养博士研究生解决重大问题能力和原始创新能力。

五、创新与特色

第一，提出了"以前沿导向基础理论课题为基础、开放式教育为方式、国际化培养为特点，一流成果为目标"的培养模式，着力培养博士生解决重大问题能力和原始创新能力，全方位、系统地设计博士研究生培养模式，对于促进博士生能力水平提高具有重要作用。

第二，以前沿导向基础理论课题为基础，采用"好课题培养出好研究生"的工作思路，运用国家重点课题研究制度，依托产业实际存在的问题进行课题研究。纳入课题研究的博士生，将学位论文选题聚焦在"轻工技术与工程"一流学科承担的国家自然科学基金重点项目、国家重点研发计划和千万级横向课题等学科和产业发展中实际面临的"急、重、难、新"问题，进行前沿性、实用性、系统性的创新研究。

第三，创立了开放式教育的博士生培养方式。基于"双一流"学科中的关键研究方向，纳入本课题研究的博士生，定期召开学术交流会，交流文献阅读报告、研究成果报告、研究问题解决等报告，使研究生相互交流、集思广益解决研究中遇到的问题，有效支撑了高水平成果的产出。

六、政策建议

（一）构建一流培养平台

学科培养环境和平台对培养高水平博士研究生至关重要，博士点培养单位的首要任务是构建一流培养平台，通过提升学科的整体水平，改善育人环境。可以从以下几方面采取措施。

1. 建设高水平博士生导师队伍

将博士生培养成为德才兼备的人才，导师的思想引领和言传身教作用非常重要。一名优秀的博士生导师，须具有高尚的情操，要以习近平新时代中国特色社会主义思想为指导，忠诚党的教育事业，全面贯彻党的教育方针，坚持立德树人，争做新时代"四有"好老师。要坚持教书与育人相统一、言传与身教相统一，做博士生健康成长的指导者和引路人。通过强化导师学术训练，加强导师队伍考核，根据博士生导师业绩和人才培养质量对博士招生指标采取动态调整制度，帮助导师培养高水平博士研究生。

2. 培育高水平科学研究项目

加强博士学位授权点的科学研究工作，争取承担高水平的科学研究项目，多让博士生参与高水平科学研究，以高水平的研究项目培育高水平博士研究生。

3. 拓展高层次学术交流活动

依托学科专业背景，促进学科交叉融合、新兴学科发展，搭建国内外学术交流平台，拓宽博士生学术视野，增强博士研究生创新意识和创新能力。

（二）激发科研创新活力

将科研创新能力作为培养博士生的首要因素，通过实施"以前沿导向基础理论课题为基础、开放式教育为方式、国际化培养为特点，一流成果为目标"的创新培养模式，着力培养博士生解决重大问题能力和原始创新能力，激发博士研究生科技创新活力。课题研究发现，此举可以解决教育部在《学位与研究生教育发展"十三五"规划》（教研〔2017〕1号）中指出的"我国研究生教育仍然存在明显差距。主动服务国家经济社会发展需求不到位，培养模式不能满足高水平创新能力和实践能力人才培养的要求，质量保障和评价机制未能有效发挥作用，国际影响力与国家地位不相匹配"等突出问题。

在博士生培养过程中，导师应专门倾注时间和精力与博士生进行日常交流，日常交流环节对博士生的科技创新能力、工程实践能力、科技写作能力和学术交流能力培养具有至关重要的作用。在与博士生的日常交流中，应强化导师团队的指导作用。理工科类博士生的研究课题通常涉及工艺流程探索、工业产业化、中试改造设计等不同方面的内容，大都需要多名博士生和教师协同开展科技攻关。因此，博士生指导教师团队的组建工作尤为重要。在组建导师指导团队时，尽量做到在基础知识和学术专长等方面互补，使团队中的每一名博士生都能同时接受多名具有不同学术专长的教师指导。

（三）提供前沿性课题

导师应认真做好博士生学位论文的选题工作，结合以下两点进行选题：① 提供的博士学位论文课题定位学科发展前沿；② 提供的博士学位论文选题结合工程实际需要。导师在指导博士生选题时应深入剖析博士生已有的理论与专业知识、学术专长和兴趣爱好等，并召开专题研讨会指导选题。在专题研讨会上对学位论文课题进行分析，明确论文课题所需要的理论与技术知识，说明开展该课题的难度和挑战性等，同时要求博士生讲明自己对所选课题的认知度、已具备的研究基础，以及通过博士学位论文研究工作达到的预期学术目标等等。在经过充分研讨且师生达成共识后，方可确定博士生的学位论文课题。要尽量做到每名博士生都有一个合适的学位论文课题，以便调动博士生开展相关研究工作的积极性，使其全身心地投入学位论文的研究工作。

（四）丰富学科交叉经历

博士研究生要从容淡定地从事科学研究，要多完善自己的知识结构，拓宽知识视野，修炼宽广的胸怀，拓展丰富的思维空间。理工科类博士研究生也要接受文科类学科的知识洗礼，丰富学科交叉融合学习的经历，培养跨学科思维。博士研究生平时并不局限于阅读本专业的书，而要阅读更多跨专业的书；既要充分利用在校时间掌握专业领域系统知识，也要充分拓展知识领域与视野，广泛涉猎多学科的基本知识与技能，令敏感性、想象力、感知能力和写作能力得到潜移默化的提升。具体可采取以下举措。

1. 定期举办阅读分享沙龙。将课题组的同学组织在一起，定期开展阅读分享活动，每次由参与的博士研究生带着问题讲述各自的读书心得，一起分享交流。希望通过课题组的优良传统，养成博士生自身博览群书和好学好思的习惯。尤其是在跨学科的学习中，不仅需要思考，还需要弄清楚知识与知识之间的关系。在这个过程中，通过比较、联想、分析，博士研究生逐渐增强了判断力，也在不知不觉中扩展、调整了知识结构，形成了自己的见解，培养了独立思考的能力。

2. 定期开展经验交流活动。邀请课题组已毕业的师兄师姐为博士研究生分享发表高质量学术论文的经验，交流学术原则、学术期刊、学术论文写作的技巧和误区，分享包括时间管理能力、情绪管理能力和意志管理能力在内的自我管理能力的提升方法。通过经验交流和分享，提升博士研究生的学术研究和学术论文写作能力，更好地规划博士论文的写作，不断提升学术能力和综合素养，营造良好的学习氛围。

参考文献

[1] 王战军,杨旭婷.世界一流学科建设评价的理念变革与要素创新[J].中国高教研究,2019(3):7-11.

[2] 王小栋,王战军,蔺跟荣.中国研究生教育70年发展历程路径与成效[J].中国高教研究,2019(10):33-40.

[3] 李雪辉,罗英姿.博士研究生教育供给侧改革:目标强化与方向转轨[J].教育发展研究,2018,38(9):28-34.

[4] 袁寿其.以"供给侧改革"思路指导博士研究生教育[N].光明日报,2016-03-04.

[5] 英爽,梁大鹏,臧红雨.研究生教育内涵发展:当前需求和实践主题[J].研究生教育研究,2016(5):6-10+37.

[6] 李国华,李媛,郑明明,等.创新发展理念在工程专业学位硕士研究生培养过程中的探索与实践[J].化工高等教育,2020,37(1):71-76.

[7] 李萍萍,沈晨,施卫东.构建复合载体培养创新型工学研究生的探索与实践[J].学位与研究生教育,2010(4):1-5.

[8] 张玮佳.我国公派出国留学对大学教师学术成果影响研究——以H大学为例[D].广州:华南理工大学,2015.

[9] 王传毅,赵世奎.21世纪全球博士研究生教育改革的八大趋势:审视与反思[J].教育研究,2017(2):142-151.

以新工科为导向的研究生教育质量保障机制

课题完成单位：南京邮电大学
课题负责人：徐小龙
课题组主要成员：杨立军　王　霁

摘要：我国已经建成世界最大规模的高等工程教育，国家统筹推进世界一流大学和学科建设，为加快建设和发展新工科奠定基础。以新工科为导向的研究生培养质量保障体系的构建与完善势在必行，建立全方位、系统化、智能化的质量保障体系成为研究生教育保障的必然选择。本课题构建了聚焦"学、教、管"三维监测、以"组织管理，制度规范，项目牵引，报告反馈，平台支撑，机制推动"为基本要求的六措并举的研究生教育质量保障体系，涵盖了质量保障的组织、制度、项目、报告、平台、机制等基本要素。通过积极地应用以新工科为导向的研究生教育质量保障体系，研究生生源质量、科研实践参与度、学术过程满意度、学位论文质量、学科竞赛获奖数量与就业质量明显提升。

关键词：新工科；研究生教育；质量保障；质量提升

一、研究背景

当前，面对建设教育强国的新要求、高层次人才培养的新形势，研究生教育进入了以提升质量为核心的内涵式发展阶段，提高质量成为这个时代的主题。

自 2017 年 2 月以来，教育部积极推进新工科建设，先后形成了"复旦共识"、"天大行动"和"北京指南"，并发布了《关于开展新工科研究与实践的通知》《关于推荐新工科研究与实践项目的通知》，全力探索形成领跑全球工程教育的中国模式、中国经验，助力高等教育强国建设。我国已经建成世界最大规模的高等工程教育，国家统筹推进世界一流大学和一流学科建设，为加快建设和发展新工科奠定了良好基础。建设世界一流大学和一流学科的核心目标和任务之一就是培养拔尖创新人才，着力培养富有创新精神和实践能力的各类创新型、应用型、复合型优秀人才。新经济也对工科人才提出了新的目标定位与需求，要求将传统工科升级为"新工科"。建立健全以保证和提高研究生培养质量为目标的教育质量保障体系成为必然要求，以新工科为导向的研究生培养质量保障体系的构建与完善势在必行。

人的现代化是教育现代化的核心，以人为本的高等教育质量保障需要聚焦影响质量的多元主体，通过质量治理，实现学生、教师、管理者的共同发展。技术的现代化是教育现代化的支撑，应用互联网、大数据、云计算等信息化技术服务教育教学、质量管理全过程是实现教育现代化的重要趋势。"学生中心、产出导向、持续改进"的国际教育质量评价与保障理念和经验，对高校研究生教育质量保障具有指导作用。建立全方位、系统化、智能化的质量保障体系成为研究生教育保障的必然选择。针对研究生积极进行人才培养目标和培养模式的调整，探索新兴工科高层次专业人才培养的质量标准，包括研究生的培养规格、课程体系、师资队伍等内容，以提高人才培养的适应性和竞争力，培养真正能够适应特定行业或职业实际工作需要的具有创新能力、创业能力和实践能力的高层次人才。

二、问题分析

以"学"为中心的质量保障理念成为质量文化的一部分。我们将质量保障从本科生拓展至研究生教育层面，相应开展了研究生的课程教学质量保障研究与建设等工作。随着研究生教育改革进入以提升质量为核心的内涵式发展阶段，构建完备的研究生教育质量保障体系成为必然的要求。

在研究与探索中，我们发现目前高校研究生教育质量保障普遍存在以下四个方面的问题。

1. 保障项目不够全面

影响研究生教育质量的因素很多，目前多数高校主要开展教师的教学督导、学生评教、论文盲审等片面化、散点式的监督评估项目，缺乏对研究生（学习与科研实践）、教师（教学和指导）和教学管理者（课程与学位点质量管理）等的全面质量监测与保障。

2. 保障体系不够系统

研究生教育质量保障是个系统工程，这既是一个理论课题，也是一个实践课题。传统的质量保障体系建设，在理论上，缺乏对质量观、质量评价与保障理论等的学理性研究；在实践中，缺乏对保障机制、保障项目、保障组织与制度等的系统性、体系化的设计与建设。

3. 保障平台不够智能

目前，大部分高校信息化建设较为滞后，没有采用大数据、人工智能等先进技术建设智慧化的质量监测与保障平台，不能精准发现质量保障痛点并及时处理质量问题，保障平台的支撑不足。

4. 保障流程不够闭环

传统上，高校对质量监测评估活动的开展更加重视，但对于监测、评估等保障活动后的质量信息分析与反馈，以及利用质量信息进行持续改进的机制落实不力，导致质量保障流程不闭环。

三、构建体系：三维监测、六措并举

本课题构建了聚焦"学、教、管"三维监测、"以组织管理，以制度规范，以项目牵引，以报告反馈，以平台支撑，以机制推动""六措并举"的研究生教育质量保障体系，涵盖了质量保障的组织、制度、项目、报告、平台、机制等基本要素（如图1所示）。

（一）"三维监测"的教育质量保障理念

第一维：聚焦于"学"。聚焦评价研究生这一质量的主体和载体，聚焦评价研究生的学习与科研实践等学术过程以及研究生的学术产出。

第二维：聚焦于"教"。聚焦评价教师这一影响研究生质量的核心因素，聚焦于评价教师的教学与指导，以"教"的质量评价保障"学"的质量。

第三维：聚焦于"管"。聚焦评价管理者这一影响研究生质量的重要因素，聚焦于评价保障课程、学位点等学习、研究资源平台的质量，最终保障"学"和"教"的质量。

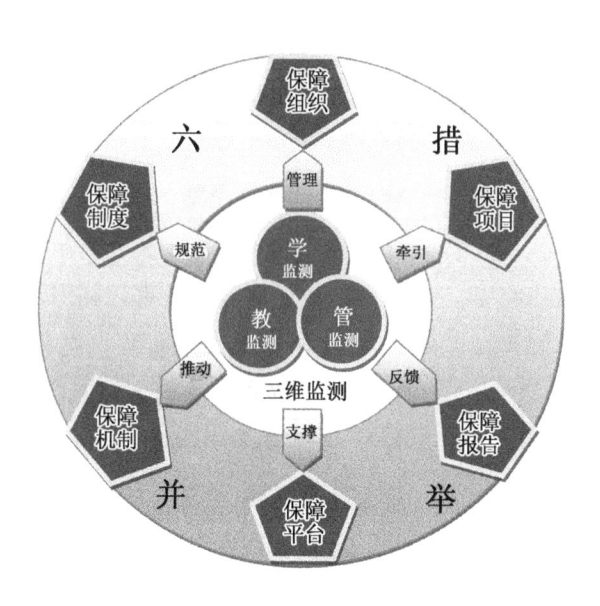

图1 "三维监测、六措并举"的研究生教育质量保障体系

(二)"六措并举"的教育质量保障系统

完整的研究生教育质量保障系统应包含组织体系、制度体系、项目活动体系、保障平台、运行机制及分析反馈报告等要素,基于质量保障的组织、制度、项目、平台、机制及报告等六大基本要素,构建"以组织管理,以制度规范,以项目牵引,以报告反馈,以平台支撑,以机制推动"的"六措并举"的研究生教育质量保障体系。研究生教育质量保障系统构建,具体包含以下内容。

(1)成立一个教育质量保障组织。按照"管办评分离"的要求成立质量保障组织是开展教育质量保障活动的基础。高校内部研究生教育质量保障组织由领导机构、执行机构、专家(督导)队伍、学生信息员队伍等组成。

(2)建立一套教育质量保障制度。教育质量保障制度包括一整套教育质量监督和评估制度、指标和方案,并需在实践中不断补充与完善。制度、指标、评估方案应涵盖"学、教、管"三维监测评估制度,以制度来规范质量保障行为。

(3)实施一系列教育质量保障项目。教育质量保障项目应涵盖影响教育质量的关键环节和关键控制点。在三维监测(学、教、管)的质量保障项目基础上,需将学生、学生的学术过程以及学生的学位论文成果等"学"的质量监测评估作为保障的核心,"教"与"管"等监测和评估项目服务于"学"的质量保障。

(4)产生一系列教育质量保障报告。每一项质量监测与评估项目实施后,采集产生的质量状态数据和信息并对其进行分析。对数据与信息的及时分析是形成质量报告、反馈质量问题的基础性工作。质量报告的及时反馈和定期发布是展示质量状态的重要途径。

（5）建设一套智慧保障平台。建设集"智慧评测、质量监测与信息反馈"于一体的信息化质量保障平台。利用大数据、人工智能等技术对质量数据进行分析、预测与干预，实现"智慧＋评估"，切实提高质量保障的效率，拓展质量保障的功能。

（6）形成一套教育质量保障机制。研究生教育质量保障机制理论设计上是一个闭环保障（PDCA 循环）的过程，主要包括设立教育质量目标与具体质量标准，实施质量监督与评估，采集、分析与反馈质量信息与问题，调整与改进教学、指导与学术过程四个环环相扣的技术环节，形成持续循环、螺旋上升的过程（如图 2 所示）。

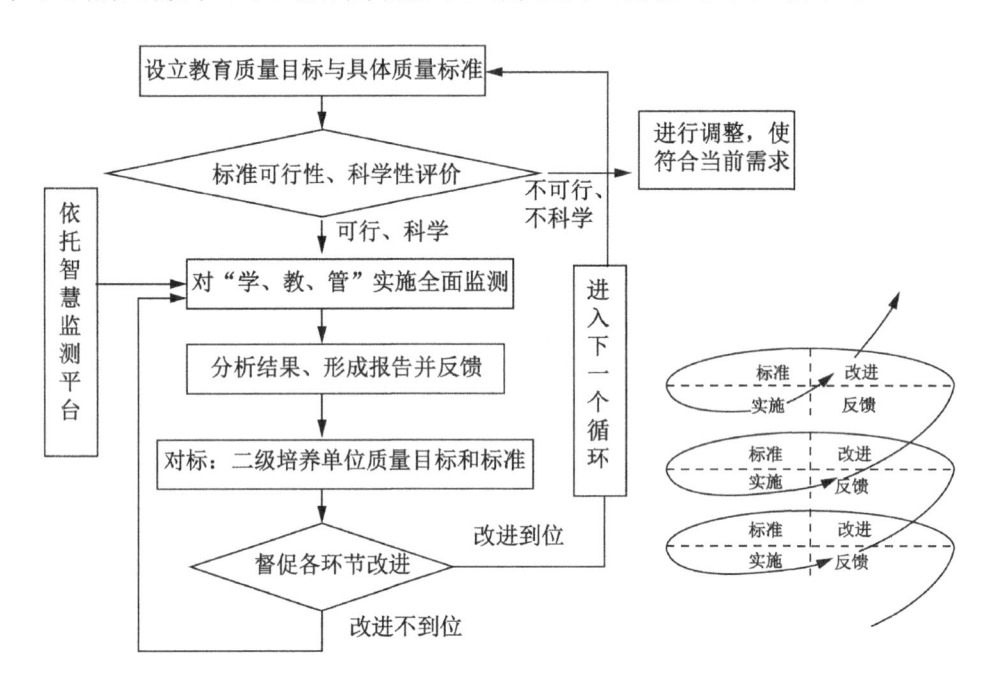

图 2　研究生教育质量保障闭环运行机制

在具体实施和保障实践中，应做到：手段上坚持监督与评估相结合，方法上坚持过程监测与结果评估相并重，原则上坚持评估技术与质量文化相融合，以及技术上的闭环运行与持续改进相循环。

四、主要举措

（一）聚焦"学、教、管"三维监测，实施"学"的全程无缝评价

1. 聚焦"学、教、管"多维监测与保障

从研究生、教师、管理者三个维度，实施研究生的学习与科研实践，教师的教学与指导，管理者的课程、学位点等教学科研平台质量的评价与保障（如表1所示）。

表1 实施聚焦"学、教、管"三维的全面监测

聚焦对象	内涵	评价与保障内容	目的
研究生	研究生是教育质量的主体，也是质量的载体	评价、保障学生生源质量；评价、保障学术过程质量；评价、保障研究生学术产出（学位论文）质量；评价保障学风	确立研究生的质量主体地位
教师	教师是影响教育质量的核心因素，教师的教学和导师的指导是影响质量的关键要素	评价、保障教师数量与水平；评价、保障教师教学质量；评价、保障导师指导质量；评价、保障教风、校风、学风	保障教师教学质量和导师指导质量
管理者	管理者为教师和研究生的教育与研究活动提供服务，是影响质量的重要因素。管理者对课程、学位点等资源质量的管理是保障质量的重要支撑	评价、保障课程质量；评价、保障学位点质量；评价、保障教学科研条件	保障课程、学位点、教学科研平台质量

聚焦于"学"的评价与保障。研究生是教育质量的主体，也是质量的载体。对学生的评价与保障包括评价和保障学生生源质量、学术过程质量、研究生学术产出（学位论文）质量以及学风。

聚焦于"教"的评价与保障。教师是影响教育质量的核心因素，教师和导师的指导是影响质量的关键要素。对教师的评价与保障包括评价和保障教师数量与水平，教师教学质量，导师指导质量，教风、校风与学风。

聚焦于"管"的评价与保障。管理者为教师和研究生的教育活动提供服务，是影

响质量的重要因素。管理者对课程、学位点等资源的质量管理是保障质量的重要支撑。对"管"的评价与保障包括评价和保障课程质量、学位点质量、教学科研平台质量等方面。

2. 实施"学"的全程无缝监测评价

以"学"为核心，实施"入口、过程、出口"全程无缝监测评价（如图3所示），使质量保障更加注重学生（生源）、学术过程和学位论文质量，目的是确立研究生的学习研究主体地位，保证学术过程有效，确保学位论文质量。

（1）保障入学质量：开展研究生入学成绩监测分析、研究生新生来源分析评价、生源专业结构分析评价与生源质量分析评价，保障生源质量。

（2）保障过程质量：开展研究生评教、学位论文开题评审、学位论文中期检查、学习科研实践经历监测与学术经历满意度调查，保障学术过程质量。

（3）保障出口质量：开展研究生的学位论文答辩检查、研究生的学位论文质量抽检评价和毕业就业质量调查，保障学位论文质量和研究生就业质量。

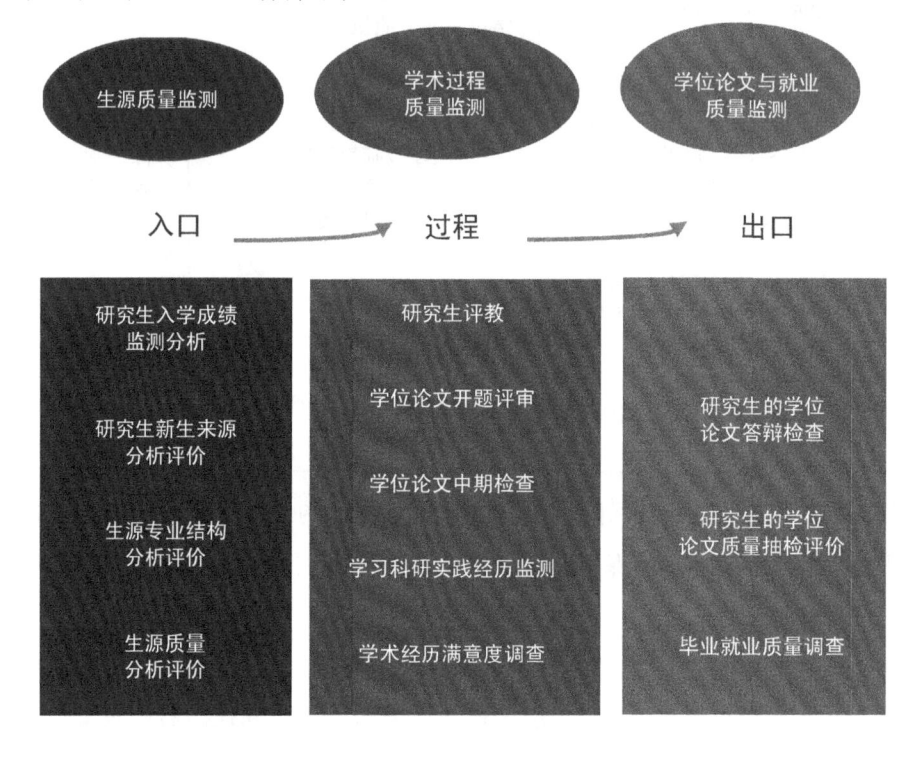

图3 研究生学习与科研实践的全程评价与保障

（二）实施"六措并举"保障，质量保障从散点管理上升为系统化体系

按照"以组织管理，以制度规范，以项目牵引，以报告反馈，以平台支撑，以机制推动"开展质量保障工作（如图 4 所示）。

设置教育质量保障组织机构。设立校长任主任的教学质量督察监控委员会，作为学校教育质量保障的领导机构；按照"管、办、评"分离的思路独立设置教学质量监控与评估中心（独立于研究生院），组织开展研究生的教育质量管理工作，作为学校教育质量保障工作的具体组织实施单位；同时与学校的研究生院联动，协同推进质量保障项目的实施；成立校院二级教学督导队伍；建立涵盖学校各学科的包含行业专家、同行专家在内的数百名校内外专家库，参与科研实践、研究生学位论文的开题、中期和学位论文质量等各专项评估。

建设教育质量保障制度。从教育质量保障组织、"学"的质量保障、"教"的质量保障和"管"的质量保障等方面开展制度建设，形成四个方面的教育质量保障制度以及评估指标和方案。完备的教育质量保障制度有效地支撑和规范了质量保障项目的开展。

实施教育质量保障项目。在"教"与"管"的方面，开展了培养方案审定、课程教学评价、导师评价、学位点诊断评估等监测评估项目。在"教""管"的质量保障项目实施基础上，学校致力于加强"学"的质量监测与评估，开展了生源质量监测与评价、学习科研实践经历监测与满意度调查、学位论文（开题、中期、答辩、论文质量）的全过程监测保障、毕业生就业质量调查等质量保障项目。

构建智慧保障平台。依托学校自建的云计算数据中心，建设了基于"学、教、管"多维监测与保障的信息管理系统、基于大数据的研究生培养质量综合监测与评价平台、基于知识图谱的专业型研究生智慧 E-Learning 学习支持平台、质量信息反馈以及报告发布平台。平台集"多维监测、信息反馈、学习支持"于一体，实现了"智慧＋评估"，如表 2 所示。

表 2　智慧保障平台

平台种类	平台名称
数据中心	云计算数据中心
"学"的监测保障系统	研究生智慧 E-Learning 学习支持平台
	研究生学习科研实践经历监测与满意度调查系统
	研究生学位管理系统

续表

平台种类	平台名称
"教"的监测保障系统	研究生评教系统
	教师教学质量综合评价系统
	导师指导监测与调查系统
	督导专家听评课系统
	教学质量信息反馈系统
"管"的监测保障系统	教学质量报告发布平台
	研究生课程质量评价系统

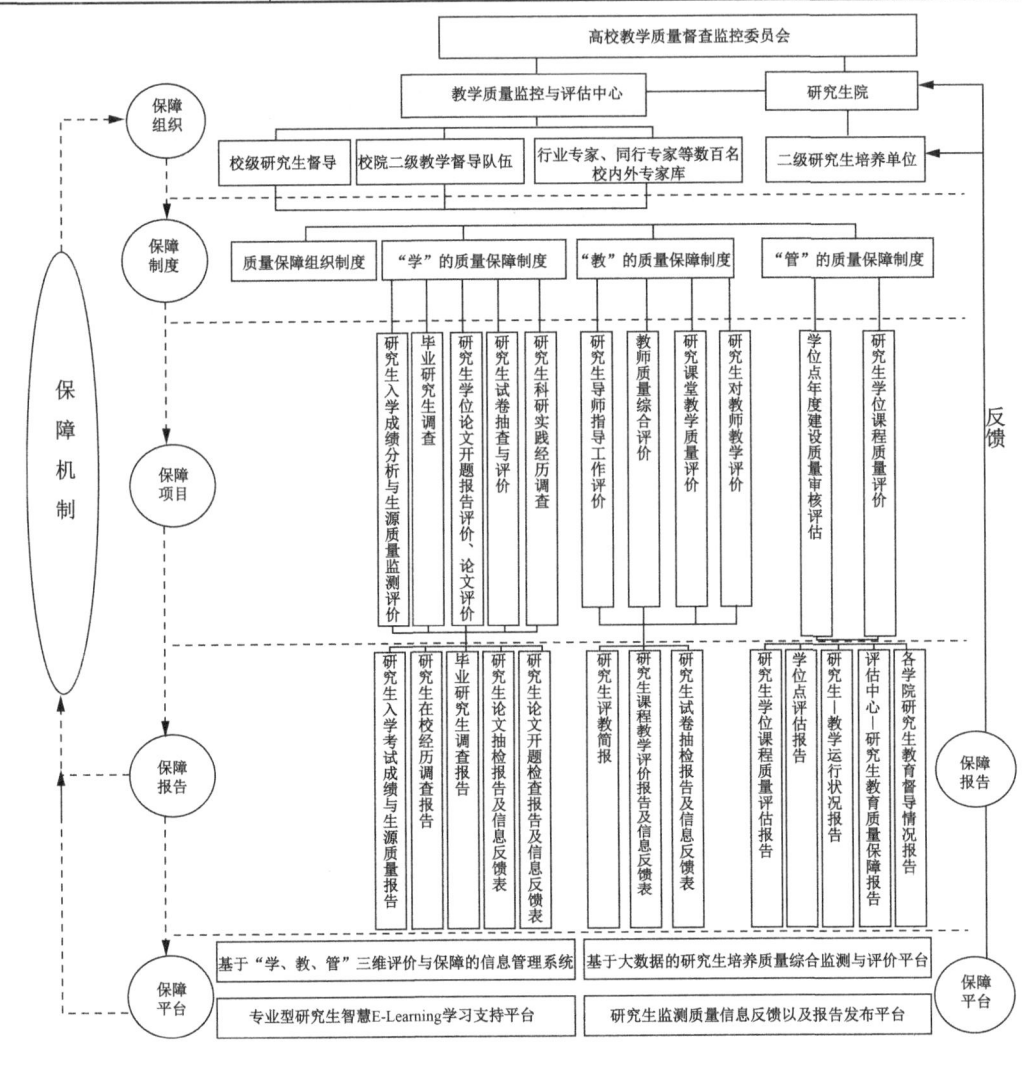

图4 研究生教育质量保障体系运行图

基于"学、管、教"多维监测与保障的信息管理系统，包括研究生学习与科研实践经历监测与调查，研究生学位论文开题、中期以及论文质量评价等"学"的质量监测与保障系统；研究生评教、督导专家听评课、导师指导监测与调查、教师教学质量综合评价等"教"的质量监测与保障系统；研究生课程质量评价、学位点质量管理等"管"的质量监测与保障系统。

基于大数据的研究生培养质量综合监测与评价平台，持续采集了研究生的选拔、学习、科研、实践、创新、论文、就业等培养全过程中的大数据，引入钱学森先生提出的综合集成法，科学评价研究生培养成效与质量。

基于知识图谱的专业型智慧 E-Learning 平台，是针对研究生的学习与科研实践监测、教师教学评价等发现的学生知识学习问题建设的学习支持系统，从而实现质量保障从评价、监测延展至学习支持服务，拓展了质量保障的功能。

建立教育质量保障机制。每一个质量保障项目的运行都按照设立教育质量目标与具体质量标准/质量评价标准、实施质量监督与评估、分析与反馈质量信息、跟踪整改四个环节循环运行。同时在手段上坚持监督与评估相结合，方法上坚持过程监测与结果评估并重；在保障过程中不仅重视评估技术、统计技术、大数据技术等方法，同时将信息分析与反馈、持续改进的质量文化贯穿于评估的实操上，即坚持保障技术与质量文化相融合。在实际保障机制运行中，将监测、评估的结果及存在的问题向相关单位下发质量反馈与整改记录单，并纳入二级学院（培养单位）的年度目标考核，促进整改（如表3所示）。

表3 研究生教育质量保障机制运行案例

质量保障项目分类	案例	四个保障环节流程				保障手段与方法	关键保障技术与质量文化
		设立质量目标与质量标准/评价标准	实施质量监督与评估	分析反馈质量信息	跟踪整改		
"学"的监测项目	研究生学位论文开题报告评审	研究生学位论文开题评价标准（选题价值、研究工作量等指标），专硕、学硕指标不同	督导专家评审	信息反馈表反馈给学院及研究生个人	质量反馈与整改记录；纳入学院目标考核	专家评估；过程监测	开题评价表设计；"学"为中心与持续改进

续表

质量保障项目分类	案例	四个保障环节流程				保障手段与方法	关键保障技术与质量文化
		设立质量目标与质量标准/评价标准	实施质量监督与评估	分析反馈质量信息	跟踪整改		
"学"的监测项目	研究生学位论文质量评审	学位论文质量评价标准（研究成果、创新性等指标）	督导专家评审	信息反馈表反馈给学院及研究生个人	质量反馈与整改记录；纳入学院目标考核	专家评估；过程监测	论文质量评价表设计；"学"为中心与持续改进
	研究生学习科研实践经历监测	研究生课程学习、导师指导、科研实践等监测项目	邀请学生填答问卷	调查报告；反馈给学院及有关职能部门	纳入学院目标考核	过程监测	问卷调查表设计及统计技术；"学"为中心
"教"的监测项目	研究生评教	教师教学能力、教学方法、教学态度、教学效果等指标	学生评价	反馈给学院及教师个人	质量反馈与整改记录；纳入学院目标考核	专家评估过程监测	评教指标设计；持续改进
"管"的监测项目	学位课程质量评估	课程教学效果等指标	专家评价学生评价	评估报告；反馈给学院	纳入学院目标考核	结果评估	课程质量评价指标设计；质量意识

发布教育质量保障报告。第一，建立质量报告的季报制度、常规监测的及时报告制度。每学年刊发四期质量季报，定期向全校反馈与报告质量信息。第二，建立研究生院、评估中心等职能部门向督监委做教学运行状况、质量保障半年汇报制度。第三，建立二级学院教学督导年度报告制度。报告内容包括学位论文质量评审、研究生课程教学督导等。

五、应用效果

通过积极地应用以新工科为导向的研究生教育质量保障体系，南京邮电大学的研究生生源质量稳步提升；同时，研究生科研实践参与度以及学术过程满意度不断提升。

从江苏省学位论文抽检情况、获得省级及以上优秀学位论文情况、学科竞赛获奖情况来看,该校的学位论文质量、学科竞赛获奖数量与就业质量明显提升。

参考文献

[1] 胡波,冯辉,韩伟力,等. 加快新工科建设,推进工程教育改革创新——"综合性高校工程教育发展战略研讨会"综述[J]. 复旦教育论坛,2017,15(2):20-27+2.

[2] 高等工程教育研究编辑部."新工科"建设行动路线("天大行动")[J]. 高等工程教育研究,2017(2):24-25.

[3] 李娅菲. 山东省高校新工科建设研究[D]. 济南:山东财经大学,2019.

[4] 教育部高等教育司. 关于开展新工科研究与实践的通知[EB/OL]. (2017-02-20)[2021-04-21]. https://jxgz.uoh.edu.cn/info/1052/2313.htm.

[5] 教育部办公厅. 关于推荐新工科研究与实践项目[EB/OL]. (2017-06-21)[2021-04-21]. http://www.moe.gov.cn/srcsite/A08/s7056/201707/t20170703_308464.html.

[6] 中国青年报. 我国已建成世界规模最大的高等教育体系[EB/OL]. (2017-06-21)[2021-04-21]. http://www.moe.gov.cn/fbh/live/2020/52717/mtbd/202012/t20201204_503512.html.

行业特色型高校提升硕士研究生学位授予质量的研究与实践

课题完成单位：江苏科技大学
课题负责人：鲁　萍　田阿利
课题组主要成员：李　锋　李　峥　张国群　张　旭　袁　峰　喻　静

摘要：课题组调研了硕士研究生的培养及学位授予质量现状，总结出硕士研究生培养过程中存在的问题，以江苏科技大学为例，研究从顶层设计出发，找准战略定位、明确培养目标、厘清发展思路，提出通过学科发展紧密结合行业引领、培养方案与行业需求紧密对接、创新体系与行业资源多元协同、实践环节与企业研发一体实施、培养质量与企业评价直接挂钩，逐步建立起行业引领、多元协同、特色培养的行业特色型高校硕士研究生学位授予质量提升的长效机制。

关键词：硕士研究生；行业特色；"1232"培养模式；应用创新

一、成果研究背景

研究生教育作为国民教育体系的顶端，是培养高层次人才和释放人才红利的主要途径，是国家人才竞争和科技竞争的重要支柱，是实施创新驱动发展战略和建设创新型国家的核心要素，是科技第一生产力、人才第一资源、创新第一动力的重要结合点。只有高质量的研究生教育，才能将建设强大的国家创新体系从美好的理想愿景转变为现实。衡量研究生教育质量的核心要素是研究生学位授予质量，研究生学位授予质量是对研究生教育从培养到授予学位的综合性质量评价。放眼全球研究生教育，美国、英国、德国、日本等发达国家都把发展研究生教育作为创新驱动和提高国际竞争力的战略选择，纷纷加大投入和支持力度，提升研究生的学位授予质量。近年来，我国学位与研究生教育事业取得了长足的发展，招生规模不断扩大，学位类型日益增多，培养模式日趋多样，但面对高层次人才培养的新形势，"以质量提升为核心，走内涵式发展道路"仍是我国研究生教育改革和发展最核心、最紧迫的任务。

随着高等教育特别是研究生教育的快速发展，依托行业背景的高校在高层次人才培养方面逐步显现出优势，深厚的行业背景、突出的优势学科以及较为集中的学科分布、为行业培养专门人才、与行业紧密联系的应用性科学研究等是这类高校的突出特征，探索行业特色型高校研究生学位授予质量的提升，对于推进研究生教育改革、提高研究生培养质量、提升人才培养与社会需求契合度至关重要。

中国是世界第一造船大国，江苏是第一造船大省，江苏科技大学是江苏省人民政府、中国船舶工业集团公司、中国船舶重工集团公司合作共建高校，是国内船舶类及其相关专业设置最齐全、省内唯一的面向船舶行业的高校。满足国家"海洋强国"发展战略、江苏"沿江沿海开发"战略和船舶行业企业对高级创新型应用人才需求，是行业研究生培养的核心问题。深化研究生教育教学改革，加强研究生创新能力培养，通过科学设计"分类培养、科教对接、产学融合、互联互通"的研究生教育培养路径，多模式搭建开放共享式创新育人平台，构建行业特色鲜明的高层次应用创新型研究生培养模式，全面提升硕士研究生的学位授予质量，为船舶行业培养大批基础扎实、实践创新能力强的高层次应用型人才，对行业特色型高校研究生培养具有示范作用。

二、研究成果的主要内容

（一）硕士研究生培养及学位授予质量存在的主要问题

为了解硕士研究生的培养及学位授予现状，找准存在的问题，课题组 2017 年对江苏科技大学在校和已毕业的硕士研究生、用人单位以及行业协会等开展了问卷及访谈调查。调查内容主要包含课程体系、导师指导、实践基地、论文质量、毕业生发展状况及企业人才需求等方面，调查对象涉及船舶、机械、电子、经管、材料、环化、养殖等学科专业领域。本次调查发现，专业学位研究生教育存在如下问题。

1. 学科发展未突出行业特色高校的优势资源，专业方向设置特色不明显

江苏科技大学是国内船舶类及其相关专业设置最齐全、江苏省内唯一的面向船舶

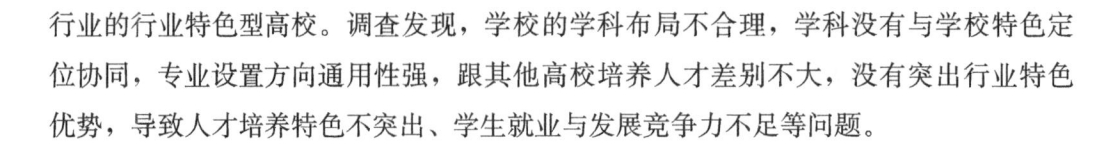

行业的行业特色型高校。调查发现，学校的学科布局不合理，学科没有与学校特色定位协同，专业设置方向通用性强，跟其他高校培养人才差别不大，没有突出行业特色优势，导致人才培养特色不突出、学生就业与发展竞争力不足等问题。

2. 专业学位研究生的课程体系设置不合理

受学术型研究生培养的长期影响，高校对专业学位研究生培养的思想认识和执行力度不够。在培养方案上，专业学位培养方案与学术学位培养方案区别不明显，特色不鲜明；在课程体系上，很多课程依然存在照搬照抄学术型研究生的迹象，偏理论化，缺少案例教学，而且课程体系囿于单一学院、单一学科和单一学段，导致研究生知识融合能力不强；在课程设置上，实践教学所占比重较少，而且设计不合理，缺少核心实践课程；在课程内容上，内容偏陈旧，与行业、企业发展不同步，缺少行业、企业的前沿课程内容。

3. 硕士研究生培养缺乏有力的平台支撑

调查发现，近50%的学生觉得专业实践时间短，实践机会少；55%的学生认为专业实践中缺乏高质量的实践项目和综合性的实践平台的有力支撑，不利于提高实践技能；而近65%的用人单位反映最多的则是毕业生的实践能力和创新精神不足，与企业所需求的高层次人才目标还有差距。究其原因，一方面，专业学位研究生的培养过程与学术型研究生培养过程差别不明显，缺少合理规划设计，没有构成系统化的实践教学体系；另一方面，研究生的培养环境缺乏校内外优质平台和资源，学校对其不够重视，实践环节培养质量不高。

4. 专业学位研究生导师质量有待提高

学术型研究生强调学术科研创新能力的培养，而专业学位研究生强调实践应用能力的培养，所以对专业学位导师提出了更高的要求，即教学能力、实践能力和研究能力兼备。调查显示，对校内导师的实践指导能力满意率为54%，对企业指导教师的指导能力满意率仅为40%。分析其原因，校内导师一方面受到长期学校教育的影响，难以脱离学术性指导思路，对学生的指导仅仅停留在理论知识的讲解上，另一方面自身缺乏企业的实践经验。而校外导师，一方面缺乏研究生培养相关的教学经验和教学技巧，另一方面身兼数职，没有精力去指导学生的实践工作，此外激励机制不完善，也导致校外导师对指导工作积极性不高。

（二）做好顶层设计，构建行业特色鲜明的"1232"研究生培养模式

为适应社会对高层次应用型人才的需求，全面推进以培养模式为核心的研究生教育综合改革，江苏科技大学构建了依托行业优势的"1232"专业学位研究生人才培养体系，即：始终围绕"服务海洋强国，培养具有船魂精神的高层次创新应用型人才"这一培养目标，建立了行业全程参与的"需求、资源、平台、评价"四位一体机制，打造"一个目标、二种方式、三个体系、二重保障"的研究生培养模式。充分利用行业特色高校自身的优势与特点，形成了行业特色鲜明的研究生培养模式。

1. 一个培养目标：为行业培养应用创新型人才。通过行业需求引领，结合学校学科特色，确立学校研究生培养目标；将行业需求与学科特色融合，并对学校学科布局进行优化，制定学校学科发展规划，为实现研究生培养目标提供学科支撑。

2. 二种培养方式：多元协同优质资源共享，实现校内和校外培养并重。引入行业优质资源协同与共享，实施"产学研合作、校所企联动"多元协同，实现"国际、行业、高校"优质资源共享。

3. 三个体系：研究生创新激励体系、研究生创新能力培养体系、研究生实践能力培养体系。优化配置研究生教育经费，开展研究生教育投入机制改革，以研究生创新激励体系为引导，构建研究生创新能力培养体系，以研究生实践能力培养平台为保障，实施研究生实践创新能力培养体系。

4. 二重保障：在管理制度上，完善研究生培养质量保障体系，引入行业协助制定相关制度，确保研究生在企业实践期间的培养质量；在研究生培养质量评价上，通过开展研究生培养质量评价模式，以行业及用人单位评价为主导，进一步完善研究生培养质量评价环节，形成研究生培养模式中从培养目标到培养质量各环节的闭环。

（三）以行业需求引领学科发展，全方位提升研究生培养条件

学校围绕国家海洋战略和江苏省沿江沿海开发战略重大需求，依托国家重点建设学科和江苏省优势学科平台，对学科布局进一步优化，以"船舶、海洋、蚕桑"为特色的学科布局理念，形成符合行业特色的学科布局：涉船学科群，涉海学科群，蚕桑及生物学科群，基础学科、人文社科及其他支撑学科群，强化涉船涉海领域的学科优势和特色，打造一批国内一流和国际知名的特色学科群，实现工、管、农、文、理、经、教等学科协调发展。通过梳理学科方向，遴选学科带头人，建立以学科建设主导资源配置机制，每年投入几千万专项资金，用于研究生教育改革、人才引进与培养、

高水平科研教学成果培育等。经过多年建设，学校"学科—产业—人才"三位一体协同发展，与国家"海洋强国"战略、地方经济发展需要、行业发展需求契合程度持续提高，学科整体水平和核心竞争力不断提升，导师队伍不断壮大，研究生培养条件得到持续改善，研究生培养质量全面提升。

（四）将行业需求融入培养方案，建设专业学位研究生特色课程体系

以行业标准为指引，根据学科特点，建立专业学位研究生的"岗位—能力—课程"对照体系，构建专业学位研究生的"通用基础＋行业共性基础技术＋专业领域模块＋实践环节"的课程体系；优化培养方案，邀请企业导师参与培养方案修订，让企业前置性地参与培养目标、课程体系的设计，试行模块化课程；在课程设置上，强化专业学位研究生核心实践课程的建设，鼓励企业导师开设小学分课程或前沿讲座，为研究生课程内容注入行业企业新鲜血液；在课程建设上，鼓励以研究生教育教学改革立项方式，开展专业学位课与公共基础课的精品课程建设及专业学位研究生教学改革，推行专业学位研究生的案例教学、启发教学、研究教学和模拟训练，建立专业学位研究生教学案例库；同时开设研究生知识产权及创新创业教育课程，举办研究生创新创业大赛，出台研究生实践计划资助与奖励政策，营造良好的创新实践氛围，提升研究生的创新实践能力。经过几年的建设，充分依托行业、企业资源，已经建设了一批以案例教学和实践教学为主要特征的专业学位研究生核心课程。专业学位研究生的课程设置合理，融合企业需求、科技前沿和工程应用知识，体现了"夯实理论基础，侧重工程实践，鼓励创新研究"三位一体的原则。

（五）行业资源协同，多元平台共享优质资源

以多维立体合作平台为载体，以行业从业要求为导向，引入"国外高校、研究院、企业"等协同体，全程参与培养方案制定、课程开设、实践指导和论文指导等培养过程，为研究生开展科学研究与工程实践提供全面指导和资源支撑。

1. 与行业背景类似的科研院所和企业建立科研实践平台

行业协会代表一个行业全体企业的利益，提供信息、教育和培训服务，具有协调沟通政府、企业和相关方的职能。江苏科技大学作为江苏省船舶工业行业协会理事单位，积极引智借力，在专业学位研究生培养过程中，引入行业内有实力的中国船舶重

工集团公司第七〇二研究所、七二三研究所、中国船舶及海洋工程设计研究院等科研院所建立长期的实践教学基地，通过稳定的实践平台，提供了大量的国家级重大、重点研究课题及优秀的一线企业指导教师，研究生可借此了解行业工作流程，结合项目进行海洋工程装备和高端船舶设计制造新工艺、新技术的实践，切实提高自身的实践能力和职业素养。以中船重工七二三所为例，校企合作国家级课题10项；经我校遴选认定，目前已有18名高级研究人员在我校担任研究生指导教师，累计为我校培养66名研究生。

我校与行业内部企业联合建立了各类企业研究生工作站，其中校级产学研联合培养研究生示范基地3家，江苏省企业研究生工作站168家，在省属高校中位于前列，包括：上海外高桥造船有限公司、沪东中华造船集团有限公司、江苏现代造船技术有限公司、江苏新扬子造船有限公司、镇江中船设备有限公司、江苏韩通船舶重工有限公司、南通太平洋海洋工程有限公司、江苏省镇江船厂集团有限公司、江苏宏强船舶重工有限公司、江苏海狮机械集团有限公司等。学校制定研究生培养政策，鼓励研究生去企业解决生产实际问题，在解决企业技术难题、研究生科技成果转化、研究生实践能力培养方面，发挥了重要作用。目前已有2 000多名研究生进入各类企业研究生工作站培养，研究生实践能力得到有效提升。

2. 引入国际资源，拓宽研究生国际视野

深入推进研究生培养国际化，是提高研究生培养质量，推进研究生教育改革，促进研究生教育发展的重要举措。为拓宽学生视野，提高学生国际化水平，我校坚持国家战略与学校特色相结合，自身特色和发展定位相结合，通过中外合作共同制定培养方案、合作开发课程、合作指导研究、引进高水平师资等方式探索国际化培养的新模式，并出台一些措施鼓励广大研究生参加国际会议、开展短期出境交流学习、进驻海外专业学位研究生培养基地等。自2008年以来，学校先后与英国斯特拉斯克莱德大学、乌克兰马卡洛夫国立造船大学签订联合培养协议。开展中英2+2本科项目、1.5+1硕士项目、4+1硕士项目以及中乌合作办学项目等多层次联合培养。近几年，已有近30名本科生赴英国斯特拉斯克莱德大学参加4+1硕士项目攻读硕士学位，其中11名继续攻读博士学位；有5名研究生参加1.5+1项目并获得中英两国硕士学位，3名留学博士生取得我校博士学位。

3. 校内打通学科壁垒，建设公共科研平台

学校通过创新平台与优势学科建设相结合等多重举措整合校内资源，推动校内公

共科研平台的建设。目前学校持续建设各类科研与实验教学平台，包括海工装备与船舶数字化制造技术国家地方联合工程实验室、船舶与海洋工程国家级实验教学示范中心、服务制造模式与信息化研究中心、数字化造船国家工程实验室分实验室、船舶与海洋工程装备产业国家级中小企业公共服务示范平台、省数字化造船软件研发中心等，这些平台在建设与运行过程中对研究生、在校教师和企业导师实行开放管理，实现全校资源的统一管理与调配，成为研究生实践与创新能力提升的重要平台。以学校的蚕业研究所为例，通过开放公共实验教学平台，打造畜牧学及生物学学科交叉的公共科研平台，目前该平台能满足植物种植、动物饲养、动植物生理生化、细胞生物学、微生物学、分子生物学、功能基因组学、生物工程、分子育种等综合性实验教学和科学研究，成为提高蚕桑及生物学类专业研究生实践与创新能力的重要科研实验平台，已获得财政部中央与地方共建项目资助，资助经费累计达到600万元。

（六）行业主导，研究生实践环节与企业研发一体实施

重构研究生实践教学体系，建立"项目与企业对接""学位论文与项目对接"的教学新模式。学校与企业合作进行科研攻关，所有进入企业研究生工作站的研究生100%参与企业科研课题研究，使学生在真实的企业环境中，学习到在学校和书本上学习不到的新工艺、新技术、新设备、新流程和新管理，并结合企业的开发、设计、生产等需求开展自己的课题研究并与学位论文相结合，切实发现和解决企业研发难题，真正做到"学有所用"。研究生进入企业一线实习，实践能力得到有效提升，同时为企业的科研和生产发挥了积极作用，为企业攻克了众多技术难题，也取得了丰硕成果。2015年至今，船舶与海洋工程、机械工程、电子与通信工程研究生参与研究的成果"超深水半潜式钻井平台研发与应用"和"钎料无害化与高效钎焊技术及应用"等获国家科技进步特等奖1项和二等奖2项，"耙吸挖泥船动力定位与动力跟踪系统"获国家技术发明奖二等奖。项目共获得省部级一等奖4项、二等奖14项和三等奖8项。其中，"船舶集成制造管理系统研发与应用"获教育部科技进步奖一等奖，"船舶与海洋工程结构物全寿期可靠性评估与风险控制及应用"获江苏省科技进步一等奖。

（七）行业参与，完善研究生培养质量监控评价体系

行业全程参与研究生培养，构建"学校、导师、学生、学位授权点""3+1"质量保障体系，优化"学校、用人单位、毕业生"三位一体质量评价机制。学校依托资深教授建立校院两级研究生教育质量督导组，对研究生培养环节的全过程进行管理和监控。在教学环节中，引进行业企业专家参与研究生课程教学动态考评，建立退出机制。在论文研究过程中，强化过程管理，实行论文开题、中期检查、预答辩、论文相似度检测和全盲审机制，并逐步加大对跟踪导师、新增学科的校内抽审、抽检力度，保证学位论文质量。在导师队伍建设上，实施学硕导师和专硕导师分类遴选和分类招生资格审核制度，保障导师队伍的质量。制定学位授权点合格评估方案，将行业及用人单位对研究生的评价作为质量评估的重要指标，建立学位授权点动态调整机制。近几年在江苏省研究生学位论文抽检评议中，我校专业学位研究生学位论文优良率在省属高校中位于前列，近几年不合格率均低于江苏省平均数。多年来，行业内部对学校培养的研究生质量非常满意，专业学位研究生就业率一直保持在100%。

三、研究成果的建议

依托行业优势，通过多元协同培养硕士研究生，尤其是专业学位研究生，江苏科技大学提升硕士研究生学位授予质量的实践取得了良好的成效，得到了同行院校及上级主管部门的充分肯定，但同时也发现一些问题。今后专业学位研究生的发展，仍需要切实加强校企双方在企业工作站的日常管理、项目合作、知识产权及利益分配等方面通力合作，建立良好的沟通机制；要加大对企业研究生工作站的考核力度，建立退出淘汰机制，积极培育优秀工作站和国家级研究生示范培养基地。同时希望政府加大对企业研究生工作站经费和政策的扶持力度，通过税收减免、立法等政策鼓励企业积极投入专业学位研究生的培养，并利用网络媒体等平台宣传模范企业在研究生培养中的带头作用，扩大影响力，从而提高企业的积极性，促进校企联合培养研究生质量的提升。

参考文献

[1] 闫治国.1998—2017年我国研究生教育研究热点及趋势的文献分析[J].郑州大学学报(哲学社会科学版),2018,51(4):81-84.

[2] 胡翔勇,方子帆,张世梅,等.地方高校研究生教育体系创新研究与实践——以三峡大学为例[J].学位与研究生教育,2015(1):44-48.

[3] 闫俊凤.我国行业特色高校发展战略研究[D].徐州:中国矿业大学,2014.

[4] 赵康,杨媛,李峰,等.基于产学研联合培养体系的专业学位研究生培养模式探索[J].学位与研究生

教育,2017(3):44-49.

[5] 鲁萍,朱霞.基于企业研究生工作站的研究生实践教育探析[J].连云港职业技术学院学报,2016,29(4):5-8.

[6] 赵冬梅,赵黎明.依托行业优势 构建校企联合培养应用型研究生长效机制的探索与实践[J].学位与研究生教育,2013(2):28-31.